五四
新文化的
源流

增補版

陳萬雄/著

目錄

序............ 歐陽哲生 / 001

序言 / 007

增補版序 / 012

作者介紹 / 014

內容介紹 / 015

第一章　《新青年》及其作者 / 017

　　　第一節　同人雜誌時期 / 018

　　　第二節　作者群的開拓 / 026

　　　第三節　北京大學革命派的陣地 / 036

第二章　北京大學的革新力量 / 047

　　　第一節　清末民初時期的北大 / 048

　　　第二節　蔡元培的出掌北大 / 055

第三章　新文化運動倡導力量與清末民初的革命運動 / 077

　　　第一節　新文化運動倡導力量的形成 / 078

　　　第二節　五四前倡導力量與政黨政治 / 090

　　　第三節　五四後倡導力量與孫中山的結合 / 097

第四章　五四運動在安徽 / 109

第一節　運動的發軔 / 110

第二節　運動的指導力量 / 116

第三節　啟蒙者的角色 / 124

第五章　辛亥革命時期的反傳統思想 / 145

第一節　清末的反傳統思想言論 / 146

第二節　清末反傳統思想與五四時期的淵源 / 154

第六章　清末民初的文學革新運動 / 163

第一節　清末的白話文運動 / 164

第二節　其他方面的文學革新活動 / 201

第七章　結論：革命家與啟蒙者的雙重角色 / 211

附錄 / 219

一　主要參考文獻 / 220

二　對五四新文化運動的思考 / 232

三　從新儒家的勃興說起 / 242

四　吉野作造與五四運動 / 248

五　評本傑明・史華慈編《五四運動的回顧》/ 274

序

歐陽哲生
北京大學歷史系教授

在五四運動即將迎來一百週年之際，陳萬雄先生的《五四新文化的源流》一書得以增訂再版，可謂恰逢其時，對我們這些從事五四運動史研究的學人來說，既令人感到鼓舞，又彷彿是一個提醒。

我接觸陳先生的著作大約是在 1986 年。為確定自己的碩士畢業論文選題，我到圖書館翻閱中國近代文化史方面的書籍，發現了陳先生《新文化運動前的陳獨秀》（香港中文大學出版社，1979 年）一書，這是陳先生的碩士畢業論文。該書發掘了大量內地難以看到的材料，行文嚴謹而不落俗套，給人耳目一新之感。當時內地對陳獨秀的研究因種種禁忌，可以說還是方興未艾，陳先生的這本書，顯然具有先導作用。何況史學界對新文化運動前的陳獨秀尚不太注意，這項研究當時確有填補薄弱環節之學術價值。這本書給我很大的啟發，後來我的碩士畢業論文即是以"胡適早期政治思想研究"為題。

上世紀 80 到 90 年代是五四運動史研究興盛的年代，港台對這一研究的繁榮起了重要作用。香港明報出版的周策縱先生著、陳永明等譯《五四運動史》上冊，台北時報出版公司出版的周陽山先生主編《五四與中國》，都是暢銷一時的書籍。《五四新文化的源流》於 1992 年 5 月先由香港三聯出版繁體版，五年後再由北京三聯書店推出簡體版。1993 年我到香港中文大學中國文化研究所訪學，得讀此書，感覺到此書蘊含新的學術信息。與同類書籍相比，她的最大特色就是溯源窮流。該書七章，實為七個相互關聯的專題，這些專題都可置於五四新文化的源流這一主題上。第一章"《新青年》及其作者"分三期展示《新青年》前期（1915—1920 年）的作者陣營。第二章"北京大學的革新力量"追溯北大的早期歷史，交代北大之所以成為新文化運動搖籃的緣由。第三章"新文化運動倡導力量與清末民初的革命運動"，從政治層面討論五四前後新文化運動的倡導者與辛亥革命、政黨政治及孫中山的歷史關係。第四章"五四運動在安徽"選擇安徽這個新文化運動早期倡導者（如陳獨秀、胡適、高一涵等）比較多的省份和五四運動在"全國最活躍的地區之一"作為案例討論，這是一個頗具眼光的視角。該章對清末民初十年間在安徽出現的中學堂、師範學堂、報刊列表所作的統計，可見作者在材料方面所下的工夫之細。1980 年代學術界特別關注五四時期的反傳統問題，第五章"辛亥革命時期的反傳統思想"梳理了清末反傳統思想與五四的淵源關係，指出五四新文化運動實與辛亥時期革命派的文化革新思想有著一脈相承的承續關係。第六章“清末民初的文學革新運動”通過展示清末一百四十種白話報刊和五四白話文運動的倡導者皆曾在晚清時代有過主持白話報的經歷，說明清末白話文運動與五四白話文運動的內在聯繫。從全書各章設置的問題和發掘的材料來看，陳先生的這本書確有周策縱先生、彭明先生的兩本《五四運動史》所不涉及或尚未深入探討之處。《五四新文化的源流》搜羅材料之豐富、提煉觀點之審慎、錘煉文字之簡潔，確是一部具功力之作。

對五四新文化運動與晚清的文化革新之間的歷史關係，歷來有不同的看法。　種意見以葉青為代表，認為陳獨秀、胡適在新文化運動中倡導的白話文，宣傳的個人主義，主張民主、科學實在清末已由梁啟超等提出，梁啟超才是新文化的開拓者或“播種者”，這種看法明顯帶有抬梁啟超貶陳獨秀、胡適的偏向。另一種意見認定新文化運動為中國文化翻開了新的一章，是從傳統向現代轉型的分界線。現在通行的中國現代文學著述通常以胡適、陳獨秀提倡的“文學革命”為中國現代文學的開端，即表現了這一取向。陳先生以一個歷史學者的眼光處理五四新文化運動與清末政治、文化革新之間的關係，對二者的承繼關係作了細緻的梳理，既不以前者貶損後者，又不以後者掩蓋前者，我以為是持平之論。

《五四新文化的源流》既以“五四新文化”為題，我想藉此對“五四新文化運動”這一名詞的最初來源做一點補證。五四運動，或新文化運動作為一個名詞，已有專文甚至多篇論文探討。唯獨對五四新文化運動作為一個名詞，似尚未見人考證。實際上，現在這個名詞使用的頻率幾可與五四運動或新文化運動等量齊觀。五四運動是在五四事件發生的當月，即已作為一個名詞為人們使用。新文化運動作為一個名詞，要晚於五四運動出現，但大體也是在 1920 年前後。蔡曉舟、楊景工編《五四》（北京：1919 年 8 月）、匡互生編著《五四運動紀實》（上海：立達出版事業部，1933 年）、伍啟元著《中國新文化運動概觀》（上海：現代書局，1934 年）、陳端志著《五四運動之史的評價》（上海：生活書店，1935 年）等著作或文獻的出版，標誌著五四運動、新文化運動作為獨立的研究對象得以確立。"五四新文化運動"一詞出現相對較晚，它是一個複合詞，有將新文化運動和五四運動涵蓋在內之意。檢索現有的各種民國報刊數據庫可知，最早使用"五四新文化運動"一詞，可能是 1927 年 1 月 18 日《中國青年》第一百四十八期署名"定一"（即陸定一）的〈評性教育運動〉一文。該文在評述國內性教育運動的派別時，指出"性史"派"這派的代表是張競生。這派的形成，要從五四新文化運動說起。從五四以後接受新思潮的人的分化，使一部分跑到政治運動的路上，而另外一部分則鑽進了文學與藝術的圈子裏"。1931 年 3 月 27 日《申報》（上海版）發表了署名"文"的題為〈萍影社之"萍影"〉一文，內稱："自五四新文化運動以後，青年精神生活的傾向就移轉入一個新的階段了。他們對於文藝的追求，實有彌補缺陷和安慰心靈的企圖，雖不免類多是自我的表現，可是在某種意義上的論斷，固未始不是青年急求心靈之歸宿的徵象。"1932 年 7 月 20 日《北斗》第二卷第三、四期刊載了署名"寒生"（即陽翰笙）的〈文藝大眾化與大眾文藝〉一文，表示："中國資產階級所領導的五四新文化運動，也和它所參加的革命運動一樣，自從它背叛了革命，投降到帝國主義和封建殘餘的懷抱中後，在文化革命運動上（文藝運動包括在內）也同樣的實行了背叛，它不僅不去切實的實行文化革命，反而很嚴厲的來摧毀文化革命。"在該刊前一期，"易嘉"（即瞿秋白）發表過一篇題為〈五四和新的文化革命〉的文章，該文雖未使用"五四新文化運動"一詞，但已表達了類似陽翰笙一文的觀點，稱"五四是中國的資產階級的文化革命運動"，"中國五四時期的思想代表，至少有一部分是當時的真心的民權主義者——自然是資產階級的民權主義者。中國的文化生活在五四之後，的確開闢了一條新的道路。五四式的新文藝總算多少克服了所謂林琴南主義"。可見，這幾篇文章雖表述不盡一致，但大體認可五四新文化運動的轉折意義。1934 年《新文化》第一卷第七、八期發表汪德裕的〈五四新文化運動的缺點及其補救方法〉一文，這可能是在文章標題上第一次使用"五四新文化運動"一詞。這篇文章分析了"五四新文化運動之社會基礎"、"五四新文化運動的缺點"，其基本立場和觀點是秉持國民黨的三民主義。1937 年 6 月 15 日出版的《認識月刊》第一期發表陳伯達〈論"五四"新文化運動〉一文，該文稱："'五四'——這只是表示了這次新文化運動整個時代的里程碑。這次新文化運動的整個時代，事實上應該上溯到民國四年《新青年》的出版（五四前四年），而以民國十年關於社會問題的討論和民國十二年所謂'人生觀之論戰'為終點（五四後四年），接著'人生觀之論戰'，便是政治上狂風暴雨的時代了。"這篇文章明確指定了五四新文化運動的時限（1915 — 1923 年）和範圍（從《新青年》創刊到"人生觀之論戰"）。後來人們使用"五四新文化運動"，或者廣義上的五四運動，其意大體沿承了陳文的意思，五四新文化運動遂作為一個固定名詞流傳開來。從以上所舉諸文來看，共產黨人（如陸定一、陽翰笙、陳伯達）、國民黨人（如汪德裕）、中間派人士在 1927 年至 1937 年間都曾使用過"五四新文化運動"一詞分析五四前後的新文化運動。後來左右各方、海內海外，大家都沿用這一名詞，這一名詞的使用就逐漸泛化了。五四新文化運動一詞偏重運動的政治、文化雙重性質的說明，是將作為文化革新的新文化運動與作為政治事件的五四運動迭合在一起。

陳先生是五四運動史研究的前輩，我不揣淺陋，應約為其大作寫序，實深惶悚，所述不當，敬請方家指正。

2018 年 7 月 16 日於北京海淀水清木華園

序言

與中國近代的其他歷史運動相比，毫無疑問五四運動更廣泛受知識界的眷顧和關注。或者說得過分，知識界對五四運動有近乎宗教性質的頂禮膜拜。“五四運動”這個廣義上包括了五四愛國運動和新文化運動的歷史運動，對知識界何以有如許魅力，是不難明白的。五四愛國運動的主導力量是知識界；新文化運動更是以知識分子為主體。五四運動既然是以知識界為主導和主體力量的歷史運動，知識界對這個運動容易產生親近感是自然的。審視過去的百多年，還沒有其他的歷史運動如同五四運動一樣，知識界能發揮過如此巨大的作用和產生過如此深遠的影響。這更造成了五四運動在知識界有著無可取代的歷史地位。

一個令人關心的問題是，何以在百多年的各種歷史運動中，唯有五四時期知識分子能起著如此巨大的歷史作用？

首先，讓我們從近代中國人的改革目標的認識過程去理解。

自十九世紀中葉以後，由於外力逼拶日甚，內患日深，為了救亡圖存，近代中國出現了多次的革新運動。雖則這些不同階段的革新運動由於受客觀條件和主觀認識的制約，而各有其不足的地方和局限性，換句話說，運動的推動者由於對造成中國困局的總體因素缺乏充分的認識，導致改革目標的不夠完整。但是總的來說，這些運動的發展是一步步走向深化。如同洋務運動的追求船堅炮利，是以器物層次為改革目標。維新運動的追求君主立憲，是以政制層次為改良目標。辛亥革命的推翻清王朝，是以政體層次為革命目標。這接連的幾個運動都各有其主導的革新目標，一個又比一個深化，事後做歷史檢討，又感到其目標的不完整、不深刻。直到五四新文化運動的產生，中國人才集中認識到，中國所面臨的危機，不僅是國力的落後，更是文化發展上的落差。五四新文化運動提出在思想觀念上做徹底改造的覺悟，才觸及了中國革新的核心問題。說得清楚點，從洋務運動到五四新文化運動，經歷多次挫折的反思，中國人對困境的造成，才算有徹底和充分的認識。而首先有此認識且承擔起這種最後覺悟的文化改造責任的是知識分子。

這裏要附帶一說的是，五四新文化運動的歷史作用和意義的重要，不應太側重於衡量當時知識分子所提出革新方案的成效性，而應正視他們能無所回避、勇於揭露中國擺脫厄運、走向現代化所必須面對的全盤問題。只有到此地步，中國人對自己的困境才算有徹底的認識。他們這一代所揭示的問題的深度和廣度，毋庸諱言到今日尚未達成，因而五四時期所標示的改革課題仍具有生命力。可以斷言，在此後的中國，只要知識分子仍舊被視為或自視為推動歷史的先驅力量，相信五四運動於知識界仍然有歷久常新的魅力。不過筆者卻認為，在推動中國近代歷史發展中，知識界發揮了主導和主體作用的，只能是二十世紀初頭的三十年間，這期間也正是由傳統士大夫向近代型知識分子轉化成功的第一代的形成和成長的時期。

其次，除了近代中國革新運動愈趨深入，以至到五四時期而有一新文化運動的勃興的歷史進程外，我們不能忽略與這個歷史進程相湊泊的第一代近代型知識分子的形成的歷史條件。拙稿下面則試圖從新文化運動溯源做條理去展示第一代近代型知識分子的形成之與五四新文化運動的關係。

一般地說，五四新文化運動的肇始，是以 1915 年《青年雜誌》的創刊為標誌。1917 年北京大學新文化運動倡導力量的結集，遂使運動得以風靡全國。至於五四新文化運動思想發展的源流，學術界多遠挑維新運動而反置緊接辛亥革命的五四運動於不論。維新運動雖出現於前，辛亥革命運動出現於後，然則兩個運動之勃興前後相距不過數年，而且在晚清的最後十年間，是維新運動與革命運動並峙的局面，且愈到後期，革命運動愈成主流。五四新文化運動在思想發展上與之前兩個運動的承傳關係成了瞭解五四新文化運動不可回避的問題。

事實上，根據拙稿下面史實的疏證，作為五四新文化運動的重要內容，無論是反傳統思想、白話文的倡導、西方文學理論的介紹等等，都可在晚清追溯到其淵源，而五四新文化運動與之前的辛亥革命運動在革新思想上更有一脈相承的條理。即使在人事的譜系上，五四新文化運動的主要倡導者，原先則屬辛亥革命時期革命黨人的系統。不僅如此，如果從廣闊的視野，打破過往以歷史事件做理所當然的分期的局限，對歷史的理解會有一不同的面貌。

簡單地說，從十九世紀九十年代到二十世紀的前兩個十年即 1900 年到 1920 年的二十年間，是中國第一代近代型知識分子的形成和成長期。這一代近代型知識分子一經形成，立刻躍登歷史舞台，成為這二十年間的主要革新力量。這二十年在歷史運動上說，正貫穿了晚清的辛亥革命運動和五四新文化運動。換句話說，辛亥革命和五四新文化運動的主體和主導力量正是這輩新興的近代知識分子。這輩新興的近代知識分子如何形成，其歷史性格又如何影響了歷史的進程，正是拙稿所專注的課題。至於五四新文化運動思想本身的論述，本稿則言之甚少，要待另一專著去討論了。

末尾尚要贅言的是，五四運動既如此的重要，知識界對五四運動的認識不能停留在海市蜃樓式的幻象，而應有確切和較深入的瞭解。何況，在學術思想界，無論是整體探討傳統中國文化思想，還是綜論近現代中國思想文化，五四運動每每成為論述的基點。要檢驗和判殊這種種論述的切當與否，審視其對五四運動的理解和認識程度成了其中的關鍵。

最後要交代一下的，拙著中部分內容和觀點曾以論文形式予以發表。[1]本書的寫成，香港大學趙令揚教授、上海社科院歷史所唐振常教授等曾予以指導，表示謝意。另外，對關心我的學術生命的朋友，在此表示銘感。

1 〈晚清的白話報〉，載《中國學人》第六期，1977 年 9 月。〈孫中山與五四知識分子〉，載中國孫中山研究學會編，《孫中山和他的時代 —— 孫中山研究國際討論會文集》，北京：中華書局，1989 年。〈五四新文化運動的源流〉，載中國社會科學院科研局、《中國社會科學》雜誌社編，《五四運動與中國文化建設 —— 五四運動七十週年學術討論會論文選》，北京：社會科學文獻出版社，1989 年。

增補版序

　　這本小著的出版，已有二十年了。承北京三聯書店總經理路英勇先生和香港三聯書店總編輯侯明女士的好意，分別邀約再版。人總會敝帚自珍的，只要覺得有一得之見、仍有相當的學術價值，讓著作能流通於世，當然是歡喜不過的。

　　二十年來，中國近代史的研究突飛猛進，在新史料的整理和研究上尤然。二十世紀八十年代，作為近代史研究熱點的辛亥和五四兩段時期的歷史，更呈熱況。這次的再版，除修正書中一些筆誤和資料錯誤外，主要是擷取了書中涉及相關人物的新材料和新研究成果，以增補撰寫此書時史料之闕遺。這等相關歷史人物和材料的增補，雖或覺得煩瑣，但其重要性是更能坐實拙著的論據。至於拙著尋找史料，從人脈和思想流衍，去疏理辛亥革命到五四間歷史發展的脈絡，從而以社會思潮史的角度去理解五四運動和五四新文化運動所得的論斷，雖經過了二十年，至今仍覺有一得之見，而有別於時論。全書論旨在於根據大量的資料，去解釋十九、二十世紀之交二十年間的社會思潮，尤其是作為推動歷史發展的主體和主導力量的"新知識群"的出現和時代特色，並且強調了五四運動與辛亥革命運動，在人脈與思想上有著密不可分的條理。這是過往的研究未曾措意和忽略了的，因而有礙於對五四運動和五四新文化運動，有通透的理解。遂不揣淺陋而應允重印。五四運動百年在即，相信經過百年的歷史實踐與研究的認識，會出現一種"五四運動的百年反思"，走出百年來"正反相持的怪圈"，俾借鏡歷史，以重新審視中國現代化的未來發展方向。此小書的再版，如能資益於賢者的思考，實筆者的佇望。

筆者雖有以 1900 年到 1930 年的三十年間，以知識分子和學術思潮為主體，以延伸此書之後的研究的願望，可惜自二十世紀九十年代，困厄於日益繁重的出版事業，遂至學殖荒殆，事與願違，無法達成此種願望。年前雖云退休，然衰病相尋，已力有不逮。今次增補的幾篇短文，是對五四新文化運動史的研究，在作為五四思想焦點的"反傳統文化"問題上，做了一些新理解和新思考。

拙著之重印增補出版，得北京大學歷史系歐陽哲生教授賜序，香港三聯書店總編輯侯明女士、責編偉基的費心，一併致謝。

作者介紹

　　陳萬雄，1948 年生於廣東省東莞市。香港中文大學新亞書院歷史系畢業，隨後入中文大學研究所，獲碩士學位。1977 年赴日本國立廣島大學攻讀博士學位。後又獲香港大學博士學位。2007年獲香港科技大學頒授榮譽大學院士。曾任聯合出版集團副董事長兼總裁、商務印書館（香港）董事總經理兼總編輯、商務印書館電子商貿控股有限公司副董事長兼行政總裁。2003 年榮膺第十五屆"香港印製大獎"之傑出成就大獎。2004 年獲香港特別行政區政府委任為太平紳士。主要著作有《新文化運動前的陳獨秀》(香港中文大學出版社，1979 年)、《歷史與文化的穿梭》(中國社會科學出版社，2000 年)、《陳萬雄集》(收入 "東莞學人文叢"，廣東人民出版社，2015 年)。

內容介紹

　　五四新文化運動的歷史作用和意義的重要，不應太側重於衡量當時知識分子所提出革新方案的成效性，而應正視他們能無所回避、勇於揭露要中國擺脫厄運、走向現代化所必須面對的全盤問題。只有到此地步，中國人對自己的困境才算有徹底的認識。

　　五四新文化運動的倡導力量是近代中國第一代"近代知識分子"的代表，是近代中國的第一代"近代主義者"。深重的民族危機的歷史環境與適逢其會的歷史上僅見的教育背景，賦予這一代"近代主義者"強烈的歷史性格。從這些歷史性格去分析，可以折射出五四新文化運動的豐富內容和意義。

　　作者並用力於，就辛亥革命到五四運動期間，從人脈關係、政治活動、思想文化和社會思潮幾個方面，梳理其間發展的脈絡，以見前後兩個歷史運動相承的條理，對兩個運動提出新見解。

第一章

《新青年》及其作者

第一節 同人雜誌時期

（1915 年 9 月 — 1916 年 2 月）

　　五四新文化運動尤其在前期，倡導的中心是《新青年》雜誌
和北京大學。[1] 這個以《新青年》和北京大學為基地的倡導新文化
運動的中心力量怎樣及何以能結集起來？倡導者的背景以及相互
間的人際關係又怎樣？過往論著，雖或有道及，但是沒有做過系
統和完整的研究。本文的研究途徑試圖先就新文化運動倡導力量
的分析研究，進而從另一角度，去顯豁五四新文化運動的緣起和
性質。

　　五四新文化運動的濫觴，既以《新青年》雜誌的創刊為標誌，
要清楚瞭解該運動倡導中心力量的結集過程及其性質，自然也應
先以《新青年》雜誌的作者為研究對象。

　　《青年雜誌》（後改名《新青年》）是陳獨秀在 1915 年 9 月 15
日創辦的。首卷到次年 2 月 15 日止共六期。首卷作者除主編陳
獨秀外，有高一涵、汪叔潛、陳嘏、彭德尊、李亦民、薛琪瑛、

1　對五四新文化運動的分期，學術界有不同的看法。大體以 1919 年 5 月 4 日"五四
事件"為前後期的分界線的看法比較普遍。本書大體以此劃分，另以 1915 年《青
年雜誌》的面世為新文化運動的肇始（參看孫思白，〈試論五四文化革命的分期及其
前後期的轉化〉，載《歷史研究》1963 年第二期）。Chow Tse-tsung, *The May Fourth
Movement-Intellectual Revolution in Modern China*, Harvard University Press, 1960, p. 1。李新、陳
鐵健編，《偉大的開端 1919 — 1923》，北京：中國社會科學出版社，1983 年，頁 3。

易白沙、謝無量、劉叔雅、汝非、方澍、孟明、潘讚化、高語罕（淮陰釣叟）、李穆、蕭汝霖、謝鳴等。[1] 以上作者，除了用筆名和日後不見經傳者外，較為人熟悉而且是《新青年》雜誌主要撰稿人的有以下諸位。

陳獨秀（1879—1942 年）

譜名慶同，官名乾生，後改名由己，字仲甫，安徽懷寧人。父、叔父（嗣父）分別考中秀才和舉人，皆曾仕宦，在地方上有名聲。獨秀自少受教祖父和長兄，也曾受教於晚清民初大宦湯壽潛。

1896 年十七歲中秀才，並著有《揚子江形勢略論》一書，被譽為皖城名士，1898 年十九歲，入讀清末南京著名新式書院"求是學堂"，習法文和新學。因有反清言論，被驅逐離南京。其間，認識章士釗、劉三、趙聲、盧仲農、汪孟鄒等人，都是日後親密共事革命的同志和終生不渝的朋友。

1901 年東渡日本，先進修日語，後就讀東京高等師範學校。曾加入留東學生最早團體"勵志會"，後會中成員因思想而分化，陳獨秀與張繼等退會。半年後回國。

1902 年與潘讚化、柏文蔚、鄭讚丞等人組織學社，辦藏書樓，組織演說並宣傳革命反清。陳氏被列名首要分子受追捕，避遁日本。不久，在日本與張繼、馮自由、蘇曼殊、潘讚化、程家

---

1 《新青年》（共十四冊），日本東京：大安株式會社影印本，1962 年。

椵、蔣百里組織留日學生最早革命團體"青年會"。其間,為新學制小學編寫了《小學萬國地理新編》。1903 年,因與張繼、鄒容等人強剪留學監督姚煜辮髮遁逃歸國。在上海識吳稚暉等人。在安慶與潘讚化、鄭讚丞、柏文蔚等集會拒俄,並組織了"愛國會",鼓吹革命。陳獨秀再因此被追捕逃抵上海。8 月與章士釗辦《國民日日報》,共事的有謝無量、何梅士和蘇曼殊等。

1904 年創辦《安徽俗話報》(1904 年到 1905 年 8 月)。11 月在上海加入楊篤生、章士釗等組織的暗殺團,共事的尚有蔡元培、鍾憲鬯、蔡鍔等人。

1905 年任教安徽蕪湖公學,與革命同志柏文蔚、倪映典組織了革命團體"嶽王會",陳氏任會長。同年,與趙聲等策劃吳樾炸五出洋大臣事。

1907 年因徐錫麟事件而走日本。與章太炎、蘇曼殊、張繼及日人幸德秋水等組織了"亞洲和親會"。1909 年歸國,任教浙江陸軍小學,與劉三、沈尹默等遊。

武昌首義,積極參與,先後任安徽都督孫毓筠和柏文蔚秘書長職,擘劃政事,貢獻良多。積極預身二次革命和"倒袁運動"。1914 年因革命失敗亡命日本,與章士釗辦《甲寅》雜誌。其後,曾與王正廷、褚輔成、胡漢民等組織了"政餘俱樂部"。參加"歐事研究會"。[1]

---

1 拙著《新文化運動前的陳獨秀》,香港中文大學出版社,1979 年。王光遠編,《陳獨秀年譜》,重慶出版社,1987 年。

高一涵（1885－1968 年）

安徽六安人，別名受山。畢業於安徽高等學堂。辛亥革命興起，高一涵與高語罕、易白沙、李光炯、常藩侯等人在安徽策劃起事。1913 年留學日本明治大學。1914 年助章士釗辦《甲寅》雜誌。1916 年曾任留日學生總幹事，與李大釗組織了秘密組織"神州學會"，集合同志，從事反袁活動。也曾任中國留日學生總會文事委員會委員長，與擔任文事委員會編輯主任的李大釗編《民彝》雜誌。從第一期起在《青年雜誌》上撰稿。1916 年與李大釗主持《甲寅》日刊。1918 年進北京大學任教。[1]

易白沙（1886－1921 年）

別名坤，號越村，湖南長沙人。自少習傳統經史之學，1902 年十六歲，主持永綏師範學校。從 1903 年到民初，一直旅皖，主講懷寧中學，並曾任旅皖湖南中學校長。教讀而外，一邊從事反清革命活動。1911 年武昌起義後，與韓衍（菁伯）組織了"青年軍"起義響應，並任隊長。二次革命期間，協助柏文蔚從事反袁工作。事敗亡命日本，協助章士釗辦《甲寅》雜誌，且撰稿甚多。1915 年從第一期起在《青年雜誌》上撰稿。先後任教於長沙省立第一師範，天津南開大學和上海復旦大學等。[2]

---

1 高一涵，〈辛亥革命前後安徽青年學生思想轉變的概況〉，載《辛亥革命回憶錄》（四），北京：中華書局，1963 年，頁 435。高一涵，〈回憶五四時期的李大釗同志〉，載中國科學院歷史研究所編，《五四運動回憶錄》，北京：中華書局，1957 年。

2 易培基，〈亡弟白沙事狀〉，載《國學叢刊》第一卷第二期，頁 142－144。〈記韓衍〉，載《辛亥革命回憶錄》（四），頁 417。

劉叔雅（1889 — 1958 年）

名文典，原名文聰，字叔雅，安徽合肥人。少在教會學校讀書，有良好外語基礎。1906 年就讀安徽公學，受該校老師陳獨秀、劉師培的賞識為該校革命組織的幹部。1907 年加入同盟會。1909 年，赴日留學，就讀於早稻田大學，並從事革命活動。其間，從章太炎學。武昌起義後，回國任上海《民立報》編輯，以"天明"的筆名鼓吹民主。1913 年二次革命積極從事反袁活動。失敗後再赴日本。1914 年加入了"中華革命黨"，並任孫中山秘書。1916 年回國。自第三期起在《青年雜誌》撰稿。1917 年由陳獨秀介紹入北大任教。[1]

高語罕（1888 — 1948 年）

安徽壽縣正陽關人。父親是有名的漢學家。十八歲前，在父親所辦私塾裏讀書。十八歲到日本，入早稻田大學。1907 年回到安慶，曾參加陳獨秀等組織的"嶽王會"外圍組織"維新會"，從事革命。與徐錫麟遊，後加入同盟會，助韓衍編《俗話報》和《安徽白話報》，並與韓衍等組織了"讀書會"，預熊成基起義事。武昌起義後，積極參與革命活動。與韓衍、易白沙、王蕭山

1　沈寂整理，〈蕪湖地區的辛亥革命〉，載《辛亥革命回憶錄》（四），頁 379。周作人，《知堂回想錄》（下），香港：三育圖書文具公司，1971 年，頁 494。張嘉、李鵬編，《安徽歷史名人》，合肥：黃山書社，1986 年，頁 298、頁 299。《安徽文史資料選輯》第五輯，頁 131 — 135。《劉文典全集補編》，合肥：黃山書社，2008 年。張文勳，〈劉文典〉，《民國人物傳》卷五。

等組織了安徽"青年軍"，推動革命。後因黨人內訌，憤而到了青島，由高一涵介紹，在該地教書。二次革命失敗，回到上海，時常在《神州日報》等報上撰文。1916年秋，任安徽省立第五中學國文教員，是安徽五四運動的推動者。[1]

潘讚化（1885—1959年）

原名世璧，字瓚華，安徽桐城人。1902年到日本留學，進入振武學校學軍事，後入早稻田大學獸醫科。赴日前與其兄潘瑨華〔縉華〕和陳獨秀、房秋五在安慶組織學會，辦藏書樓，組織演說，這些活動有反清意識。1902年冬在日本與陳獨秀、蘇曼殊、張繼、程家檉等組織革命團體"青午會"。1903年與陳獨秀、柏文蔚、鄭讚丞等在安徽組織拒俄運動大會。1904年與陳獨秀聯絡了吳樾，策劃暗殺鐵良。1906年捐資創辦桐城堂會學堂，加入"同盟會"。武昌革命後任蕪湖軍政府蕪湖海關監督。積極從事二次革命，失敗後亡命日本。後赴雲南參與蔡鍔、唐繼堯討袁，後旅居上海漁陽里，與陳獨秀為鄰，掩護其革命活動。[2]

謝無量（1884—1964年）

原名蒙，字大澄，號希範，別號嗇庵，後易名沉，字無量。

---

1 李正西、洪嘯濤，《朱蘊山》，合肥：黃山書社，1988年。李宗鄴，〈回憶高語罕〉，載《蕪湖黨史資料》第三期，1983年7月，頁8—10。

2 拙著《新文化運動前的陳獨秀》。前引高一涵，〈辛亥革命前安徽文教界的革命活動〉一文。《安徽近現代史辭典》，中國文史出版社，1990年，頁437。

四川樂至人。生於西蜀，父科舉為宦，1888年起在安徽做過三任知縣。謝無量四歲隨父母，長期居安徽蕪湖。受父親教誨，六歲作詩，八歲作古文，九歲讀完五經而學八股文，十二歲時完篇。1898年，謝曾拜湯壽潛為師，習經世之學，受益甚大，與湯氏女婿馬一浮極友好。1900年初出遊北方等地，啟發了革命意識。1901年入讀上海南洋公學。與李叔同、邵力子、黃炎培等為同學。同時，與馬一浮、馬君武在上海辦"翻譯會社"，出月刊《翻譯世界》，六期而罷。參加愛國學社活動，任《蘇報》編輯，因"蘇報案"逃往日本西京，補習日、英、德文。1903年與陳獨秀等辦《國民日日報》，不久任教安徽蕪湖公學，並從事革命。1906年1月，謝無量上北京，任北京《京報》主筆。因揭露京官受賄案，《京報》被迫停刊，謝無量離京到上海，與周紫廷等人創立"蜀學會"。1907年，和太虛同入楊仁山門下。1909年到成都任四川存古學堂監督兼教授辭章一科，同時擔任高等學堂及通省師範講席。1911年與蒲殿俊、張瀾等人參加四川保路運動。辛亥革命後，存古學堂改名"四川國學院"，謝無量任院長。1913年回蕪湖，轉上海，值"宋案"發生，二次革命失敗，潛伏於中華書局編書十餘種。五四前後，受陳獨秀等影響，擁護五四運動，提倡白話文。[1]

---

1 王雲凡，〈記謝無量先生〉，載《文史資料選輯》（八），中國文史出版社，1986年。吳嘉陵，〈謝無量〉，載《四川近現代人物傳》第一輯，四川省社會科學院出版社，1985年。〈謝無量（1884－1964）〉，《中國佛教人物傳》，頁281。〈作者簡介〉，《謝無量書法》，四川美術出版社，1988年。

除以上各人外，汪叔潛為安徽人，是安徽最早的留日學生之一，曾加入"同盟會"。《青年雜誌》首卷作者有名有號可考諸人中，只謝無量和易白沙非安徽省籍。不過，謝無量雖然是四川籍，但是父親歷任安徽諸縣縣長，自己在安徽公學任教，與安徽籍知識分子熟稔。易白沙雖本籍湖南，卻長期居皖從事教育和革命工作，與皖政界和文化界關係極密。至於其他作者都是安徽籍，在《新青年》創刊前，早與該刊主編陳獨秀熟稔，交誼甚深。潘讚化自 1902 年起迄於二次革命，與陳獨秀並肩從事教育和革命活動。1916 年，潘氏與傳奇女畫家潘玉良結婚，陳獨秀是其唯一的嘉賓，可見兩人交情之篤。[1] 高一涵和劉叔雅是安徽公學或安徽高等學堂的學生，與陳獨秀似有師生之誼。1914 年兩人同協助章士釗和陳獨秀在東京辦《甲寅》雜誌。高語罕在清末是陳獨秀創辦並任總會會長的"嶽王會"外圍組織"維新會"成員，有同志關係。另外，在雜誌早期專事西方文學作品翻譯的陳嘏，原名陳遐年，是陳獨秀兄孟吉的長子。[2] 經此簡單對《新青年》首卷作者背景的疏解，清楚見到《青年雜誌》的初辦是以陳獨秀為首的皖籍知識分子為主的同人雜誌，且互相間有共事革命的背景。

　　首卷完刊後，雜誌因戰事而輟了半年。1916 年 9 月 1 日復

---

1 劉海粟，〈女畫家潘玉良〉，載《齊魯談藝錄》，山東美術出版社，1985 年，頁 239。

2 見《北京大學日刊》1920 年 4 月 14 日第二、三版陳延年（陳獨秀長子）與瘦影的通信。又見《陳獨秀研究參考資料》第一輯，安慶市歷史學會編印，1981 年，頁 59。

刊，更名《新青年》。[1] 第二卷終止於翌年 2 月，剛好主編陳獨秀受聘為北京大學文科學長不久。

第二節　作者群的開拓

（1916 年 9 月 — 1917 年 3 月）

　　第二卷的作者除了首卷的原作者外，新加入撰稿的有李大釗、溫宗堯、吳稚暉、胡適、劉半農、馬君武、蘇曼殊、程演生、程宗泗、楊昌濟、汪中明、陶履恭、吳虞、光昇、陳其鹿、曾孟鳴、李張紀南、陳錢愛琛等。第二卷開始出現而成為日後雜誌主要作者並且有貢獻於新文化運動的作者有李大釗、胡適、劉半農、楊昌濟、馬君武、蘇曼殊、吳虞、陶履恭、光昇、吳稚暉等人。

------

1 《青年雜誌》首卷六期剛完刊即有易名的提議，並非經停刊半年後才做的決定。事緣上海青年會曾寫信給雜誌發行人即群益出版社東主陳子壽，譴責該雜誌與他們出版的《上海青年》雷同，要求及早改名。陳子壽商得主編陳獨秀同意，遂自第十二卷起改為《新青年》（汪原放，《回憶亞東圖書館》，上海：學林出版社，1983 年，頁 32、頁33）。陳獨秀 1916 年 8 月 13 日致胡適之書信中也曾提及此事，說 "《青年》以戰事延刊時日，茲已擬仍續刊。依發行者之意，已改名《新青年》，本月內可以出版"〔見《胡適來往書信選》（上），北京：中華書局，1979 年，頁 3〕。

李大釗（1889 — 1927 年）

原名耆年，字壽昌，後改名大釗，字守常，河北樂亭人。祖父輩皆讀書人。十五歲前受傳統教育。1905 年就讀永平府中學，接受西學。1907 年入北洋法政學校。似曾與東北著名革命黨人凌鉞、王法勤等參與秘密革命團體"共和會"。武昌起義，參與組織敢死隊從事起義工作。1912 年加入陳翼龍主持的"中國社會黨"。同年 12 月組織北洋法政學會，與孫丹林辦《正言報》。1913 年 2 月任社會黨天津支部幹事。3 月任北洋法政學會編輯部長。編《言治》月刊，從事反袁活動。是年冬東渡日本留學，入早稻田大學政治經濟科，因投稿而結識了章士釗、陳獨秀等《甲寅》雜誌同人。其後組織"中華學會"，從事反袁秘密活動。1915 年留日學士總會成立，任該會文牘幹事。主編留日學士機關報《民彝》，與高一涵關係緊密。[1]

胡適（1891 — 1962 年）

原名嗣穈，讀書時改名洪騂，後又改名適，字適之，安徽績溪人。父胡傳原，字鐵花，曾任台東直隸州知府等官職。

---

1 韓一德、姚維斗，《李大釗生平紀事》，黑龍江人民出版社，1987 年。高一涵，〈李大釗同志傳略〉，載《回憶五四時期的李大釗同志》。高田升，〈李大釗日本留學時代之事跡和背景〉，載《集刊東洋學》第四十二號，1979 年。彭伯助，〈我所知道的湯化龍〉，載《辛亥革命回憶錄》（七），頁 85。顧頡剛，〈中國社會黨和陳芝龍的死〉，載《辛亥革命回憶錄》（六），1983 年。張次溪，《李大釗先生傳》，香港神州圖書公司影印本。北京大學圖書館、北京李大釗研究會編，《李大釗史事綜錄》，北京大學出版社，1989 年。拙文〈李大釗與辛亥革命〉，《開卷》第三卷七期，1987 年 12 月。

十三歲前受傳統教育，十三歲入讀上海梅溪學堂，次年入澄衷學堂，一年後入上海中國公學。加入"兢業學會"，在《兢業旬報》上撰文，並發表白話小說。1910 年十九歲考取了清華留學獎金赴美入讀康奈爾大學農科。1912 年二十一歲棄習農改入文學院主修哲學。1914 年投稿《甲寅》雜誌。1915 年二十四歲入哥倫比亞大學研究院從杜威學實驗哲學。1917 年回國任教北京大學。[1]

劉半農（1891 — 1934 年）

原名壽彭，改名復，初字半儂，後改半農，號曲庵。祖籍江蘇江陰縣。祖父為國學士；父邑庠生，曾辦翰墨林小學，富名聲。六歲入塾，十一歲入小學，十七歲入常州府中學，得校長屠寬（元博）傳授國學。1911 年因武昌首義，常州中學停辦而廢學。任翰墨林小學教師。開始預身革命。與吳研因編輯《江陰雜誌》，鼓吹革命，啟迪民智。加入青年團起義革命軍，擔任文牘工作。1912 年到上海開明劇社任編劇，並從事翻譯和創作。發表《玉簪花》、《髯俠復仇記》等才子佳人小說。所撰小說多在《小說界》等著名文藝雜誌上發表，以賣文為生。1913 年春，入中華書局編輯部。同年秋，改進上海實業學校和中華鐵路學校教書。因讀《新青年》而到該雜誌編輯部拜識了陳獨秀。1917 年

1　耿雲志，《胡適年譜》，香港：中華書局，1986 年。

任教北京大學。[1]

楊昌濟（1871 — 1920 年）

原名華生，字懷中，湖南長沙人。世代業儒，幼受庭訓，崇尚宋明理學，十八歲中秀才。十九歲在長沙城南書院就讀，識楊毓麟（篤生），自此兩人交誼極深。二十四歲到二十七歲在鄉里授徒。1898 年入讀嶽麓書院。戊戌維新期間，積極參加譚嗣同、唐才常等人在湖南推動的新政活動，加入"南學會"為通訊會員。1903 年，與楊毓麟同到日本，初讀文學院速成師範，後入普通科。曾參加拒俄運動。1906 年畢業後入東京高等師範學校學習教育。這期間與黃興、陳大華、蔡鍔、楊毓麟等交往極密。1909年三十九歲，得楊毓麟、章士釗之薦，轉留學英國，就讀阿伯丁大學，主修倫理學和哲學。1912 年畢業後遊歷德、瑞諸國。次年歸國，先後任教湖南省立第四師範、第一師範和高等師範文科。1914 年，與黎錦熙出版《公言》雜誌。在湖南極力推薦《新青年》雜誌，1918 年入北大任教。[2]

1 徐瑞岳編著，《劉半農研究》，南京：江蘇古籍出版社，1987 年。婁獻同，〈劉半農〉，見《民國人物傳》卷三，北京：中華書局，1981 年。鮑晶編，《劉半農研究資料》，天津人民出版社。

2 李肖聃，〈本校校長教授楊懷中事跡〉，《楊懷中先生遺文》。曹典球，〈楊昌濟先生之傳〉，章士釗，〈楊懷中別傳〉，皆見王國興編，《楊昌濟文集》，長沙：湖南教育出版社，1983 年。王興國，《楊昌濟的生平及思想》，長沙：湖南人民出版社，1981 年。

馬君武（1881 — 1940 年）

原名道凝，號厚山，後更名和，號君武。廣西桂林人。十七歲讀廣西體用學堂，與鄧家彥（孟碩）為同學，尊陸、王之學。因作文中議論朝政而離校。1900 年進廣州丕崇書院，1901 年進上海震旦學院修習法文，後進中國公學。以譯書贖文為生。1901 年冬，到日本橫濱留學，先後認識了梁啟超和孫中山。次年入讀日本京都帝國大學。時二十歲，與章太炎等在日本發起“支那亡國二百四十二年紀念會”。這期間協助梁啟超辦《新民叢報》。1905 年參加創辦中國同盟會。是同盟會機關報《民報》的重要撰稿人。1907 年赴德國讀柏林工藝大學。1911 年學成歸國。1912 年主持《民立報》。民國成立任實業部次長。二次革命失敗後，再赴德國留學。1916 年在德國取得博士學位。孫中山在廣州成立非常國會，任交通部長。[1]

蘇曼殊（1884 — 1918 年）

原名戩，字子穀，小字三郎，後改名玄瑛（元瑛），號曼殊。廣東中山縣人。父營商於日本，母係日本人。十四歲前在鄉讀私塾。1896 年居上海從西人莊湘博士習西文。1898 年到 1900 年在日本橫濱入讀大同學校，與馮自由為同學。1902 年考入早稻田

---

1 中國國民黨黨史會編，《馬君武先生文集》，1984 年。莫世祥主編，《馬君武集》，華中師範大學出版社，1991 年。曾誠，〈馬君武〉，見《民國人物傳》卷七，北京：中華書局，1993 年。

大學預科。是年與陳獨秀、葉瀾、張繼等組織了最早留日學生革命團體"青年會"。1903 年改入成城軍事學校，同年改名振武學校，習陸軍，與劉三為同學。拒俄運動中，加入拒俄義勇隊和軍國民教育會，秘密從事革命。返上海，聘為吳中公學教習，與包天笑為同事。後與陳獨秀、章士釗同住，任《國民日日報》翻譯。年底，在廣東出家為僧。1904 年在長沙與秦毓鎏、黃興、楊篤生、張繼等創辦了"華興會"。1905 年任南京陸軍小學教習，與趙聲、劉三和柏文蔚等交遊。次年任教皖江中學，1907 年在東京與陳獨秀、章士釗、劉師培等，從事文學活動。1910 年，流徙南洋諸地。1912 年回國主上海《太平洋報》筆政。1913 年主講安慶高等學堂，陳獨秀任教務長，與程演生、易白沙等遊。1914 年，居日本東京，常在《民國雜誌》上撰稿。次年在《甲寅》雜誌發表了《絳紗記》。1918 年病逝。[1]

吳虞（1872 — 1949 年）

原名姬傳，名永寬，字又陵亦署幼陵，四川成都人。1891 年入成都尊經書院。二十歲前習傳統之學，曾問學廖季平（廖平）。"戊戌以後，兼求新學。"1905 年赴日本留學，入法政大學速成科。1907 年從日本回國，在成都教書，在報紙上發表文章，還一

---

1 柳亞子編，《蘇曼殊年譜及其他》，上海：北新書局，1927 年 12 月。郭烙人，〈愛國詩僧曼殊評傳〉，載《法音》1983 年第一期。中國社會科學院近代史研究所朱信泉、婁獻閣主編，《民國人物傳》卷十二，北京：中華書局，2005 年。

度主編《蜀報》。1911 年因為撰文反對儒教及家族制度，為護理四川總督移文各省逮捕。1913 年在成都《醒群報》發表了主張家庭革命與宗教革命的文章。參加共和黨，並擔任參事之職。1917年，應柳亞子之邀請，加入"南社"。1918 年先後應聘在外國語專門學校、法政學校及國學專門學校任教文、史諸課。[1]

陶履恭（孟和）（1889 — 1960 年）

英國留學。[2]

光昇（1876 — 1963 年）

字明甫，安徽桐城人。曾中秀才。1903 年入讀南京江南高等學堂，與趙聲等從事革命。1906 年留學日本，入讀早稻田大學攻讀政治、經濟學，歷時五年。與章太炎、陳獨秀過從甚密。在東京加入同盟會。1910 年歸國，先在安徽旅寧公學任職。民國後先任柏文蔚都督府秘書，次年任職法政專門學校。後擔任安徽官立法政學堂（後改名江淮大學）教務長兼政治教員。是安徽五四運動指導者。1913 年，任江淮大學教務主任，後任校長。參加二次革命，失敗後隱居滬寧。1918 年主編《戊午》雜誌。[3]

---

1 唐振常，〈吳虞研究〉，載《章太炎吳虞論集》，成都：四川人民出版社，1981 年。

2 涂上飆，〈陶孟和〉，見熊尚厚、嚴如平主編，《民國人物傳》，北京：中華書局，2002 年。

3 李鵬、張嘉編，《安徽歷史名人》，合肥：黃山書社，1986 年，頁 270。勞章，〈光明甫先生事略〉；光仁洪、光積矩，〈憶明甫老人〉，載《安慶文史資料》第十五輯。

吳稚暉（1865—1953年）

原名眺，後名敬恆，字稚暉，晚號朏盦，江蘇常州人。少受經史之學，十八歲設館於無錫。1890年入南菁書院。1897年任教北洋大學堂，同任教的有溫宗堯。後與總辦不洽，改應上海南洋公學之聘任國文教習。1901年與同學鈕永建赴廣州籌備廣東大學堂。次年率學子十人到東京留學，因入成城軍事學校事與公使蔡鈞衝突，被押送歸國。在上海，與蔡元培、馬君武、馬敘倫等中國教育會人鼓吹革命。加入蔡元培所辦的"愛國學社"，並任學監。其間識李石曾。因"蘇報案"亡命英國倫敦。次年入讀蘇格蘭愛丁堡大學。1905年識孫中山，加入同盟會。1907年與李石曾、張人傑辦《新世紀週刊》，鼓吹無政府主義。另辦《世界畫報》。這幾年來往於德、英、法之間，與蔡元培、張繼、李石曾等崇信無政府主義。武昌首義後歸國。與張人傑、張繼、李石曾、蔡元培、汪精衛鼓吹"八不主義"和組織"進德會"。同年7月，籌備"讀音統一會"。1913年，任"讀音統一會"議長。與張繼、蔡元培、汪精衛辦《公論》報，撰文討袁。1915年，與蔡元培、張繼辦"勤工儉學會"。1916年與鈕永建、谷鍾秀、楊永泰、張季鸞創《中華新報》。[1]

第二卷新加入撰稿的作者中，只胡適、光昇、李張紀南、程

---

1 楊愷齡編，《民國吳稚暉先生敬恆年譜》，台北：台灣商務印書館，1980年。

宗泗 [1] 及以通信形式出現的程演生（1888 — 1955 年） [2] 屬安徽籍，其餘皆外省籍人士，這是與首卷不同的地方。這表明了從第二卷起，《新青年》已突破了皖籍作者為主力的局面，作者群大為擴大。雖則如此，迄於第二卷結束，該志"圈子雜誌"的色彩仍舊濃厚，因該卷作者與主編陳獨秀大都是熟稔和有一定交誼的朋友。馬君武、楊昌濟、蘇曼殊、光昇和吳稚暉都是二十世紀初頭與陳氏在東京、上海共事革命活動的同志。陳獨秀在 1903 年春初識吳稚暉於上海，《新青年》的創辦，吳氏似預其事。 [3] 陳獨秀與蘇曼殊關係更是密切。自 1902 年相識以來，往來不斷。柳亞子曾說過"曼殊生平第一個得力的朋友是陳仲甫"。 [4] 世人印象，陳獨秀是一個勇猛精進的革命家和激烈的思想家；曼殊則是一個浪漫文人、傳奇和尚，頗不相類。事實上兩人性情相契，意氣相投，蘇氏文學才能有來自陳獨秀的啟牖和熏陶。光昇是皖省最早的留日學生，與陳獨秀約略同期。陳獨秀於 1904 年、1905 年在蕪湖辦《安徽俗話報》和從事革

---

1 李張紀南，丈夫李寅恭是安徽合肥人。1909 年與章士釗夫婦、楊昌濟同船赴英留學〔吳光新，〈章士釗與吳弱男〉，載《文史資料選輯》（十三），1987 年〕。自第三卷起，李寅恭在《新青年》撰寫了多篇文章。程宗泗留學日本，宏文學院普通科畢業，回國後主持思誠學堂。

2 程演生，字衍生，天柱山人，安徽懷寧人。畢業於安徽高等學堂。曾留學法國。1918 年任教於北京大學〔吳文質，〈陳獨秀遺簡〉（一），載《安徽史學》1985 年第一期〕。

3 吳稚暉，〈陳獨秀·章士釗·梁啟超〉，見《吳稚暉先生文粹》第一冊，台北：華文書店影印本，頁 316。

4 柳亞子，〈蘇曼殊及其友人〉，見柳亞子編，《曼殊全集》第五冊附錄，上海：北新書局，1928 年 12 月三版，頁 76。

命活動，寄居科學圖書館的時候，光昇時抵上址與陳氏等聚談。[1]
胡適之與陳獨秀相交始於何時，尚待考證。陳氏與章士釗辦《甲寅》雜誌時，通過汪孟鄒而互相認識。[2]作者中，只劉半農在陳獨秀辦《新青年》時，因傾慕而結識，相識較晚。[3]至於溫宗堯，早年在香港是有革命性質的輔仁文社成員，是武昌革命後民軍與清廷議和代表之一，民國初年政壇活躍人士。他曾與陳其美、鈕永建、于右任等發起了"共和統一會"。除了這些人際上的因緣，第二卷作者正如首卷作者一樣，大都原是《甲寅》或《中華新報》的編輯或作者。這情況正透露了《甲寅》雜誌之於《新青年》雜誌，在人事和思想言論上實有不可忽視的淵源。在政治上，這些人是民國成立後遊離於國民黨主流派的黨人勢力。

1 蕪湖市文化局編，《蕪湖古今》，安徽人民出版社，1983 年，頁 136。

2 見汪原放，《回憶亞東圖書館》，頁 45 注 [1]。石原皋，《閑話胡適》，安徽人民出版社，1985 年初版，頁 61 — 64。耿雲志，〈胡適與陳獨秀〉，載《胡適研究論稿》，成都：四川人民出版社，1985 年，頁 271、頁 272。以上各書大都以陳胡相識於民國後即陳氏辦《新青年》時。不過陳在清末曾為汪孟鄒編《安徽白話報》，該報後由李辛白主編，胡適曾投稿。另胡適與同鄉許怡蓀交情極佳，而許與高一涵同時期在日本明治大學讀書，關係極密切。高氏在這期間助章士釗、陳獨秀辦《甲寅》雜誌，而胡適為《甲寅》雜誌撰稿，這都是人事淵源的蛛絲馬跡（胡適，〈許怡蓀傳〉，見《名家傳記》，新綠文學社，1937 年）。

3 見徐瑞岳編著，《劉半農研究資料》，頁 82。

第三節　北京大學革命派的陣地

（1917 年 3 月 — 1920 年）

《新青年》第二卷第六期即最後一期的出版，正是陳獨秀受聘為北京大學文科學長的時候。該雜誌正式在北京編輯出版應自第三卷開始。第三卷的六期，起於 1917 年 3 月 1 日，迄於同年 8 月 1 日。該卷新的作者，除日後名字不大彰顯者外，主要有章士釗、錢玄同、蔡元培、惲代英（1895 — 1931 年）、毛澤東（二十八畫生）、常乃德和凌霜諸人。

《新青年》第三卷終刊後，又中斷了四個月。1918 年復刊是為第四卷。第四卷的新作者主要有周作人、沈尹默、沈兼士、陳大齊、魯迅、林損（1890 — 1940 年）、王星拱，以及俞平伯（1900 — 1990 年）、傅斯年（1896 — 1950 年）、羅家倫、林玉堂（語堂，1895 — 1976 年）等。

章士釗（1881 — 1973 年）

字行嚴，號孤桐、秋桐、爛桐上人等，湖南長沙人。十六歲為童子師。1901 年二十歲在武昌寄讀兩湖書院，認識了黃興。次年入讀南京陸師學堂，在那裏認識了陳獨秀、趙聲、汪孟鄒等人。1903 年因集體退學風潮，到上海加入了蔡元培等組織的愛國學社，任體操教員，並兼任《蘇報》主筆。"蘇報案"後與陳獨秀等辦《國民日日報》。預黃興、劉揆一等創辦華興會事。1904 年與楊篤生等組織以暗殺為主的"愛國協會"，楊任會長，章任副會長。蔡元培、陳獨秀曾加入該組織。1905 年赴日本東京入正則英語學校。並於 1907 年從日轉赴英國愛丁堡大學及阿伯丁大學研讀法律。武昌首義，趕返國，受黃興、于右任之邀主持《民立報》。9 月與王无生創《獨立周報》於上海。1913 年"宋案"發生，章加入反袁行列，任討袁軍秘書長。二次革命失敗後，亡命日本。1914 年在日本與陳獨秀、谷鍾秀創辦《甲寅》雜誌。歐戰發生，與黃興、陳獨秀等組織了"歐事研究會"，並任書記。1915 年洪憲帝制起，章氏赴雲南協助岑春煊參加討袁。1917 年創辦《甲寅》日刊（後改名週刊），李大釗、高一涵協助主編。稍後，任北京大學文科教授兼圖書館主任。1918 年參加西南護法政府。[1]

錢玄同（1887 — 1939 年）

原名師黃，字德潛，後改夏，字仲季，編輯《青年雜誌》時更名玄同，號疑古，浙江吳興人。父振常，清同治六年（1867年）舉人，同治十年（1871 年）進士。錢玄同自幼跟隨在蘇州做書院山長的父親，三歲就讀《爾雅》的條文。五歲入塾讀書，直到十五歲以前，一直受家庭嚴格傳統教育。兄恂，清末駐日本

---

1 王森然，《二十二家評傳》，台北：文海出版社，1973 年影印本。章士釗，〈與黃克強相交始末〉，見《辛亥革命回憶錄》（二），1962 年，頁 138。章士釗，〈趙伯先事略〉，載中國史學會編，《辛亥革命》，上海人民出版社，1957 年，頁 312。章士釗，〈蘇報案始末記敘〉，見《辛亥革命》（一），頁 389。又見白吉庵，《章士釗傳》，作家出版社，2004 年。

及法、意等國使臣。1903 年冬因讀章太炎的〈駁康有為論革命書〉，大受震動，第二年毅然剪去辮子，以示與清朝決裂。1905 年入上海南洋公學讀書，同年 12 月赴日本留學，1906 年秋，入早稻田大學師範科。與黃侃，周樹人、周作人兄弟和朱希祖等從章太炎習國學。與章太炎辦《教育今語》雜誌。向大眾灌輸文字學、國學和歷史等知識，文章皆屬白話文。後加入同盟會。1910 年秋從日本回國，先在嘉興中學、海寧中學和湖州浙江中學任教員。武昌首義後，任浙江教育司科員視學職。1913 年，應聘任北京高等師範學校國文教員，1915 年兼國立北京大學教授。1917 年任中華民國國語研究會會員。[1]

蔡元培（1868 － 1940 年）

字鶴卿，號子民，浙江紹興人。六歲始入學。十四歲至十六歲，受業於同縣王懋修，時最崇宋儒。1884 年十六歲中秀才。1889 年中舉。1892 年中進士，同榜的有屠寄、張元濟、湯壽潛、唐文治等，授翰林院庶吉士。傳統士人，重視同科情誼。蔡元培與同科張元濟交情終生不渝，蔡元培與陳獨秀和劉海粟的關係，或因與湯壽潛和屠寄認識有關。陳氏曾受業於湯；而屠氏是劉的姑丈。甲午戰敗，開始涉獵西書。1898 年任紹興中西學堂監督，蔣夢麟

---

1 錢秉雄，〈片斷的回憶 —— 憶父親錢玄同〉，載《文史資料選輯》第三十二輯，北京出版社，1987 年。培德，〈為新文化衝鋒陷陣 —— 五四時期的錢玄同〉，載《五四運動與北京高師》，北京師範大學出版社，1980 年，頁 206 － 207。吳奔星編著，《錢玄同研究》，南京：江蘇古籍出版社，1998 年。

為其時學生。與人合設東文學社，學習日文。1900 年，與上海紳商學各界葉瀚、章炳麟、唐才常、經亨頤、黃炎培等電總署爭廢立。與吳稚暉、孟森、張相文同習日文。次年任南洋公學特班總教習，學生有黃炎培、邵力子、胡仁源、謝無量、李叔同等。同時，與蔣觀雲（智由）、烏目山僧等發起愛國女學校，教員有鍾憲鬯（觀光）、葉瀚（浩吾）和蔣維喬等。辦《選報》。1902 年，在上海成立"中國教育會"，被推任會長，助南洋公學退學學生組織愛國學校，會員而兼教員的有章士釗、何梅士等。1903 年，創辦《俄事警聞》。1904 年，與鍾觀光、劉光漢、章士釗、林獬、馬鑾等發刊《警鐘日報》。是年加入楊毓生、章士釗組織的暗殺團，與陳獨秀共事。後光復會成立，被推任會長。1905 年，同盟會成立，蔡元培被推為上海分會會長。1907 年，留學德國。其時與他交往較密的有顧孟餘、夏元瑮、吳稚暉、李石曾、張人傑等。後三人創辦了《新世紀》，宣傳無政府主義，蔡元培、張繼、汪精衛亦傾向之。1909 年到 1911 年入讀德國萊比錫大學。武昌起義，民國成立，被任命為教育總長。教育部職員有蔣維喬、黃侃、鍾觀光、許壽裳、董鴻褘、周樹人、王雲五等。唐內閣時，仍任教育總長，范源濂（靜生，1875 — 1927 年）為次長。與李石曾、汪精衛等籌組"進德會"。1913 年辦《公論》報。1916 年在法國發起"法華教育會"，辦《旅歐雜誌》。1916 年底被任命為北京大學校長。[1]

---

1 陶英惠，《蔡元培年譜》（上），台北："中央研究院近代史研究所"，1976 年。唐振常，《蔡元培傳》，上海人民出版社，1985 年。周天度，《蔡元培傳》，北京：人民出版社，1984 年。

周作人（1885 — 1967 年）

初名櫆壽，後名起孟、豈明（啟明），號知堂。浙江紹興人。十六歲前習傳統學問。1901 年十七歲入讀南京江南水師學堂，並改名作人。1904 年、1905 年在南京水師學堂讀書時，以“萍雲女士”筆名從事西方作品的翻譯，並創作短篇小說。1906 年夏到日本留學。1907 年入讀法政大學預科，後改學土木工程。這期間不時從事文學創作和翻譯。1908 年，與許壽裳、錢玄同、朱希祖等隨章太炎習國學，在立教大學攻讀古希臘文科。1911 年返國。1912 年由朱希祖介紹任浙江軍政府教育司視學。次年，任紹興教育會會長，另擔任浙江第五中學教員。1915 年，主編《紹興縣教育會月刊》。1917 年，任北京大學文科教授兼國史編纂處總編輯員。[1]

沈尹默（1883 — 1971 年）

原名君默，字中，後改名尹默，浙江吳興人。1905 年留學日本九個月。1907 年至 1909 年先後在浙江高等師範學校、初級師範學校、杭州第一中學等任教。1909 年與在杭州陸軍小學任教的陳獨秀、劉三等交遊甚密，唱遊不輟。1913 年任北京大學中文系教授。[2]

---

1 〈周作人年譜〉，載張菊香、張鐵榮編，《周作人研究資料》（上），天津人民出版社，1986 年。

2 前見沈尹默，〈我與北大〉一文。另馬國權編，《沈尹默論書叢稿》，香港：三聯書店，1981 年。

沈兼士（1887 — 1947 年）

名瓻。浙江吳興人。兄志遠、尹默皆名於時。1905 年留學日本，入東京物理學校。曾與錢玄同、黃侃、周樹人等從章太炎學。後加入中國同盟會。歸國後執教嘉興、杭州間。1913 年起任教北京大學。[1]

陳大齊（1886 — 1983 年）

字百年，浙江海鹽人。六歲入塾，十四歲前一直接受傳統教育。1900 年入上海江南製造局附設廣方言館。1903 年夏，考取日本仙台第二高等學校，就讀三年，習英、德法律和經濟等科。1909 年入東京帝國大學文科哲學門。1912 年畢業歸國。是年秋任浙江高等學校校長。1913 年，擔任北京法政專門學校預科教授，授心理學和理則學。1914 年，應胡仁源之聘，任教北京大學。[2]

魯迅（1881 — 1936 年）

原名周樟壽，後改名豫才、樹人，浙江紹興人。祖父是進士，父親是秀才。七歲進本宅私塾就讀，十一歲入讀"三味書屋"。十八歲前受傳統教育。1899 年到 1902 年，就讀江南陸師學堂附設的礦務鐵路學堂。1902 年春赴日本留學，進弘文學院，結交了許

1　沈尹默，〈我與北大〉一文。葛信益，〈沈兼士先生的學術貢獻和愛國精神〉，載《風雲錄》，北京師範大學出版社，1985 年，頁 71。

2　周進華，《經師人師 —— 陳大齊傳》，台北：台灣商務印書館，1986 年。

壽裳（季茀）。1903 年常在《浙江潮》上撰文，並加入有革命性質的"浙學會"。1904 年進日本仙台醫學專門學校。1906 年夏棄醫赴東京，提倡新文藝。1908 年從章太炎習國學。加入光復會。1909 年出版了與弟周作人合譯的《域外小説集》，介紹西方文學。7 月回國，後任浙江杭州兩級師範學堂化學和生理教員。1910 年入紹興府中學任監學，兼教生物學。1912 年支持《越鐸日報》的創辦。3 月，得許壽裳推薦在南京臨時政府任教育部員，5月赴北京任教育部社會教育司第一科科長。[1]

王星拱（1888 — 1949 年）

字撫五，安徽懷寧人。父親是秀才。1902 年考入由敬敷書院改為的安徽高等學堂，1908 年得錄取為安徽第一批公費留英學生，入讀英國倫敦大學帝國理工學院，專攻化學。1916 年得碩士學位歸國後，被延聘入北京大學。推動新文化運動。[2]

比對前二卷的作者，第三卷、第四卷新加入《新青年》撰稿的作者最值得注意的是，除魯迅及個別人外，幾盡是北京大學的教員和學生，在第四卷尤其明顯。這表明陳獨秀進入了北京大學主持文科後，《新青年》迅即成為北大革新力量的言論陣地；反過

---

1 《魯迅年譜》，安徽人民出版社，1979 年。蔡元培之知有魯迅，是蔡在德國讀到《域外小説集》時（〈記魯迅先生軼事〉，載《魯迅先生紀念集》，上海：文化生活出版社，1927）。

2 金杏村，〈畢生盡瘁於教育事業的王星拱先生〉，載《安徽史料選輯》第五輯，頁 84 — 87。

來，《新青年》雜誌倡導的新文化運動，得當時全國最高學府一輩教授的加盟，聲威更盛。以一刊一校為中心的新文化倡導力量因而形成。

第三卷、第四卷另外值得注意的是，惲代英、常乃德、毛澤東、傅斯年、羅家倫、俞平伯、林玉堂、俞頌華、凌霜等，皆是北京大學為主的北京高等院校的學生和職員，相對於新文化運動的倡導者來說，他們是五四時期青年新一代，也是其後發生的五四運動的活躍分子。這新的一代加入《新青年》撰稿行列，表示了該雜誌已達到創刊初旨，要喚醒青年，憑借這股力量，推動中國新的改革。進一步說，新文化倡導力量和新興革新青年力量的結合，標誌著《新青年》邁進了一個新的階段。新文化運動自此之能發展得如火如荼，與新文化倡導中心力量的形成和其與新興的青年革新力量的結合，有著不可分割的關係。

《新青年》第五卷是從 1918 年 7 月到 12 月。該卷六期的新作者有歐陽予倩、朱希祖（1879 — 1944 年）、陳衡哲（1890 — 1976 年）、李劍農等。第六卷是從 1919 年 1 月到 11 月，新撰稿者有李次九、任鴻雋、王光祈（1892 — 1936 年）、周建人、陳啟修（1886 — 1960 年）等。第七卷是從 1919 年 12 月到次年 5 月，新的作者有杜國庠、潘力山、張慰慈、張崧年、孫伏園、高君宇和戴季陶等。

從第五卷到第七卷，也是五四運動前後的一段時期，《新青年》的新撰稿作者屬於北大教員或學生的有朱希祖、陳啟修、馬寅初、高君宇、張崧年、孫伏園等。其他則是全國各地較活躍的知識分子和青年。這表明了《新青年》不僅在北大繼續吸納和凝聚革新力量；其吸納全國革新力量使該雜誌更具全國性的基礎，終能鼓動起全國範圍的新文化運動。

1919 年 5 月 4 日五四事件的發生，固然是前此的新文化運動孕育的結果；但反過來，五四運動也大大助長了新文化運動的擴大。不過，以啟蒙運動為主調的新文化運動前期的思潮，經五四事件，隨之迅速轉化，傾向於以社會和政治批判為主導。第六卷、第七卷《新青年》的內容正是新形勢下的過渡時期的反映。

《新青年》第八卷從 1920 年 9 月起，明顯成為倡導唯物思想和社會主義運動的刊物。雜誌的編輯出版，經三年多後，再由北京南遷上海。這個時期的《新青年》作者，面目一新。主要作者有李季、李漢俊（1890 — 1927 年）、楊明齋（1882 — 1938 年）、周佛海、李達（1890 — 1966 年）、沈玄廬、沈雁冰（1896 — 1981 年）、陳望道（1891 — 1977 年）、沈澤民、陳公博（1892 — 1946 年）、成舍我、施存統等。該等作者在當時容或程度不同、深淺有別，但都是社會主義的信仰者。到 1923 年 2 月第九卷以至 1926 年 7 月，《新青年》更成為中共中央的純理論機關季刊了。

以上簡單勾勒了《新青年》作者群的結合過程，相信能從另一個角度，幫助我們認識新文化運動形成和發展的軌跡。

總的來說，《新青年》從創辦以至結束，大抵可分三個時期。1915 年 9 月第一卷到 1918 年 6 月第四卷是第一個時期。這個時期的首二卷，由主編陳獨秀結合與他深有淵源的一輩知識分子為主力。倡導力量核心日漸形成。這裏要指出的是，這時期的主要作者幾全屬章士釗、陳獨秀辦《甲寅》雜誌的作者，所以《新青年》初期之與《甲寅》雜誌是有一定的人事和思想淵源。吳稚暉即指出：

　　章陳交誼不是很淺，似乎南京陸師學堂曾做同學？今日章先生視甲寅為彼唯一物產，然別人把人物與甲寅聯想，章行嚴而外，必忘不了高一涵，亦忘不了陳獨秀。[1]

　　自第二卷起，以陳獨秀為主接連發表了反孔文章，胡適、陳獨秀等人進而提出了文學革命的要求，新文化運動因為有這兩個具體內容而引起了輿論的重視，也帶來了強烈的反響。自第三、第四卷由於北大革新派加入《新青年》行列，令以一校一刊做甚地的新文化運動倡導核心勢力形成。雜誌之由陳獨秀個人獨自主編，變成自第六卷起之由陳獨秀、胡適、錢玄同、高一涵、沈尹默、李大釗六人輪流主編，體現了核心勢力的形成。新文化運動前期的《新青年》雜誌，從撰稿多寡、內容重要性去衡量，具代表性的作者是陳獨秀、高一涵、劉叔雅、高語罕、易白沙、劉半農、胡適、李大釗、楊昌濟、吳虞、沈尹默、魯迅、周作人、陶履恭、蔡元培、王星拱等人。對這個核心的進一步分析，會更清晰顯露出五四前期新文化運動的一些性質。

1　前見吳稚暉，〈章士釗・陳獨秀・梁啟超〉一文。

第二章

北京大學的革新力量

第一節　清末民初時期的北大

五四新文化運動的倡導中心，《新青年》雜誌而外是北京大學。北京大學之能結集一批文化運動的倡導者，使北京大學成為推動新文化運動的大本營，蔡元培出任北京大學校長，無疑是人事上的關鍵。

北京大學的前身是京師大學堂，始辦於 1898 年。該校的創建是戊戌維新運動中，改良派要求廢科舉辦學堂、採西學以補中學的教育改革的產物。初辦時期，入讀的人大都是有舉人、進士科名的小京官，校舍設在馬神廟。

1900 年八國聯軍侵佔北京，京師大學堂一時停辦。1902 年 12 月復校，並增加了速成科，分仕學、師範二館。翌年又增加了進士、譯學和醫學三個館。1910 年改為分科大學，設經、文、農、工、商和格致等科。

1912 年辛亥革命後，京師大學堂改稱為北京大學。進入民國以至 1916 年 12 月蔡元培出任校長，先後擔任過校長或代理校長職的依次為嚴復（幾道，1854 — 1921 年）、馬良（相伯，1840 — 1939 年）、何燏時（1878 — 1961 年）、胡仁源（次珊，1883 — 1942 年）等。[1]

---

[1] 蕭超然等編著，《北京大學校史 1898 — 1948》（增訂本），北京大學出版社，1988 年。他們出掌北大的時間分別是：嚴復是 1912 年 2 月到 10 月；馬良是 1912 年 11 月到 12 月；何燏時是 1912 年 12 月到 1913 年 11 月；胡仁源是 1913 年 12 月到 1916 年 12 月〔《國立北京大學紀念刊》（上），台北：傳記文學出版社影印本〕。

蔡元培是在 1916 年 12 月 26 日被任命為北京大學校長，次年 1 月 4 日到校視事。當時的北大已有二十年的歷史了。在二十年這不算長的歷史中，北大的嬗變深刻而又具體地反映了近代中國思潮發展的脈絡。

簡單地說，京師大學堂的創辦，是在戊戌維新的氣運下，在改良派和開明官僚主張設學堂採西學的教育革新要求下產生的。從倡議創辦迄於清朝覆亡，預其事或主其事的有康有為（長素，1858 — 1927 年）、梁啟超（卓如，1873 — 1929 年）、首任管學大臣孫家鼐（燮臣，1827 — 1909 年）、繼任的許景澄（竹篔，1845 — 1900 年）、張百熙（埜秋，1847 — 1907 年）、李端棻（苾園，1833 — 1907 牛）、總教習柯劭忞（鳳蓀，1850 — 1933 年）、勞乃宣（季瑄，1843 — 1921 年）、吳汝綸（摯父，1840 — 1903 年），另張筱浦、譯書局總辦嚴復和副總辦林紓（琴南，1852 — 1924 年）、經史教習孫詒讓（仲容，1848 — 1908 年）、副總教習辜鴻銘（湯生，1856 — 1928 年）、屠寄（敬山、靜生）、林啟、汪鳳藻（雲章，1851 — 1918 年）、羅振玉（雪堂，1866 — 1940 年）等等。這些人在當時大都算得上是開明官僚和改良派分子。

自創辦以來，京師大學堂的發展時遭來自清廷和保守勢力的阻礙。慘澹經營，才日見規模。論者有謂在清季，"從教育制度以及教學內容和方法來看，京師大學堂實質上處於由封建的太學、國子學向近代大學轉變和過渡的階段"。[1] 不過，嚴格地說，即使

---

[1] 蕭超然等編著，《北京大學校史 1898 — 1948》（增訂本），頁 1。

到民國初年，北京大學距真正近代式的大學尚遠。其時，由設置的課程到任職者的行止，傳統科舉制度的遺貌尚深。

民國後，北京大學到底進入了一個較有發展的時期。最明顯可見的是，北京大學的主持者由原來的官僚階層轉移到一批開明學者身上。這是從傳統官學走向民間的重要轉變。經他們的努力，大學有了不同程度的整頓和興革，學校規模也有所開拓。譬如嚴復和何燏時的歸併科目，精簡機構，抵抗擬取消北大的圖謀等等。到胡仁源擔任代理校長，北京大學規模又有了擴展。分別調整和充實了本科和預科，學生人數也由 1913 年的七百八十一人增加到 1916 年的一千五百零三人。[1]

北京大學之醞釀變革，不全在蔡元培任北大校長之後。從清末到民初，北大主持人對校政都有興革。當然，蔡元培在建立民國的南京政府和南北議和後的袁世凱北洋政府擔任教育總長時，更著意於北大的改造。1912 年 10 月所頒佈的“大學令”則直接關乎北大的改革。該令取消了經學科，改通儒院為大學院；更本科畢業科名為學士；設校長和各科學長以代替前此的總監督和各科監督；設評議會以教授治校等等措施，皆促成了北京大學向近代式大學的轉化。取消了經學科和改通儒院關係尤大，可以用“驚天動地”去形容。經學是傳統中國千年來培育官僚及士人的最

1　何燏時，浙江諸暨人，曾入讀浙江著名新學校求是書院。1886 年留學日本。1905 年畢業於東京大學，與周樹人有來往。1906 年任職教育部兼京師大學堂教習、工科監督等。後任校長，1913 年辭職。

高政治原則和最根本的社會倫理根據。現在最高學府斷然予以取消，這是近代中國打破傳統意識形態桎梏的開天闢地的行動，這也是北京大學邁向近代教育的關鍵。

不僅從主事者和制度的轉變，從學校文風的消長，也透露了民國以後北大的嬗變脈絡。清末的京師大學堂時代，先後出任總教習的吳汝綸、張筱浦；任譯書局總辦的嚴復，副總辦的林紓；民初任文科教務長的姚永概、汪鳳藻、馬其昶（通伯，1855 — 1930 年）、陳衍（石遺）、宋育仁在當時文壇都是桐城古文派的中堅分子。其時主宰北大文風的自然是桐城古文派。這種桐城古文獨尊的形勢到胡仁源掌校政，夏元瑮（浮筠）和夏錫琪分別擔任理科和文科學長才扭轉過來。

胡氏和兩夏都是中國新式學堂出現後的首批學生，也是歐美和日本留學生，不滿於桐城派學風的獨尊，為此特聘了黃侃（季剛，1886 — 1935 年）、馬裕藻、沈兼士、朱希祖（逖先）、朱宗萊、沈步洲、沈尹默和錢玄同等章太炎門下弟子到校。章太炎及其弟子所代表的是治學謹嚴，注重考據訓詁的學風。胡仁源和夏元瑮都曾在上海受教於蔡元培、吳稚暉和章太炎等人，學風傾向這一路而不滿相對保守的桐城古文學風是可以理解的。[1] 自章太炎

---

1 蔡元培，〈我在教育界的經驗〉，載《五四運動回憶錄》。胡仁源，字次珊，一字仲毅，浙江吳興人，曾任北大工科學長，並代理校長。1901 年在上海南洋公學就讀，為蔡元培所賞識。何燏時辭職後，胡氏即任代理校長，直到蔡元培被任命為北京大學校長後辭職。另夏氏與蔡交往見俞子夷，〈蔡元培在光復會草創時期〉，載《辛亥革命回憶錄》（七），頁 517。

一系學者陸續進校，北大學風有了明顯的改變。對這種轉變，其時就讀於北大的楊亮功事後回憶說：“最初北京大學文科國學者以桐城派文學家最佔勢力，到了我進北京大學的時候，馬通伯（其昶）和姚仲實（永樸）、叔節（永概）兄弟這一班人皆已離開，代之而興的為餘杭派。”[1] 這種人事與學風的變化，當事人之一的沈尹默在日後回憶中，甚至視為北京大學的一種“新舊之爭”。由於其時在北大的何燏時和胡仁源、夏元瑮有意聘請章太炎之弟子以代替林琴南等舊人，章太炎弟子因此陸續入北大。[2] 有跡象顯示，蔡元培之被薦任校長，乃北大及與北大人事關係密切的“新派”如沈步洲、馬敘倫、范源濂（靜生）、湯爾和和夏元瑮等人策劃的結果。也即是北大第一次“新舊之爭”的機運造成的。[3] 湯

1　楊亮功，《早期三十年的教學生活》，台北：傳記文學出版社，1980 年，頁 13。

2　沈尹默，〈我和北京大學〉，載《五四運動回憶錄》（續編），北京：中國社會科學出版社，1979 年，頁 159 — 160。

3　根據馬敘倫說，邀請時在德國的蔡元培出任北大校長的經過是這樣的。“一天，我的那位陳老師［黻宸］，說起國會裏許多浙江同鄉（陳老師這時做眾議院議員），想到蔡鶴卿（蔡元培的別字，後來改作孑民）回來做浙江省長（這時蔡先生在德國），打了電報去，他回說，回來是可以的，但不願做官。我就和湯爾和說，北京大學的校長胡仁源有點做不下去，何妨把蔡先生請回來替代他。湯爾和說這是很好的，但是蔡先生不是辦事之才，你可以幫助他；我說，人家恭恭敬敬把我請得去，完全不拿僚屬看待我，我現在怎樣可以就說辭職？但是我有辦法，我們只須把北大內部佈置好了，就不使蔡先生為難，以後更無問題了。我想找陳仲甫（就是陳獨秀）來做文學院長，是很適當的，理學院讓夏元瑮擔任，聲望夠的（他是夏曾佑先生的兒子，德國留學生，本是北大教授，研究相對論），法學院長仍舊不動吧，另外請沈尹默在實際上幫忙。湯爾和連聲說好。第二日，他就和教育總長范源濂說了，范先生正找不到北大校長，開心得了不得，一面打電報請蔡先生回來，一面便向總統黎元洪說明，絕無問題的發表了。”（《我在六十歲以前》，生活書店，1947 年，頁 62、頁 63）不過胡適告

〔下轉頁 053〕

爾和、范源濂早在 1903 年拒俄運動時已與蔡有來往，民國建立，蔡任教育總長，次長則是范氏；湯爾和、夏元瑮、沈步洲和馬敍倫等都是蔡在上海南洋公學和中國教育會從事革命和教育革新活動的同志。所以除了社會地位和學問以外，蔡之任北大校長，這種人事上的淵源，以及地域上浙派的紐帶都不能不做相當程度的考慮。

　　這裏稱述沈尹默所說的"新舊之爭"，不是泛指校內的新舊人士，而應指其時新派學者和舊派學者的區別，甚至反映到政治傾向上的分野。民初進入北大的文科教員，大都是晚清從事或同

〔上接頁 052〕

訴周策縱說，他看過湯爾和的日記，中有蔡掌北大以及湯與蔡元培、陳獨秀的關係之記載，認為馬敍倫的說法不可靠（見 Chow Tse-tsung, *The May Fourth Movement*, Harvard University Press, 1960, pp.138-139）。胡氏因無具體說明其中不同，難做根據。馬敍倫上一段話，具體內容上確與事實有出入。如"文學院院長"、"理學院院長"的說法不確，當時只稱"學長"。又夏元瑮在蔡任校長前已任理科學長等等，皆不符事實。但是馬敍倫與湯氏是結拜兄弟，在京來往極密，湯爾和看來又是是時頗能操縱北京教育界的一個關鍵人物。湯氏與馬曾討論過北大人事也似非不可能。另張星烺說是其父親張相文向時任教育總長和次長的范源濂和袁希濤（觀瀾）推薦的結果（見《泗陽張純穀居士年譜》或張相文《南園叢稿》，頁 27），民初時，范源濂即要委章士釗任北大校長，因章力辭而罷。范、蔡、章皆熟人之故〔章士釗，〈孤桐雜誌〉（七），載《青鶴雜誌》四卷十四期，1935 年 6 月〕。至於沈尹默另有一種說法。謂沈步洲通過教育總長范源濂和次長袁希濤向北洋政府推薦的〔前見〈我和北大〉，載《五四運動回憶錄》（續），頁 160－162〕。范氏曾說道："蔡先生很偉大，他到北大做校長是我做教育部長時，民五冬天從歐洲請回的。民國元年我到教育部做次長，卻是他邀請的。"至於蔡之邀共和黨范源濂做次長，主要考慮當時是"國家教育創制的開始，應撇開個人的偏見，黨派的立場，給教育立一個統一的基礎的百年大計"（梁容若，〈記范靜生先生〉，載《工商經濟史料叢刊》第二輯，文史資料出版社，1983 年，頁 24）。當然，蔡、范二人在 1903 年前後的相知，共事拒俄運動，自是互相瞭解信任的基礎。

053

情革命活動而在民初傾向反袁的人。[1]

　　民國以後，北京大學之從教學課程到制度有所更新；章太炎學派之取代了桐城派而促成了北大主流學風等轉變，只算是北大革新的一個過渡時期。如全面地衡量，北大的轉變，還落後於當時文化教育新趨勢的要求。北大之能及時順應新趨勢而做了根本上的改革，應是蔡元培之出掌北大始。蔡元培擔任了校長，立刻援引了陳獨秀等人，在校內銳意改革校政學風。在校外倡導文化革命，遂使北京大學成了推動新文化的大本營。北大自蔡、陳主持校政前後轉變之大，不少專著有詳細的介紹，不擬再贅述。這裏只用二則報章之新聞報道做具體而微的反映。1915 年一則標為“北京兩學堂之怪狀”的新聞，寫道：“北京大學之腐敗筆墨難盡。”，到 1917 年同報的新聞即說：“北京大學自蔡元培掌校以還，於校政異常整頓。”又另一則說：“國立北京大學自蔡子民整頓以來，形式上精神上大有可為。”[2] 前後兩年間的毀譽，何止天壤。

---

1 江東則指出：“當時，國學宗師章太炎門下的新派漸起，在北大教員中，錢玄同、沈兼士、馬幼漁、黃侃等，都是新派代表。沈尹默與沈兼士是同胞兄弟，因此，也就被認為是章氏門生了。新派是反對袁世凱的。”〔〈沈尹默與章士釗〉，載《學林漫錄》（十一），北京：中華書局，1985 年〕

2 《時報》1915 年 4 月 3 日、1917 年 3 月 6 日和 4 月 13 日。

第二節　蔡元培的出掌北大

　　蔡元培之願意在北洋軍閥統治下的北京擔任北大校長，顯然是要實施和貫徹所懷抱的文化教育理想。[1] 一到校視事，則汲汲於延請人才以協助改革。至於蔡氏之用人方針，幾無異議，説他貴能 "兼容並包，崇尚自由主義"。五四時代的北大學生楊晦説：

　　蔡先生來本校，將其教育理想次第實施，極力提倡兼容並包與思想自由主義。在教職員方面，新舊派別，無不網羅，五光十色，應有盡有。[2]

　　其他同時期的北大學生多有此相同的看法。[3] 蔡元培自己日後回憶説：

　　我對於各家學說，依各國大學通例，循思想自由的原則，兼容並包。無論何種學說，苟其言之成理，持之有故，倘不違自然

1　唐振常，《蔡元培傳》，上海人民出版社，1985 年 8 月，頁 122 — 123。

2　〈五四運動與北京大學〉，見《青年運動回憶錄》，中國青年出版社，1979 年，頁 56。

3　羅章龍，〈回憶北京大學馬克思學説研究會〉，載《新文學史料》1979 年第三期，頁 9。何思源，〈五四運動回憶〉，載中國人民政治協商會議北京委員會文史資料委員會編，《文史資料選編》（四），1979 年。繆培基説："由於蔡校長之兼容並包主義，大公至誠的精神，國內鴻儒碩學都集中在北大。"（〈為什麼慶祝北大卅一週年〉，載《國立北京大學卅一週年紀念刊》，台北：傳記文學出版社，1971 年）

淘汰命運，即彼此相反，也叫他們自由發展。例如，陳君介石、陳君漢章一派的文史，與沈君尹默一派不同；黃君季剛一派的文學，又與胡適之一派不同；那時候各行其是，並不相妨。對於外國語，也力矯偏重英語的舊習，增設法、德、俄諸國文學系，即世界語亦列為選科。[1]

另如鄭天挺等以蔡氏之"兼容並包"，容易被人誤解只是包容反動落後的人物，而力言蔡氏在北大之在學術流派上的兼容並包。他說：

過去中國學術上流派很多。經學有今、古文學派的不同，蔡先生同時聘請了今文學派的崔適，也聘請了古文學派的劉師培。在文字訓詁方面，既有章炳麟的弟子朱希祖、黃侃、馬裕藻，還有其他學派的陳黻宸、陳漢章、馬敍倫。在舊詩方面，同時有主唐詩的沈尹默，尚宋詩的黃節，還有宗漢魏的黃侃。在政法方面，同時有英美法系的王寵惠，也有大陸法系的張耀曾。其他學科，同樣都是不同派兼容並包。這是蔡先生在北大兼容並包的較多的一面。[2]

在學術流派上之兼容並包，確是蔡元培主持北大的主張，但

---

1 蔡元培，《自寫年譜》（三）手稿，蔡元培先生哲嗣蔡懷新先生藏。
2 〈蔡先生在北大的二三事〉，載《文史資料選輯》第二十八冊，頁 64。

非蔡氏主持北大用人之唯一原則。

五四時代北大學生許德珩，相當代表了另一種看法。他認為蔡元培的"所謂兼容並包並不是新舊一攬子全包，而主要是羅致具有先進思想的新派人物，對那些腐敗守舊人物則盡量排除"。[1]

許的看法，雖無具體例證佐實，卻是事實。以下根據史料爬剔，試對蔡氏主持北大的用人情況做些具體的分析。

蔡元培晚年追述他初履北大校長之職是如何整頓校政時說：

教學上整頓，自文科始。舊派教員中為沈尹默、沈兼士、錢玄同諸君，本已啟革新的端緒；自陳獨秀君來任學長，胡適之、劉半農、周豫才、周豈明諸君來任教員，而文學革命、思想自由的風氣，遂大流行。[2]

蔡氏這段回憶，雖則簡略，敘事卻相當真確。他主持北大，延聘教職員是整頓校政關鍵，也是推動新文化運動的機運。蔡氏整頓之初，安排人事之先是在文科。蔡元培自己也說了。當時的

---

[1] 許德珩，〈五四運動六十週年〉，載《五四運動回憶錄》（續編），頁 40。又鄭天挺，〈蔡先生在北大的二三事〉，載蔡建國編，《蔡元培先生紀念集》，北京：中華書局，1984 年，頁 191 — 192。〈憶我們的老校長蔡元培〉和顧頡剛〈蔡元培先生與五四運動〉見上及蔡建國編，《蔡元培先生紀念集》，頁 159、頁 182。

[2] 蔡元培，《自寫年譜》（三）手稿，蔡元培先生哲嗣蔡懷新先生藏。但在 1919 年前，魯迅尚未到北大任教。五四當事人回憶文章中，常見人物時間的訛誤，用者必須考核才可作準。

北大學生如楊晦、顧頡剛等也強調此中印象。楊氏以為"自 1917 年起，北大改革最大的是文科，這三個系的性質已經有了明顯的區別…… 這三個系新聘請來的進步教授也最多"。所以使"北大是新文化運動的領導中心，文學院實居主導地位"。[1] 另一位"在北京大學本科就讀，正是北大學術風氣轉變最劇烈的時期"的經歷者楊亮功即説："一個大學學術思想之轉變，因而推動了全國學術思想之轉變，這並非是意外之事。但是北大學術思想轉變的中心是在文科，而文科的中國文學系又是新舊文學衝突之聚點。"[2] 不過，不論是研究者或日後回憶錄，對蔡氏進北大後延聘的具體人物，説得籠統模糊，有欠準確，不能真正從中體現出新人物在北大結集的實況。以下就 1919 年五四事件前北大文科教員的具體狀況，列表介紹，[3] 並以此為線索，顯豁當時北大改革以至成為新文化運動大本營的一些人事上的因緣和因素。

---

1 〈五四運動與北京大學〉，載中國社會科學院近代史研究所編，《五四運動回憶錄》（上），北京：中國社會科學出版社，1979 年，頁 219。

2 楊亮功，《早期三十年的教學生活》，台北：傳記文學出版社，1980 年，頁 13。

3 表中資料主要根據《北大日刊》1917 年 11 月 28 日、29 日《文科本科現行科程》，30 日《專任教員題名》，12 月 5 日、12 日、15 日、16 日記事；1918 年 1 月 1 日、5 日《文本科第二學期課程表》，2 月 8 日、6 月 20 日、7 月 3 日、10 月 23 日記事；1919 年 1 月 25 日、4 月 15 日、6 月 4 日、12 月 21 日記事等。另《國立北京大事紀念刊》（二）等等。《北大日刊》所載也不見得完整，特別是一些兼任教員，所以也分別參考了其他資料，分別見各人物注釋中。

姓名	進校年月	校內職位與參與社團	教授課程
陳獨秀 （1879-1942年）[1]	1917年 1月	文科學長（1917年） 編譯會評議員（1917年12月） 成美學會會員（1918年6月） 校評議會評議員 校刊編輯 大學附設國史編纂處主任 大學入學試驗委員會副會長 法文協會代表	

---

1 蔡元培在1916年9月1日由黎元洪的教育總長范源濂電促歸國，擔任北大校長。同年11月初歸國，12月中才到北京。12月26日被任命為北大校長。次年1月4日到北大視事，十日後即1月14日正式委任陳獨秀為文科學長（見高平叔編著，《蔡元培年譜》，北京：中華書局，1080年）。其實早在蔡氏被任命為北大校長的當日早上，蔡氏親自到旅館拜候並邀請陳獨秀擔任北大文科學長。而且一連幾日到訪聚談，可見蔡之邀陳，情之懇，意之切了（見《回憶亞東圖書館》，頁36）。尤有意思的是，陳獨秀切晤的當日，蔡元培應信教自由會之邀在中央公園的演講，講詞在《新青年》二卷五期以「記者」名義做記錄，以「蔡子民先生在信教自由會演說」為題發表，這顯然是陳獨秀聽講後的手筆。這是一次非常有象徵意義的面晤。蔡之邀陳入北大，陳之首次發表蔡之文章在《新青年》，表示一校一刊革新力量結合的開始。

順便要指出的是，雜誌二卷五期出版日期是1月1日。三、四日間印好是不可能的，該期應有延誤。蔡元培一到北京立刻邀請陳獨秀入北大，其中緣由，蔡元培日後回憶說：

> 我到北京後，先訪醫專校長湯爾和君，問北大情況。他說：「文科預科的情形，可問沈尹默君；理工科的情形，可問夏浮筠君。」湯君又說：「文科學長如未定，可請陳仲甫君；陳君現改名獨秀，主編《新青年》雜誌，確可為青年的指導者。」因取《新青年》十餘本示我。我對於陳君，本來有一種不忘的印象，就是我與劉申叔君同在《警鐘日報》服務時，劉君告我：「有一種在蕪湖發行的白話報，發起的若干人，都因困苦及危險而散去了，陳仲甫一個人又支持了好幾個月。」現在聽湯君的話，又翻閱了《新青年》，決意聘他。從湯君處探知陳君寓在前門外一旅館，我即往訪，與之訂定；於是陳君來北大任文科學長。〔〈我在北京大學之經歷〉，載《五四運動回憶錄》（上），頁174〕

不過，對於蔡氏如何邀聘陳獨秀，沈尹默的說法頗有出入。沈說：

> 1917年，蔡先生來北大後，有一天，我從琉璃廠經過，忽遇陳獨秀，故友重逢，大喜。我問他：「你甚麼時候來的？」他說：「我在上海辦《新青年》雜誌，又和亞東

〔下轉頁060〕

姓名	進校年月	校內職位與參與社團	教授課程
黃侃（季剛） （1886－1935年） 湖北蘄春人	1914年	文科本科專任教授 （1917年11月） 文科國文教員 學餘俱樂部發起人 （1919年1月）	中國文學 （本科） 中國文學概論 （文科本科） 漢魏六朝文學 （文科本科） 唐宋文學 （文科本科）

〔上接頁 059〕

圖書館汪原放合編一部辭典，到北京募款來的。" 我問了他住的旅館地址後，要他暫時不要返滬，過天去拜訪。

　　我回北大，即告訴蔡先生，陳獨秀到北京來了，並向蔡推薦陳獨秀任北大文科學長。蔡先生甚喜，要我去找陳獨秀徵其同意。不料，獨秀拒絕，他說要回上海辦《新青年》。我再告蔡先生，蔡雲："你和他說，要他把《新青年》雜誌搬到北京來辦吧。" 我把蔡先生殷勤之意告訴獨秀，他慨然應允，就把《新青年》搬到北京，他自己就到北大來擔任文科學長了。

我遇見陳獨秀後，也即刻告訴了湯爾和，爾和很同意推薦獨秀到北大，他大約也向蔡先生進過言〔〈我和北大〉，載《五四運動回憶錄》（續），頁166〕。

沈氏說法是有可懷疑的。首先，上面根據汪孟鄒日記，蔡、陳在京初晤是在1916年12月26日，當日蔡氏才正式被任命為北大校長，所以沈氏所說"1917年""我回北大，即告訴蔡先生"以及通過沈傳話予陳，皆非事實。估計沈氏是時間記錯。陳獨秀是在1916年11月26日從上海啟程到北京。事緣與亞東主人和至友汪孟鄒為書店招股而到北京的。換句話說，陳之逗留北京距初晤蔡元培已有近一個月。其間沈尹默在琉璃廠遇上陳獨秀分別向蔡元培和湯爾進言。蔡元培在正式任命為北大校長前，曾依湯爾和推薦，赴北大有商於沈尹默（前見《我與北大》）。據蔡元培回憶他是從湯爾和處得知陳獨秀在京和知道所住旅館地址的。另外，馬敍倫也曾提及是他推薦陳獨秀任職北大的（《我在六十歲之前》）。但他所說也有可懷疑的不實地方。不過他提及向湯爾和進言。由蛛絲馬跡，在北京似有以湯爾和為中心的浙江人士在教育界有左右勢力的存在。蔡、陳之進北大，都是經由他們策劃的。

最後要再說的是，陳獨秀與蔡元培於1904年曾參加楊毓生和章士釗主持的革命暗殺團體，相處一個月（陳獨秀，〈蔡元培先生逝後感言〉，載《蔡元培先生全集》，台北：台灣商務印書館，1968年，頁1438）。

姓名	進校年月	校內職位與參與社團	教授課程
朱希祖（逷先） （1879－1944年） 浙江海鹽人	1913年	文科本科專任教授 （1917年11月） 文科國文教員 國文教授會 （1917年12月） 進德會（1918年7月） 學餘俱樂部發起人 （1919年1月）	中國古代文學史 （本科） 中國文學史要略 （本科）
陶孟和（履恭） （1887－1960年）	1914年	教授 曾任教務長	社會學 社會問題 英文學戲曲
陳漢章（伯弢） （1864－1938年） 浙江象山人	清末	文科本科專任教授 （1917年11月） 進德會會員 （1918年7月）	儒學玄學 （研究所） 法制史 （本科） 中國哲學史 （文科本科） 中國通史
陳大齊（百年） （1886－1983年） 浙江海鹽人	1914年	文科本科專任教授 （1917年11月） 進德會（1918年7月） 評議會評議員 （1918年10月） 編譯會（1919年12月） 哲學教授會主任 （1919年5月）	近世心理學 哲學概論
馬敍倫（夷初） （1885－1970年） 浙江杭縣人 [1]	1915年	文科本科專任教授 （1917年11月）	二程學說 （哲學研究所）

---

1 馬敍倫，字彝初，改字夷初，號石翁，浙江杭州人，祖父三考出身，當官三十年。父親為縣學生員。十一歲到十三歲，在蘇州、溫州、杭州就讀，受嚴格傳統學問訓練。十五歲進新式學堂養正書塾就讀，曾受教於陳黻宸（介石）。1907年在求是書院就讀，開始新式教育並接觸西方進步書刊。與湯爾和、杜士珍為同學。課餘從事藏書樓、時來演講會等活

〔下轉頁062〕

姓名	進校年月	校內職位與參與社團	教授課程
			中國哲學 （文科本科）
錢玄同 （1887－1939年） 浙匯吳興人	1915年	文科本科專任教授 （1917年11月） 文科本科國文教員 國文教授會 （1917年12月） 成美學會會員 （1918年6月） 進德會 （1918年7月）	文字學 （文科本科）
梁漱溟 （1893－1988年） 廣西桂林人[1]	1917年	講師	印度哲學

〔上接頁061〕

動。其間曾協助陳介石辦《新世界學報》。後與鄧實（秋枚）、黃節（晦聞）辦《政藝通報》和《國粹學報》。其後在廣東任教兩廣師範學堂、兩廣方言學堂。清末曾加入革命秘密組織。後回杭州任教於杭州兩級師範學堂，並任《浙江日報》主筆，1910年參加了南社。1911年在日本經章太炎介紹入同盟會。預杭州辛亥起事，後任都督府秘書。幾個月後協助章太炎辦《大共和日報》。1912年任浙江第一師範教員。後應湯爾和之邀，在國立北京醫學專門學校任國文教員。1915年起在北京大學任教〔見馬敍倫，《我在六十歲之前》，重慶：生活書店，1947年。壽墨卿，〈馬敍倫先生事典〉，載《文史資料選輯》第三十五冊。盧禮陽，〈馬敍倫年譜〉，見《南社研究》（五），中山大學出版社，1994年〕。

[1] 梁漱溟，廣西桂林人，生於北京。梁氏之以二十四歲進北大任教，過往以訛傳訛，說梁氏初投考北大未見取錄，後乃轉而被聘為教授。據梁漱溟自己說，他到北大任講席始於1917年。蔡元培之知梁氏是因為他在《東方雜誌》上發表的〈究元決疑論〉，遂邀他到北大講印度哲學。並謂蔡元培為甚麼援引梁氏是因元培「感覺到我富於研究興趣，算個好學深思的人，放在大學裏總是好的。同時呢，他對於我講的印度哲學、中國文化等等自顏感興味，不存成見。這就是一種氣度。這一氣度完全由他富於哲學興趣相應而具來的」（《憶往談舊錄》，中國文史出版社，1978年，頁90、頁91）。這是很有識見的看法。但梁氏1911年開始參加革命運動，又從國民黨領導張耀曾活躍北京政壇，與章士釗等相識，由范源濂推介晉謁蔡元培等等人際和政治態度，相信也是蔡之延聘他的一些考慮因素。

姓名	進校年月	校內職位與參與社團	教授課程
黃節（晦聞） （1873－1935 年） 廣東順德人 [1]	1917 年	文科本科教授 （1917 年 11 月）	中國通史 （文科本科） 中國詩
徐仁錩（子明）	1915 年	文科本科教員 （1917 年 11 月） 本科英文教員	
周作人（啟明） 浙江紹興人 [2]	1917 年 4 月	文科本科專任教授 （1917 年 11 月） 國史編纂處 （1918 年 1 月）	歐洲文學史 （文科本科） 十九世紀歐洲 文學史 （文科本科）

---

1 黃晦聞，字玉昆，號純熙，又號名節，廣東順德人。弱冠，事同縣簡朝亮，與鄧秋枚（實）為同學。1901 年與潘達微、謝英伯等創辦 "群書書社"（後易名為 "南洋公學會"）。1902 年赴開封應順天試不逮。到上海，參與鄧秋枚主編之《政藝通報》，著力介紹西方文明和強國思想。1908 年在上海與同學鄧實、馬敍倫、劉師培等創立 "國學保存會"，並辦《國粹學報》。同年並創辦《廣州旬報》，自任總編輯。居上海期間，與一輩能詩的革命文人蘇曼殊、劉師培、黃賓虹、劉三、諸貞壯和陳獨秀極投契。為 "南社" 社員。1909 年加入同盟會，武昌起義後，廣東光復，都督胡漢民聘黃節任廣東學堂監督。1912 年與謝英伯、潘達微等組織 "天民社"，創辦《天民日報》，任廣東第一中學校長。積極投身反袁活動。1917 年秋起任教北京大學（陳敬之，〈南海詩人 —— 黃晦聞〉，載香港《掌故月刊》總二十八期，1973 年 12 月。〈黃節年譜〉，載馬以恂編，《黃節詩集》，北京：中國人民大學出版社，1988 年。〈黃節年表簡編〉，見劉斯奮選注，《黃節詩選》，廣州：廣東人民出版社，1993 年）。

2 1914 年在北京大學任教的朱希祖曾擬延請周作人任教，事因所教是英文，無興趣而罷。1917 年則由許壽裳或朱希祖向蔡元培推薦。蔡元培在清末已留意到周氏兄弟，民初因得許壽裳薦介，魯迅才到北京教育部任職〔周作人，《知堂回想錄》（上），香港：三育圖書文具公司，1971 年，頁 294。許壽裳，《亡友魯迅印象記》，香港上海印書館，1973 年，頁 29〕。

姓名	進校年月	校內職位與參與社團	教授課程
胡適（適之） （1891－1962 年）[1]	1917 年	文科本科專任教授 （1917 年 11 月） 文科英文教員 英文科教授會主任 （1918 年 1 月） 學餘俱樂部成員 （1918 年 1 月） 英文教授會主任 （1918 年 5 月） 成美學會會員 （1918 年 6 月） 進德會會員 （1918 年 7 月） 評議會評議員 （1918 年 10 月）	中國名學鈎沉 （哲學研究所） 中國哲學 （文科本科） 英國文學 （文科本科） 英詩 （文科本科） 歐洲文學名著 （文科本科） 亞洲文學名著 （文科本科）
劉半農（復） 江蘇江陰人 [2]	1917 年	教授	文科文法

---

1 胡適之進北京大學，乃陳獨秀向蔡元培推薦。陳在給胡適的信中說："蔡孑民先生已接北京總長之任，力約弟為文科學長，弟薦足下以代，此時無人，弟暫充乏。孑民先生盼足下早日回國，即不願任學長，校中哲學、文學教授俱乏上選，足下來此亦可擔任。"〔《胡適來往書信選》（上），1917 年 1 月〕

2 劉半農在 1917 年秋，由陳獨秀推薦到北京大學任法科預科教授，負責國文和文法教學（前見《劉半農傳略》）。據魯迅說劉半農之"到北京，恐怕是在《新青年》投稿之後，由蔡孑民先生或陳獨秀先生請到的"（〈憶劉半農〉，《魯迅全集》第六卷）。另外，在北大任教與蔡元培同科中進士的屠寄是劉半農國學業師，都可考慮在內。徐瑞岳則認為"陳獨秀和原常州府中學堂校長屠元博的力舉，年僅二十六歲，只有高中肄業學歷的劉半農，遂在1917 年夏，被蔡元培破格聘請為國立北京大學預科教授"（《劉半農研究》，南京：江蘇古籍出版社，1987 年，頁 83）。

姓名	進校年月	校內職位與參與社團	教授課程
章士釗（行嚴） （1881－1973年） 湖南長沙人 [1]	1917年	北大圖書館主任 （1917年9月） 文科本科專任教員 （1917年11月） 編譯會評議員 （1917年12月） 成美學會會員 （1918年6月）	邏輯學史 （倫理學） （文科本科）
康寶忠（心孚） 陝西城固人	1915年	文科本科教授 （1917年11月） 編譯會 （1917年12月）	倫理學 （文科法制史）
吳梅（瞿安） （1884－1939年） 江蘇長洲人	1917年 9月	文科專任教員 （1917年11月） 文科國文教員 國文教授會 （1917年12月） 學餘俱樂部發起人 （1919年1月）	中國近代文學史 （文科本科） 詞典 （文科本科） 中國文學
葉瀚（浩吾） 浙江人	1917年	文科本科專任教授 （1917年11月） 國史編纂處 （1918年） 學餘俱樂部發起人 （1919年1月）	學術史 （文科本科）
徐寶璜（伯軒） 江西九江人	1917年	文科本科專任教授 （1917年11月） 進德會會員 （1918年7月） 學餘俱樂部發起人 （1919年1月） 文科預科教員	

---

1 據章士釗告訴梁漱溟，蔡元培和陳獨秀於接北大事，他恰去日本，經函電邀聘，立即應聘到校（《憶往談舊錄》，頁85）。

姓名	進校年月	校內職位與參與社團	教授課程
鍾憲鬯（觀光） （1868－1940年） 浙江鎮海人 [1]	1918年	理科預科教員 （1918年）	
賀之才（培之） 湖北蒲圻人	1915年	文科本科專任教員 預科教員 法文教員 （1918年1月）	
顧兆熊（夢漁） 北京人	1917年	文科本科專任教員 （1917年11月） 編譯會評議員 （1917年12月） 教務長 （1919年9月）	經濟學原理 德文
張相文（蔚西） （1866－1933年） 江蘇泗湯人 [2]	1917年	文科本科專任教授 （1917年11月） 學餘俱樂部發起人	地理沿革史 （文科本科）
辜鴻銘（湯生） （1857－1928年） 福建惠安人	1917年	文科本科專任教授 （1917年11月） 本科英文教員	英國文學史 （文科本科） 英詩 （文科本科）

---

1 鍾憲鬯，浙江鎮海人，名諸生。1887年中秀才。曾留學日本，回國後創科學儀器館、實學通藝館、理科傳習所等。自1902年已與蔡元培共事革命和教育工作。在上海和蔡元培及葉浩吾創"中國教育會"於上海。次年，又與蔡元培等創"愛國女學校"。後任江陰高等學堂理化教員（李書華，《碣盧集》，台北：傳記文學出版社，頁81、頁91。〈鍾觀光傳〉，載《褒揚全集》卷八）。民國建立蔡氏任教育總長，邀鍾憲鬯進部。到蔡元培掌北京大學，鍾氏偶來京，蔡氏即聘他為教授（蔣維喬，〈化學研究先驅者鍾觀光〉，載《浙江文史資料選輯》第二十九輯，杭州：浙江人民出版社，1985年）。

2 張相文，二十歲補博士弟子，後任師範教職，授徒於常州、蘇州、無錫一帶。1899年至1903年在上海南洋公學講授國文與地理。編有《初等地理教科書》、《中等本國地理教科書》，是中國最早編訂的教科書。1909年任天津北洋女子高等學校校長。1908年創"中國地理會"，並任會長。民國後被選為眾議院議員。1917年應北京大學之聘，任教授兼國史館編導（劉紹榮，〈中國現代地理學的創倡者 —— 張相文〉，載《風雲錄》，頁48）。

姓名	進校年月	校內職位與參與社團	教授課程
楊昌濟（懷中） （1871－1920年） 湖南長沙人 [1]	1918年	文科教授	倫理學 倫理學史
劉師培（光漢） （1884－1919年） 江蘇儀徵人 [2]	1917年	文科國文教授 （1917年12月） 國文教授會 （1917年12月） 國史編纂處 （1918年6月）	中國文學史 （文科本科） 中國古代文學史 （文科本科） 古代文學 （文科本科） 中古文學史

1　楊昌濟是經由章士釗推薦給蔡元培的。楊氏是在1918年進北大的（王興國，《楊昌濟的生平及思想》，長沙：湖南人民出版社，頁174）。

　　楊昌濟，字懷中，號華生，冊名昌濟。湖南長沙人。祖父、父親皆秀才，長期當塾師。楊昌濟在十四歲前，一直受教於父親。學習中國經典，尤其是宋明理學和曾國藩的著作。1889年中秀才。授私塾並考過鄉試，未中試。入讀嶽麓書院。甲午戰後思想轉變，主動投身"戊戌革新運動"，積極參加譚嗣同等人組織的"南學社"和"不纏足會"。1903年4月入日本東京弘文學院普通科，1906年從東京弘文學院畢業，升入東京高等師範學校。得楊毓麟和章士釗之薦，時任清政府歐洲留學生監督蒯光典調赴歐洲留學。1909年到英國，入讀蘇格蘭阿伯丁大學學習教育。學成回湖南受務教育。1918年，應蔡元培之邀，到北京大學擔任教授之職（《楊昌濟輯》，長沙：民主與建設出版社，2016年）。

2　劉師培之入北大，是由陳獨秀延聘的。雖則在五四時期，一為新文化運動的統帥，一被奉為國故派的領袖，其實私底下，"兩人感情極篤，背後也互相尊重，絕無間言"（陳覺玄，〈陳獨秀先生印象記〉，載《大學》第一卷第九期，1942年9月）。與晚清陳獨秀來往密切的臺靜農也說："關於申叔之入北大教授，據我聽到的，還是陳獨秀先生的意思，當袁世凱垮台後，獨秀去看他，借住在廟裏，身體羸弱，情況甚是狼狽。問他願不願教書，他表示教書可以，不過目前身體太壞，需要短期休養。於是獨秀跟蔡先生說，蔡先生也就同意了。申叔死後，他的太太何震發了神經病，時到北大門前喊叫，找蔡先生，找陳獨秀，後來由陳獨秀安排請申叔的弟子劉叔雅將她送回揚州（〈早期三十年的教學生活讀後〉，載《龍坡雜文》，台北：洪範書店，1988年，頁163）。晚清，劉師培初抵上海得識陳獨秀、張繼等。時陳獨秀在《國民日日報》，在他們的影響下，劉才走向革命運動，其後多有共事關係，來往甚密。在日本，曾與章太炎和陳獨秀等辦"社會主義講習所"（拙著《新文化運動前的陳獨秀》）。當民國成立，劉師培因曾依附端方，為革命政府追捕議罪。

〔下轉頁068〕

姓名	進校年月	校內職位與參與社團	教授課程
馬裕藻（幼漁） （1878－1945年） 浙江鄞縣人	1913年	文科預科教授 （1917年11月） 文科國文教員 國文教授會 （1917年12月） 進德會會員 （1918年1月） 學餘俱樂部發起人 （1919年1月） 國史編纂處 （1919年1月）	
朱宗萊（蓬仙） 浙江人	1915年	文科預科教授 （1917年11月） 文科國文教員 國文教授會 （1917年12月）	
沈尹默（君默） （1883－1971年） 浙江吳興人	1913年	文科預科教授 （1917年11月） 文科國文教員 編譯會評議員 （1917年12月） 國文教授會主任 （1917年12月） 進德會會員 （1918年1月） 國史編纂處 （1919年1月） 學餘俱樂部 （1919年1月） 中國文學教授會主任 （1919年5月）	

〔上接頁067〕

陳獨秀聯同安徽都督府秘書科鄧藝蓀、李德膏等上書總統孫中山，希望對劉師培能“矜全曲為寬宥”；“延讀書種子之傳，俾光漢得以課生著書贖罪”（見《臨時政府公報》，1912年第二期）。劉氏病卒也是由陳獨秀主持料理其喪事。

姓名	進校年月	校內職位與參與社團	教授課程
楊敏曾（遜齋） 浙江慈溪人		文科預科教授 （1917 年 11 月）	預科歷史
田北湖	1917 年	文科預科教授 （1917 年 11 月）	
沈兼士 （1887－1947 年） 浙江吳興人	1913 年	文科預科教授 （1917 年 11 月） 國史編纂處 （1918 年 6 月） 進德會會員 （1918 年 7 月）	
程演生 安徽人	1918 年	文科預科教授 （1917 年 11 月） 文科國文教員 國文教授會 （1917 年 12 月）	
何炳松（柏丞） （1890－1946 年） 浙江金華人 [1]	1917 年	史學系講師	預科西洋史
朱家驊（騮先） （1893－1963 年） 浙江吳興人	1917 年	文科兼理科教員	
關應聲	1917 年	文科兼理科教員	
王啟常 浙江鄞縣人	1917 年	文科本科講師	

---

1 何炳松，浙江金華人。十二歲在金華府中學堂肄業，1906 年至 1912 年在浙江高等學堂讀書。1913 年官費留學美國。初入伯克利加利福尼亞大學讀史學，後進威斯康星大學攻讀政治學和史學，1914 年改入普林斯頓研究院。1916 年得碩士學位回國，任浙江省視學，1917 年應蔡元培之聘任教北大（趙鏡元，〈史學家何炳松〉，載前見《浙江文史資料選輯》第二十九輯，頁 109。房鑫亮等，〈何炳松年譜〉，見《何炳松論文集》，商務印書館，1990 年）。

姓名	進校年月	校內職位與參與社團	教授課程
崔適 （1852－1924 年） 浙江吳興人 [1]	1914 年	文科本科講師	
陳映璜（仲驤） 湖北黃陂人	1917 年	文科本科講師	
李石曾（石曾） （1881－1973 年） 直隸高陽人	1917 年	文科本科講師	
許壽裳 （季茀） （1883－1948 年） 浙江紹興人	1912 年	文科本科教員 （1917 年）	
楊蔭慶 北京人		文科本科教員 （1917 年）	
沈步洲 江蘇武進人		文科本科教員 （1917 年）	
王星拱 （1888－1949 年） 安徽懷寧人	1917 年	文科本科教員 （1917 年）	
劉文典（叔雅） （1889－1958 年） 安徽合肥人 [2]	1917 年	理科兼文科教員 （1917 年）	
李祖鴻（毅士） 江蘇武進人		理科兼文科教員 （1917 年）	
周龍光 安徽定遠人		文科教員 （1917 年）	

---

1 林輝鋒，《崔適生平事跡述略》。

2 劉叔雅之入北京大學是陳獨秀介紹的（《安徽史料選輯》第五輯）。

姓名	進校年月	校內職位與參與社團	教授課程
錢稻孫 （1887－1966 年） 浙江吳興人		文科教員 （1917 年）	
錢維驥（碩甫） 湖北人		文科教員 （1917 年）	
魏友枋（仲車） 浙江慈溪人		文科教員 （1917 年）	
韓述祖 北京人		法科兼文科教員	
費家祿 浙江人		文科講師	
陳廷均（柏臣） 浙江金華人		文科講師	
石鴻翥（峙衡） 湖北孝感人		文本講師	
劉家駿 江蘇人		文科講師 （1917 年）	
錢振椿（秫陵） 浙江杭縣人		文科講師 （1917 年）	
周思恭（伯謙） 江蘇人	1912 年	文科講師 （1917 年）	
劉才簫（少珊） 湖北人		文科國學研究院教員 （1917 年）	
陳守真 浙江人		法預科兼哲學研究所教員 （1917 年）	
倫明（哲如） （1878－1949 年） 廣東東莞人	1917 年	法科預科教授	
劉富槐（農伯） 浙江人		法科預科教員 （1917 年）	

姓名	進校年月	校內職位與參與社團	教授課程
劉三（季平） （1878－1938年） 江蘇上海人 [1]	1917年	理科預科教員 （1917年）	
陳天驥 浙江海鹽人		理科預科教員 （1917年）	
林損（公鐸） （1890－1940年） 浙江瑞安人 [2]	1913年	法預科教員 （1917年）	
沈士遠 （1881－1955年）	1918年	理科國文教員	
沈頤	1917年	國文教授	
宋春舫 （1892－1938年） 浙江吳興人	1918年	文科本科教員	

　　根據上表，1919年五四運動前的北大文科在職教員名錄及有
關資料，相信尚有遺漏，但大體具備了。北大文科教員中，許壽
裳、黃侃、朱希祖、賀之才、陶孟和、陳大齊、陳漢章、崔適、

1　劉三，原名宗和，字季平，號江南，別字離垢，江蘇上海縣華涇鎮人。二十一歲補縣學
生員，在南京陸師學堂就讀，與章士釗等為同學。1900年前後，與陳獨秀交識。後赴日
本入東京成城學校習騎兵。1903年參與拒俄運動為義勇隊員。並為江蘇留日學生辦《江
蘇雜誌》總撰述。同盟會成立，加入同盟會。1906年歸國，在上海華涇與從兄劉東海及
秦毓鎏辦麗澤學校，以培植革命人才。與陳去病、柳亞子和高天梅等在上海組織了"南
社"。1907年任江蘇陸軍小學監督，推動革命，兩年後轉浙江陸軍小學教員，陳獨秀亦在
該校任教，積極參與二、三次革命。1917年任教北京大學（馬敍倫，《劉三先生傳》，劉
繡；《回憶父親劉三二軼事》）。有謂劉三之入北大乃沈尹默的推薦（〈沈尹默先生軼事〉，
載《大公報》1982年4月18日）。

2　陳黻宸之甥，承陳之教。進北大後任教前後達二十年，與黃侃、黃節、陳漢章交往最密。

馬敘倫、錢玄同、林損、張相文、朱宗萊、辜鴻銘、馬裕藻、沈尹默、沈兼士等大都在 1912 年到 1915 年期間進入北大任教。辜鴻銘和陳漢章則早在清末已入北大，民國以後進入的，大都是浙江人士，又大多是章太炎的弟子。這與前說何燏時、胡仁源主政時援引很有關係。這些人與胡氏屬同年紀一代人，不少有留學外國的經歷，從學術嬗變去觀察，屬新一代學者。這種情況的出現，固然是民國後學風有變，時勢使然。遂使這批學者替代了原桐城派學者的勢力。不過，其時北洋政府教育部和北大之內，浙江人士勢力大而造成的援引，也是重要的人事淵源，可做進一步的考究。這也是為蔡出任北大校長做了先容。

　　根據上表我們也清楚看到，蔡元培主持北大後才延聘入校的教職員是陳獨秀、黃節、周作人、李石曾、梁漱溟、胡適、劉半農、章士釗、吳梅、葉瀚、楊昌濟、劉師培、程演生、何炳松、王星拱；另外屬理科的國文教員有劉叔雅、劉三，法科的有李大釗、高一涵，以及庶務主任李辛白（1875 — 1951 年）等人。[1] 這時

1　李大釗於 1917 年 11 月入北大是經章士釗的推薦，接任其圖書館主任之職。李大釗自在日本《甲寅》雜誌投稿開始，與章士釗、高一涵、陳獨秀等人往來密切。所以章氏的推介，因「時校長為蔡子民，學長陳獨秀兩君皆走守常，當一說則行」（〈李大釗先生傳序〉，見張次溪，《李大釗先生傳》，香港：神州圖書公司影印本，頁 5）。另有說李大釗之就北大圖書館長職，乃湯化龍向蔡元培引薦的，但可疑。
高一涵是在 1918 年到北大，先在北大叢書編輯委員會工作，1921 年才任北大教授（前見〈漫談胡適〉一文）。
李辛白，原名修隆，字變樞，安徽無為縣人。1901 年入南京高等警官大學堂。1904 年參加陳獨秀、柏文蔚組織的「嶽王會」，投身革命。1905 年留學日本，就讀早稻田大學，是首批加入同盟會的人。詩人。1907 年與范鴻仙創辦《安徽白話報》於上

〔下轉頁 074〕

期進入北大任教職的,《新青年》雜誌的重要作者佔了一個很大的比例,陳獨秀不用說,胡適、周作人、劉半農、楊昌濟、程演生、劉叔雅以及高一涵、李大釗、王星拱皆屬之。經此考察,顯示了蔡元培之用陳獨秀,以及蔡、陳兩氏援引胡適諸人,不純出於學術上的"兼容並包"的考慮。援引思想先進、用心改革文化教育和致力整頓社會風氣的志士,自是蔡元培和陳獨秀在北大初期用人的重要傾向。其實,在1917年1月18日,蔡元培履任校長不久,他曾致函吳稚暉,申明了他的用人方針。這是一封最能反映蔡氏當時用人思想的文字記錄。信中說:

　　大約大學之所以不滿人意者,一在學課之凌雜,二在風紀之敗壞。救第一弊,在延聘純粹之學問家,一面教授,一面與學生共同研究,以改造大學為純粹研究學問之機關。救第二弊,在延

〔上接頁 073〕

海,在清末已與高一涵、胡適友善。1911年7月,胡有寄李辛白書可見〔《胡適日記》(一),頁53,台北:台灣商務印書館,1977年第四版〕;曾任龍聖祠巡警都員。武昌首義後,任蕪湖軍政府民政部長。1912年與吳伯嵐等三四人辦《共和報》。"後來陳獨秀、胡適到北京大學,李辛白亦隨之,至北大任職。"(石原皋,〈胡適與陳獨秀〉,《胡適研究叢錄》,北京:生活·讀書·新知三聯書店,1988年,頁82) 1917年任北大庶務主任,後改任職出版部主任,支持新文化運動,另為"進德會"會員和"書法研究會"發起人。1919年辦《新生活》週刊,很有影響〔黃華康,《李辛白先生傳略》,載《安徽史料選輯》第五輯,頁42—44。《民立報》(三十二冊)八百八十四號,1913年7月14日。馬俊如、張永松,〈新文化運動的先驅——李辛白傳略〉,見中國人民政治協商會議安徽省委員會文史資料研究委員會編,《人物春秋》,合肥 安徽人民出版社,1987年〕。

聘學生之模範人物，以整飭學風。[1]

　　所以蔡元培接手北大之初，有兩項用人原則。一在純學術的考慮，講求"兼容並包"，以充實北大學術研究和教育水平。一在以"模範人物整飭學風"。過去我們只注重前者，忽略後者，事實上，蔡氏在北大用人之初，似考慮前者較多。而所謂"模範人物"驗證所援引入北大的人物，應包含了學問思想以及用心社會、專志革新的含意。也只有具備了第二項用人原則，蔡元培才能將《新青年》提倡新文學的力量導入北大，使之與北大原有改革力量結合，才使北大成為了新文化運動的大本營。這應是不爭的事實，也是倡導新文化力量結集的一大關鍵。另一方面，陳獨秀之掌北大文科，促使了北大原有革新力量成為《新青年》作者，這一刊一校革新力量的結合，才使新文化運動形成了一個集團性的力量。順帶一談的是，蔡元培自知要主持北大，則亟亟邀請吳稚暉、李石曾、汪精衛這些一同與他搞"工讀"、提倡"進德會"、鼓吹無政府主義的同路人進北大，改革校政。其中邀吳稚暉任學生監督，汪精衛任國文教授皆不就，只李石曾入了北大。相信在蔡氏心目中也是基於"以模範人物，整飭學風"的用心。

　　當然，自蔡元培和陳獨秀主持北京大學校政後才進入的人物，不盡是支持新文化運動，甚至有持不同見解的。其中如章士釗、葉瀚、黃節、鍾憲鬯、劉三、劉師培、梁漱溟、吳梅皆屬

---

1 《覆吳敬恆函》（1917年1月18日），載《蔡元培全集》卷二，頁10。

之。作為學術導師的考慮固然是原因，但這些人物與蔡、陳等早有交誼，甚至在早期思想和政治主張上是同路人這點淵源是不能忽略的。同樣地，我們也不能否認，這批人物，除了梁漱溟、劉半農、吳梅個別人外，大都是留學日本、歐美多年，是學有專長，有豐富文化活動和教育經驗的新型學者。當然政治立場上有相同背景，這些也是重要的。換句話說，北大文科之能形成一股新文化運動的中心力量，不是一種歷史的偶然組合，而是有意識的主動組合，其活躍分子尤然。與《新青年》作者一樣，我們應擺脫尋常人際關係作理解的短視，擴大歷史視野，我們即會發現，這些新文化運動的中心力量，實在是二十世紀形成的具有強烈文化思想意識的革命知識分子的代表，是二十世紀初最先進的一股革新力量。以下各章，分別對這股力量的形成和特性做出分析說明。

第三章

新文化運動倡導力量與

清末民初的革命運動

第一節 新文化運動倡導力量的形成

由第一、第二兩章關於《新青年》雜誌和北京大學新文化運動倡導力量的結集過程的分析中，我們不難發現，新文化運動的倡導者相互間有著相當接近的背景，他們早在雜誌創刊和進入北大前已有頗密切的人際關係。

近年的研究，已突破長期以來認為以《新青年》和北京大學為中心的新文化倡導力量，除蔡元培外是"辛亥革命之外的力量與辛亥革命時期的人物屬於兩個不同世代"的說法，[1]並開始探究他們與各種政治勢力的關係，或試圖為他們歸屬某種政治勢力做定位。日本學者齋藤道彥認為，檢討民國三年組成的"歐事研究會"與新文化運動和五四運動的關係，為今後的課題。[2]而另一位日本學者末次玲子也強調了"歐事研究會"和"共和維持會"的舊國民黨系譜與新文化運動的密切關係，並認為這是民國後孫中山派遺留下來的對辛亥革命持不同解決方案的一個政治系譜。[3]他們這種派別印象主要根據"歐事研究會"內有蔡元培、陳獨秀、

---

1 曹聚仁，《文壇五十年（巳）集》，香港新文化出版社，頁 104、頁 107。聞一多，〈五四運動的歷史法則〉，載《聞一多全集》（三），日本大安株式會社影印本，1967年，頁 32。陳旭麓，〈論五四初期的新文化運動〉，載《歷史教學問題》（月刊）1959年第五期。

2 〈五四北京學生運動斷面〉，載《五・四運動史像の再檢討》，日本中央大學出版部，1986 年，頁 159。

3 〈五四運動と國民黨勢力〉，載前見《五・四運動史像の再檢討》一書，頁 287、頁 288。

章士釗和吳稚暉等人。另谷鍾秀、楊永泰等人組織了"共和維持會"，並在 1915 年創辦《中華新報》，陳獨秀是執筆者之一，陳獨秀又是 1917 年 5 月 6 日成立的"政餘俱樂部"的成員。齋藤、末次二氏指出新文化運動部分人物與民國初年政治勢力的關係是有意思的；但作為新文化運動和五四運動的政治系譜的根據，顯然是過於穿鑿附會了，而作為政治勢力和思想流派的溯源，也未觸摸到核心。所以，如果用既存的政治組織和勢力去給新文化運動倡導者做定位，顯然是徒勞無功的。

前二章詳列新文化運動倡導者的履歷，反映出以《新青年》和北京大學為基地的新文化運動的倡導者與辛亥革命有著不同程度的關係，這是很值得注意而且是理解五四新文化運動的淵源和性質的關鍵，這也是過往的研究極其忽略的。

試舉例，如蔡元培、陳獨秀、魯迅、蘇曼殊、高語罕、潘讚化、錢玄同、易白沙、劉叔雅、沈兼士、沈尹默、李大釗、陳大齊、高一涵、劉半農、程演生、謝無量、馬君武、李辛白、光昇、李石曾、吳稚暉、楊昌濟等人都在不同程度上參與了晚清民初的反清反軍閥的革命運動，稱得上是革命黨人。

再具體分析，蔡元培、陳獨秀、謝無量、魯迅、蘇曼殊、潘讚化、馬君武、楊昌濟、陳大齊、吳稚暉、劉叔雅等在二十世紀初年，革命運動在日本和國內勃興之初，這些人物已是運動的參與者和推動者。其中不乏一方面革命運動的組織者和領導人。蔡元培自 1902 年起組織"中國教育會"，1903 年組織"愛國學社"。1904 年擔任"光復會"會長，1905 年擔任"同盟會"上海分會會長。民國建立後擔任教育總長的事跡，較為人熟知了。陳獨秀在辛亥革命期間的事跡及其對該運動的貢獻，是近十年研究的新成果。1900年，陳氏已然具有反清思想和活動。1902年與蘇曼殊、張繼等人在日本組成了有革命性質的團體"青年會"。1903年在拒俄運動中，陳氏是安徽該運動的最主要組織者。1905年初創辦了"嶽王會"並任該會總會會長。"嶽王會"在辛亥革命中的重要性有不遜於"光復會"和"華興會"的地方，是安徽、江蘇革命力量的母體。尤其是在革命武裝力量依倚極深的新軍組織上，"嶽王會"中人行之最早，華中和廣東新軍革命力量的奠基者，大都是該會中人。武昌首義後，陳獨秀任安徽革命政府秘書長之職，在安徽政務上擘劃良多。他也是安徽二次革命的積極策動者。所以陳獨秀絕對是一個與辛亥革命運動相終始的資深革命人物。

其次，較蔡、陳、吳、馬等人年紀較輕，但在清末民初積極參與革命活動的有劉叔雅、高語罕、易白沙、李大釗、高一涵、劉半農、李辛白等。其中劉叔雅、易白沙、李辛白等有相當的革命地位。其他即使如胡適、周作人、吳梅等雖未參與具體的革命活動，但在清末民初，始終算是站在同情革命派立場上的。

上面一番史料的疏解，充分反映了五四新文化運動的指導勢力不僅不是辛亥革命之外的力量，而應是辛亥革命力量的一部分。換句話說，五四新文化運動的指導勢力與辛亥革命運動也不是兩個世代，而是同一世代的人；兩個運動在人物譜系上有一種承接的淵源。

作為辛亥革命運動黨人的五四時期新文化運動的指導者，個別人物如蔡元培、陳獨秀、劉叔雅、潘讚化等在辛亥革命運動中，在革命力量的組織、革命行動的推動上有較大的貢獻。但總的來說，這批人包括蔡氏和陳氏，都是傾向學問鑽研、學有專精的知識分子；在革命工作上又是較長於思想言論的鼓吹、教育文化的推廣方面。尤其是在辛亥革命後期，經多次革命行動的挫折，他們較疏離於日趨實際組織軍事力量以圖起事的革命主流力量。

　　與這批原屬辛亥革命力量的一部分的五四新文化倡導力量相比，值得注意的是，同樣任教職於北京大學的，尤其是文科教授中對新文化運動持不同態度的另一批人，也是辛亥革命時期的革命黨人。隨手舉之，如黃侃、朱希祖、馬敘倫、黃節、劉三、葉瀚、賀之才、吳梅、沈兼士、章士釗、馬裕藻、梁漱溟皆屬之。所以，以北京大學和《新青年》雜誌為中心的五四前期新文化運動的指導者，固然是辛亥革命時期的革命黨人，屬辛亥革命力量的一部分；同樣在北京大學內，其後創刊了《論衡》雜誌為據點的維護傳統文化的章太炎、黃侃、馬敘倫、劉師培、黃節等同樣是辛亥革命黨人，在這一點，他們的背景與新文化運動倡導者相近，年齡亦相近。這兩批贊成和反對新文化運動的原辛亥革命黨人之間，在進入北大前，不少有師生、師友或共事革命的同志關係，交誼並不尋常。甚至可以說，如果不用太對立的立場看待他們，在北洋軍閥政府牢籠下的北京大學，能在蔡元培主持下，校政教務有大興革，來自新文化運動倡導者以及來自維護傳統的文化保守派的支持，相信也是原因。其關鍵當然是同樣有辛亥革命黨人的背景。然而在五四前後，他們之間在文化思想上，卻明顯分裂成兩個陣線。熟悉辛亥革命史的人容易看出，這種分野不能以華興會、光復會等革命派別予以劃分。章太炎和蔡元培同是光復會的首領，魯迅、錢玄同、沈兼士與黃侃同是章門弟子，陳獨秀與劉師培、劉三、黃節交誼匪淺。民國後，陳獨秀是"歐事研究會"中人，劉叔雅卻入"中華革命黨"。所以兩派的不同，最合理和順當的解釋還是來自思想的分野。新文化運動倡導者代表的是二十世紀近代主義西化思想；章太炎、黃侃代表的是維護傳統的國粹思想。這方面的詳細分析將留待下文。

我們不願以辛亥革命時期原有的革命團體和派別去界定新文化運動的倡導勢力，另一方面，這種新文化指導勢力與孫中山所領導的主流派在民國後確有疏離的現象，其理由和情況簡述如下。

五四新文化運動的倡導和指導者，主要是以《新青年》和北京大學所結集起來的知識分子為主；五四運動的發端，及始於以北京大學等高等院校為主的青年學生，這些都是共識的歷史事實。到了五四前後，無論是倡導新文化運動的知識分子抑或是推動救國運動的青年學生，在當時錯綜複雜的政治派系和勢力中，隱然勃興成一股新的革新力量。

過往，關於孫中山及當時的國民黨之與推動五四新文化運動和五四運動的新興革新力量的關係，頗有不同的看法。

首先，以羅家倫和黃季陸等人所代表的看法，頗強調了這個運動及其推動力量之與孫中山的關係，[1] 不少史家也承其

---

1 羅家倫，〈對五四運動的一些感想〉及〈蔡元培先生與北京大學〉，載《逝者如斯

〔下轉頁 083〕

説。[1] 其中黃季陸的看法最能概括這種觀點。他認為：

　　五四運動的成因，實導源於中山先生領導的國民革命的發展
與繼續。這是一個爭議不息的問題，不得不加以剖析。要對這一
個問題有充分的瞭解，蔡元培先生所領導的北京大學和他本人的
歷史，他與中國革命及其與中山先生個人間的關係的明白，是十
分重要的。[2]

〔上接頁 082〕

集》，台北：傳記文學出版社，1967 年 9 月初版，頁 5、頁 55。又羅家倫，〈從近事
回想當年〉，載《羅家倫先生文存》（一），台北，1976 年，頁 147。黃季陸，〈蔡元
培先生與國父的關係〉，載台北《傳記文學》第五卷第三期，1964 年 9 月初版。又羅
敦偉說 "五四運動所提政治方面的口號，都與國民黨的政綱相同，很快的會流於國民
革命運動" 云云。見〈五四運動總清算試探〉，載《五四新文化運動的評價》，台北：
環宇出版社，1974 年再版，頁 43、頁 45。

1　陳春生，《新文化的旗手 —— 羅家倫傳》，台北：近代中國出版社，1985 年 9 月，頁
41。又呂芳上，《朱執信與中國革命》，台北：東吳大學中國學術獎助委員會，1978
年，頁 231。陶英惠，〈蔡元培與北京大學〉，載台北《"中央研究院近代史研究所"
集刊》第五期，1976 年 7 月。李雲漢說："因五四運動後動於北平，北大又為其大本
營，其時北大校長是蔡元培（子民）先生，蔡為國民黨員秘密到北方工作的，故以
北大為中心爆發之五四運動，孫中山焉有不知之理？ ！"其證據只是以五四後孫中山
對五四運動的支持做說明（《中國現代史專題研究報告》第一輯，台北："中華民國"
史料研究中心，1970 年 12 月）。

2　羅家倫，〈對五四運動的一些感想〉及〈蔡元培先生與北京大學〉，載《逝者如斯集》，
台北傳記文學出版社，1967 年 9 月初版，頁 5、頁 55。又羅家倫，〈從近事回想當年〉
載《羅家倫先生文存》（一），台北，1976 年，頁 147。黃季陸，〈蔡元培先生與國父的
關係〉，載台北《傳記文學》第五卷第三期，1964 年 9 月。又羅敦偉說 "五四運動所提政
治方面的口號，都與國民黨的政綱相同，很快會流於國民革命運動" 云云。見〈五四運
動總清算試探〉，載《五四新文化運動的評價》，台北：環宇出版社，1974 年再版，頁
43、頁 45。

他以蔡元培在考慮接受當時北京政府的任命為北京大學校長時，在上海曾遭受部分舊日同志的反對。相對於此，孫中山對蔡元培之擔任北京大學校長一職卻予以贊成的這件事，遂謂"證明中山先生真有眼光和風度。使蔡元培把革命的精神傳播到北京去。若再加以蔡先生新任北京大學校長之後與孫中山函件的交往，更知孫中山所依賴於蔡先生的地方，是早有安排和打算的"。黃氏進一步說：

　　蔡先生在北京大學的工作，是革命黨隱伏在北方文化教育方面的一著棋。民國八年的五四愛國運動，如果說北京大學是當時思想策動的中心，那麼其中心人物無疑也就是蔡元培先生。五四運動的真實意義是國民革命的發展和繼續，是固蔽的思想、文化的突破，亦即是另一種形式的首都革命。把當日舊勢力集中的北京沉悶的局勢翻造過來，影響及全國，使國民革命獲得蓬勃便利的發展。當然，隱伏在北方的革命棋子不止蔡先生一人，其他的人和其他的因素很多，蔡先生不過是顯著的代表者……據我所知蔡先生在北大期間所聘請的教授中尚有陳獨秀、石瑛、王雪艇、張頤、賀子才、馬敘倫、朱家驊、李石曾、吳稚暉諸先生，都是中山先生領導的革命同盟會會員。他們各自到校的時間雖無暇考證，但他們當中有的是新文化運動及影響五四運動的積極分子，有的是民國十五年北伐前在北京主持對軍閥鬥爭的領導人物。[1]

歸結上述所説，黃季陸之強調孫中山之與五四運動的關係，其根據是蔡元培等人與同盟會的關係。這種根據不僅迂曲籠統，且詞多臆測，缺具體資料的證明。

　　辛亥革命時期，蔡元培是孫中山的重要革命同志；在五四新文化運動和愛國運動中，蔡元培也擔當了"護法"的角色，這都是眾所周知的。然而這層關係並不能證明孫中山領導和影響了五四運動，其理也甚明。何況，由現今資料所見，蔡元培出掌北京大學校長非乃孫中山和當時的國民黨作為革命策略的著意安排。蔡元培出掌北京大學校長後之與孫中山的來往書信，所道及的都是無關乎實際政治的其他事情。[2] 五四時代的蔡元培毋寧説是有意擺脱現實的政治，而專志於文化思想和教育工作。甚至可以説，這是蔡元培、李石曾、吳稚暉等傾向無政府主義的國民黨人

1　羅家倫，〈對五四運動的一些感想〉及〈蔡元培先生與北京大學〉，載《逝者如斯集》，台北：傳記文學出版社，1967 年 9 月初版，頁 5、頁 55。又羅家倫，〈從近事回想當年〉，載《羅家倫先生文存》（一），台北，1976 年，頁 147。黃季陸，〈蔡元培先生與國父的關係〉，載台北《傳記文學》第五卷三期，1964 年 9 月初版。又羅敦偉説"五四運動所提政治方面的口號，都與國民黨的政綱相同，很快的會流於國民革命運動"云云。見〈五四運動總清算試探〉，載《五四新文化運動的評價》，台北：環宇出版社，1974 年再版，頁 43、頁 45。

2　蔡元培分別在 1917 年 4 月 14 日，1918 年 11 月 18 日、同年 12 月，1919 年 1 月 9 日、同年 1 月 21 日致函孫中山共五通。第一通是覆撰黃興墓碑事；第二、第三通除了推介友人外，乃向孫中山鼓吹和平主義；第四、第五通在咨詢孫中山關於辛亥革命時期會黨的史跡。無一道及實際政治活動。見高叔平編，《蔡元培全集》卷三，北京：中華書局，1984 年，頁 220、頁 232、頁 241、頁 243 等。

與孫中山的關係最是疏離的一段時期。[1] 1917 年 3 月 15 日，蔡氏履任北大校長不久所給汪精衛一函中，就明白表示説：

在弟觀察，吾人苟切實從教育著手，未嘗不可使吾國轉危為安。而在國外經營之教育，又似不及在國內之切實。弟之所以遲遲不進京，欲不任大學校長而卒之任之者，亦在此……弟進京後，受各政團招待時，竟老實揭示不涉政界之決心。[2]

---

1 正如周策縱在其關於五四運動的專著中所指出的："在事件發生之時，他們大都傾向於社會主義和民族主義，蔡元培、吳稚暉和黨的組織關係實際上並不密切。"（*The May Fourth Movement*, Harvard University Press, 1960, p. 217）傅斯年在其〈五四偶談〉一文中指出説："當年蔡孑民先生已就北大，其形勢如入虎穴。蔡先生之辦學，兼容並包，原非徒為國民黨而前往，這個中間自然還有一段故事，恐怕是吳稚暉先生知道最清楚。"〔見《傅斯年選集》（八），台北：文星出版社，1967 年，頁 1323〕再結合 1917 年 1 月 18 日蔡元培覆吳稚暉函，蔡元培之就任北大校長時曾先商於吳稚暉，信內又邀吳任學監主任。這裏真有一段故事，可供考證〔見《蔡元培全集》（卷三），頁 10 — 11〕。傅斯年所説是知道底蘊的，但他不願明白説出。我們再引對當時政壇內情知之甚詳的梁漱溟一段回憶，傅斯年不願明説的內情，就朗現無遺了。梁曾説：同盟會裏面的人的思想是多種多樣的。孫先生雖自有一套學説和具體主張，卻全然不能以此統一其黨人的思想意志。大約不同於他的，至少可分為兩派：一派是無政府主義者，例如吳稚暉、蔡元培、李石曾、張靜江、張繼等許多人物都是，乃至汪精衛亦接近於此……又一派則是資產階級和民主政治思想，換言之，就是傾向歐美近代政治，特別是美國式的議會政治，宋教仁即是代表。由之，蔡元培甫掌北大，即要援引汪、李、吳諸人到北大，其中意趣傾向，可思過半了（《憶往談舊錄》，中國文史出版社，1987 年，頁 41）。

2 〈致汪兆銘〉（1917 年 3 月 15 日），載《蔡元培全集》（卷三），頁 26。信內所及與 1918 年蔡元培致孫中山函的內容相同，主張應著重民生和教育作為建國根本的思想，顯然與孫中山所堅持的政治革命思想有分歧處。

印證這段時期蔡元培的思想和行動，他所說"不涉政界之決心"的思想態度是真實的。蔡元培的這種要擺脫實際政治活動，而從文化教育入手去改造當時中國的願望，是五四運動前以北京大學和《新青年》為中心的新文化運動的倡導者的共通思想和態度。

上引黃季陸列舉蔡元培出掌北大時所聘用的教授中屬同盟會會員者，如陳獨秀等並非同盟會會員，石瑛、賀子才等確是同盟會會員，然而在五四運動中無甚表現，不大活躍。除此而外，時任教於北大而隸屬同盟會籍者尚大有人在，如黃季剛、黃晦聞等，他們在五四運動中並不活躍，甚至是反對新文化運動的。

當然，如果做歷史性的分析，五四運動的發生，曾受過孫中山及其所領導的革命運動的影響，或謂蔡元培等原辛亥革命黨人在北大推動新思潮運動，客觀上為以後的政治形勢的發展起了作用，都是無可置疑的。這樣的歷史性的分析跟具體地說五四運動是來自孫中山的領導和影響，層次不同。

相對於黃季陸和羅家倫等人的觀點，關於孫中山之與五四運動的關係，另有不同的看法。例如，長期以來，與國共兩方面的政治人物有過密切的來往，而且諳於近代政治掌故的曹聚仁，即認為：

其實領導五四運動的文化人，並沒有一個是屬於國民黨的，而且，孫中山本人就主張保持舊文體，不十分贊成白話文的，他也在提倡什麼舊道德，和新青年派的反封建觀點是相反的。站在新文化的激進線上，研究梁啟超派所創辦的北京《晨報》和上海《時事新報》的學燈，其在文化上所盡的人力，遠在國民黨的上海《民國日報》（覺悟）之上。至於共產黨的成立，那是後來事。那時的陳獨秀乃是屬於新青年社，並不曾參加社會主義團體。五四運動乃是一群知識青年覺悟了以後的集團行動，幾乎和任何團體沒有直接關係的。[1]

曹氏這一段話，雖然不全都妥帖，不過有兩點看法是很值得注意的。第一，他認為孫中山和當時的國民黨與五四新文化運動和愛國運動沒有甚麼關係；第二，五四運動是一群覺悟後的知識青年的集團行動，與當時的政治團體沒有直接的關係。這兩個看法頗合乎歷史事實。日本的中國問題專家橘樸在其〈作為中國民族運動的五四運動的思想背景〉一文中也認為：在民國後特別是1917 年，青年學生已成為改革的中心力量。當時作為中國的民族革命運動的指導者和贊助者，最具影響力的，首先是北京大學一派，其次是孫中山一派。文中橘樸進一步說，辛亥革命之後，孫中山一派因受以袁世凱為中心的軍閥勢力的壓制，到 1916 年在中國思想界無多大的改進；反而同年末的文學革命的勃興，直到1923 年，北京大學一派卻成為青年學生最大的指導勢力，云云。[2]

1　曹聚仁，《五十年來的回想》，頁 104 — 106。

2　〈中国民族運動としての五四運動の思想的背景 —— 學生運動の意義及效果〉，載《中國研究 —— 橘樸著作集》第一卷，日本勁草書房，昭和四十一年一月（1966年）。

曹聚仁和橘樸的看法，雖乏資料的詳細佐證，但確實能道出五四前後思想界的變化。其時，青年學生已成為一股新的革新力量，而《新青年》和北大的新文化運動的指導勢力也有別於孫中山及其所領導的政治勢力。

二十年代初期，在中國政治運動中曾有舉足輕重地位的蘇聯駐中國代表馬林，也有與曹聚仁和橘樸接近的看法。他在1923年撰寫的一篇文章〈中國國民運動之過去及將來〉中道：

當愛國精神表現的時候，當國民革命發達的時候，我們看不見辛亥革命的國民黨。例如：民國八年學生大運動的時候國民黨在什麼地方？民國四年反對日本二十一條要求運動中，有沒有國民黨？很可以舉許多例來指出國民黨在學生會、商會和別種團體對列強屈辱中國做示威運動的時候，沒有能在其中指導和促進。無怪乎五四運動的學生把國民黨忘掉，去年北京雙十節紀念在中央公園開會，學生工人到者數千人，連創造民國的國民黨的名字也沒有提起。國民黨所以不能得五四學生運動的領袖，不是沒有理由的。[1]

馬林的看法應是基於一種觀察，相當反映了當時的實在情況。總

1　孫鐸（馬林），〈中國國民運動之過去及將來〉，原載《前鋒》創刊號，今引自《二大和三大》，中國現代革命史資料叢刊，北京：中國社會科學出版社，1985年8月初版，頁381。

的來説，1917 年起學生的愛國運動漸趨活躍而且形成一股新興的革命力量。以北大和《新青年》為中心的新文化運動的倡導者，也盡然成為青年運動的指導力量。相對於此，孫中山和當時是中國政治主導勢力的國民黨，在五四期間特別是 1919 年以前，對這股新興的力量不僅不能做有效的指導，甚至呈現了疏離的現象。

第二節　五四前倡導力量與政黨政治

由現有資料所見，以北京大學和《新青年》為中心的新文化運動的倡導力量，在五四運動前，與係中山及其領導的政治勢力關係不大。反而有一種要求擺脱和超越包括當時的國民黨在內的既存的政治勢力的言論，五四運動前在新文化運動的倡導者的文章中，屢有所見。譬如，時任北京大學文科學長同時是《新青年》雜誌創辦人的陳獨秀，在所撰〈1916 年〉一文中，即揭示要"從事國民運動，勿囿於黨派運動"。他認為"政黨政治，將隨 1915 年為過去之長物，業不適用於今日中國也"。[1] 另在〈答汪叔潛（政黨政治）〉一公開信中，陳氏強調要區別政黨政治和國民政治，表明《新青年》所從事的是求國民覺悟的國民政治。甚至在 1919 年 12 月 1 日〈本志宣言〉中，陳氏仍強調"我們主張的是民眾運動

---

[1] 見《新青年》第一卷五期，1916 年 1 月。

社會運動，和過去及現在各派政黨，絕對斷絕關係"。[1] 胡適日後屢屢提及，說當時《新青年》雜誌同人有"二十年不談政治之理想"的一番話，是為人所熟悉的。[2] 如果我們不懷疑胡適這番話的真實性，又將這句話理解為不具體談現實政治和從事實際政治活動的話，這句話確實反映了新文化運動倡導者在五四前期的態度。

隨著新文化運動影響力的擴大，以北大和《新青年》所結集起來的一群人隱然成為進步青年最有力的指導力量，也因此在他們之間逐漸形成了相當濃厚的自成勢力的集團意識。1919 年五四運動的發生，同時表現出這個指導勢力有了明顯的分化。[3] 即使在公開分

---

1 見《新青年》第卷二一期，1917 年 2 月 1 日；第七卷一期，1919 年 12 月 1 日。

2 胡適在 1935 年所撰寫的〈紀念五四〉一文中說："七年 [1918 年] 的《新青年》雜誌是有意不談政治的。不談政治而專注意文藝思想的革新，那是我的主張居多。陳獨秀、李大釗、高一涵諸先生都很注意政治的問題。蔡先生也是關心政治的改善的。這種政治興趣的爆發是在歐戰終了（七年十一月十一日）的消息傳來的時候。"（見《獨立評論》144 號）陳獨秀在 1920 年 9 月 1 日撰寫的〈談政治〉中也說："本志社員中有多數人向來主張絕對不該談政治，我偶然發點關於政治的議論，他們都不以為然。但我終不肯取消我的意見，所以常勸慰慈、一涵兩先生做關於政治的文章。"（見《新青年》第八卷一期，1920 年 9 月 1 日）

3 現據能見的史料的蛛絲馬跡，《新青年》雜誌同人的分化不自 1919 年五四始，1918 年底已見明顯。最典型的事例是 1918 年 12 月，陳獨秀和李大釗已辦了《每週評論》談現實政治；1919 年 5 月 15 日創辦的《新中國》的撰寫人不少也是《新青年》雜誌中人，主要有胡適、高一涵、陶履恭、陳啟修等，其他人有朱謙之、張君勱、包天笑、李鷙等。其宗旨是："故欲以新政治、以新道德、以新學術而造新思想者，其勢逆。以新思想而造新政治，而造新道德，而造新學術者，其勢順。"所以文章主要以介紹西方資本主義政治理論和思潮為主，少及政治。1919 年 4 月李大釗〈致胡適〉函中，有"所說《新青年》同人中，也不多願我們做《新中國》。既是同人不贊成，外面又有種種傳說，不辦也好"的話。以下以日本"黎明會"去說明不同主張而結合的例子。這都是可意味的（見《李大釗文集》，北京：人民出版社，1984 年 12 月初版，頁 936）。

化的五四後期，他們自成勢力的集團意識仍舊存在。1922年初，距全力協助孫中山推動國民黨的改組為時不遠，且因《問題與主義》而兩人公開論爭的時候，李大釗曾給胡適一封信，內中說道：

> 現在我們大學一班人，好像一個處女的地位，交通、研究、政學各系都想勾引我們，勾引不動就給我們造謠；還有如國民系看見這些系的垂涎，便不免起點醋意，真正討厭。[1]

這種以北大為中心，自別於各黨派甚至包括了國民黨在內的派別思想，不難在這封信中充分反映出來。

國民黨與五四運動關係不大，新文化運動其中的一個倡導者沈尹默曾有過一段論述：

> 當時國民黨方面只有孫中山先生重視這一運動，能利用它革新了自己的思想，訂定了聯俄、聯共、扶助農工三大政策，關係後來的革命是很大的。其外的黨人們，則不見受到多大的影響，甚至有些元老們如戴季陶等還有點漠視這個運動，因而嫉視到北大，並且非難到蔡孑民先生，這是要爭革命首功的心理所造成的

---

1 〈致胡適〉，載《李大釗文集》，頁951。胡適也認為"當時在北方的新勢力中心只有一個北京大學"〔見〈胡適回憶《新青年》新白話文運動〉，載中國社會科學院近代史研究所編，《五四運動回憶錄》（上），北京：中國社會科學出版社，1979年3月1版，頁168〕。

思想，那便不足道了。[1]

所論指的雖是五四運動後的事，但也反映了國民黨與五四運動之間的疏離情況。五四運動後國民黨內除了孫中山外，廖仲愷、朱執信和邵力子等人也注重五四運動且深受影響。

　　這個原屬辛亥革命黨人的新文化運動的指導力量，五四前後之所以自別和疏離在當時仍代表革命實力派和主流派的國民黨，革命派系的分歧、文化修養和教育背景的不同、地域性的人際關係的影響，都是部分的理由。然而經二次革命的挫敗，國民黨或中華革命黨仍一如過往，專注於上層的政治活動並訴之於軍事行動，在革命思想和方法未見有改弦更張的情況下，新文化運動的倡導者卻代表了思想界的新趨勢，他們對如何挽救和改造中國在思想和方法上都有進一步的認識，這應是他們與國民黨勢力疏離的最重要的理由。當然民國成立後，國民黨的腐敗也足以令進步的知識分子和愛國學生感到失望而加以離棄。這種事實，其時的國民黨重要幹部于右任就曾慨然分析過。他說：

　　中國政治界之黑暗，亦可極矣。愛國之政治家必相互結合以自厚其勢力，庶可以與此黑暗勢力相搏鬥，國民黨即從事於此等搏鬥之一種結合也。國民黨之搏鬥，十餘年未有奏效，考察其故，以為有二：一、國民黨本身之刷新也。國民黨自以同盟會完

1　〈五四對我的影響〉，載《五四運動回憶錄》（下），頁 1003。

成辛亥革命之功，舊時同志既不免偶染官僚惡習，而民國初立，入黨之分子更不免有複雜冒濫；中間經二次革命之頓挫，黨員窮困，亦多失其所宗。故其與黨也，遂不免貌合神離，為後詬病。……二、有力同志之未盡加入國民黨也。民國自被袁氏蹂躪，一般學人頗質疑於政治活動之未足以救國，及後稍有覺悟，又多氾濫於高遠無著落之各派社會主義。近兩三年，始漸聞有認定應為政治活動之社會黨（即陳獨秀君所組織），然此等社會黨對於國民黨不免若即若離。[1]

于右任這段描述民國初年政局和國民黨當時處境的話，有助於我們對新文化運動倡導勢力與當時國民黨甚至孫中山疏離的情狀的理解。

這種要擺脫既存的政治勢力，連同孫中山及其領導的政治勢力在內也予以疏遠的心理，自二次革命失敗後，不僅見諸新文化運動的指導者，即使在一般的愛國知識青年中間，也很普遍。

張國燾對五四運動期間青年人這種心理狀況有過一段回憶性的描述。他寫道：

當時一般青年憤恨日本的侵略，對於段祺瑞的親日賣國行為，尤為切齒，可是他們目擊現實政治的混亂和腐敗，多表示鄙薄不願與聞。即對孫中山所領導的國民黨，也因其混亂及反日面

---

1 〈國民黨與社會黨〉，載《東方雜誌》第二十一卷第一期，商務印書館。

目的不夠鮮明，不寄予甚大的希望。雖然青年們覺得反日愛國行為為不可放棄的天職，可是沒有組織，發動不起來，甚至有些人懼怕會因此卷入現實政治漩渦中去。部分青年從事新文化運動，也有不多談現實政治的傾向。[1]

張國燾的回憶錄，雖然常見有主觀的見解和虛飾自己的內容，不過這段刻畫五四運動前知識青年對政局和既存政黨的冷淡的情形，卻相當真實。這種具體材料難於遍舉，其中"少年中國學會"是一個典型的例子，可資說明。

"少年中國學會"是五四時期所"出現的歷史最久，會員最多，分佈最廣，分化也最明顯的一個社團"。而且社團成員，大都是五四運動中的活躍分子，代表性很強。被認為在五四運動中，"出力最多"。[2] 該會發起人之一王光祈在 1918 年 6 月 30 日發表的〈本會發起之旨趣及其經過情況〉中說：

本會同人何為而發起斯會乎？蓋以國中一切黨系皆不足有為，過去人物之使人絕望，本會同人固欲集合全國青年，為國創造新生命，為東亞闢一新紀元。故少年中國學會，中華民國青年活動之團體也。[3]

---

1 《我的回憶》，香港：明報月刊出版社，1974 年，頁 43 — 44。

2 《五四時期期刊介紹》（一），北京：人民出版社，1958 年，頁 235。

3 張允侯等編，《五四時期的社團》（一），北京：生活·讀書·新知三聯書店，1979 年 4 月一版，頁 219 — 220。

甚至"少年中國學會"會章的第十四條也規定"凡會員有下列行為之一者，由評議部提出警告書，送交該會員，勸其從速悔改"。這條規定的其中一項會受警告的行為是"與政黨有接近嫌疑，因而妨害本學會名譽者"。[1] 即使到了 1919 年初，"少年中國學會"這種摒棄既存政黨及疏遠當今政治人物的態度，依舊執著。在〈1919 年 1 月 23 日上海會員在吳淞同濟學校開會紀略〉中，再次申明該會"會員覺得現在國中一切黨派係過去人物，全不足有為，故意從青年下手，造成健全團體"。[2] 這裏所説的"一切黨派"自然包括了孫中山及其所領導的革命黨。同樣，作為"少年中國學會"重要成員的許德珩，回憶五四運動時期他接觸了孫中山，也説到"我們那時立志不依靠任何人，完全自主，也不沾染任何一個黨派，因此和孫中山只有私人接觸，沒有要他一個錢"。[3] 即使在 1919 年五四運動之後，學生日漸與孫中山接近，可是不少學生仍有堅持要疏離孫中山及其領導的政黨的情緒。[4]

1　《少年中國學會規約》，載《五四時期的社團》（一），頁 226。

2　《五四時期的社團》（一），頁 286。

3　許德珩，〈回憶國民雜誌社〉，載《五四時期的社團》（二），頁 37 — 38。

4　據屈武回憶説，五四發生後孫中山應學聯的邀請做演講，"當時聽講的學生，大多數同意孫中山先生的主張；有少數人認為學生運動應該是'純潔'的，不應連到政治漩渦中去；更有個別的無政府主義分子乘機搗亂。據我記憶所及，就有名溫世琳、華林的，在會上發言反對孫中山先生，説什麼'過去你利用我們給你抬轎子，抬來抬去沒有什麼結果，國事愈鬧愈糟，就是你們這般人搞壞的，無黨派的學生，今後要幹自己幹，再不會上你們的當'"〔見〈激流中的浪花 —— 五四運動回憶片斷〉，載《五四運動回憶錄》（下），頁 864〕。康白情在 1919 年 8 月 25 日給戴季陶的一封信，內中也表示孫中山提倡的"革命"的不合"新的革命黨"（見《建設》雜誌第一卷三期）。

〔下轉頁 097〕

以上的例證，反映了五四時期，尤其是五四事件以前，新文化運動的指導力量與愛國青年之間與孫中山及其領導的革命活動的疏遠的狀況，並且都有要自造革新勢力的傾向。

第三節　　五四後倡導力量與孫中山的結合

　　1919 年五四運動的發生，是新文化運動指導力量和知識青年與孫中山及其領導的革命運動由疏離而走向合流的轉捩點。這種新形勢的造成，與孫中山個人所起的作用是分不開的。

　　正如論者所指出，孫中山雖然沒有"積極地領導五四運動"[1]，可是五四運動一經發生，孫中山還是表示同情，不斷予以聲援和支持。誠然，對民國以來的有些學生運動，孫中山不時予以聲援。如同早在 1915 年，學生為反對"二十一條"條約，孫中山就曾應學生的請求，發電聲援。[2] 1918 年 5 月，北京學生發起一兩千名學生向國務院請願的事。這是民國以來學生的第一次大規

〔上接頁 096〕

朱德關於 1921 年和朋友孫炳文與孫中山會晤的一段回憶。當時孫中山勸朱德他們回滇軍幫助他，朱和孫炳文都拒絕，謂孫先生和國民黨員們動輒與軍閥搞同盟的戰術，已經失掉了信心〔〈朱德回憶五四前後的思想和活動〉，載《五四運動回憶錄》（上），頁 41〕。這都是其中的反映。

[1] 李時岳、趙矢元，《孫中山與中國民主革命》，遼寧人民出版社，1984 年，頁 232。

[2] 〈覆北京學生書〉（1915 年 5 月），載《孫中山全集》第三卷，北京：中華書局，1984 年，頁 174 — 175。

模請願運動，孫中山發電支持。[1] 這些支持都比較著眼於當時對北洋軍閥的對抗的作用上。不過，學生愛國運動所顯示的力量為孫中山所正視和給他明顯的影響，是 1919 年的五四運動。五四事件發生，孫中山即電當時的執政者段祺瑞和廣東政府，要求釋放被捕的學生。5 月 8 日南京華僑學生代表大會決議請各方爭回青島，維持國權，請予贊助。孫中山即批示："代答獎勵：云此間有一分之力，當盡一分之力也。"[2] 9 月 8 日批示北洋大學湛伊勳的來函，他表示要 "代答嘉獎之，學生思想當然如此，深望結合同學同志為最後之奮鬥，以達最後之破壞目的"。[3] 五四事件後，北京等地的學生聯合會代表集合在上海籌備成立全國學生聯合會。孫中山贊成學生聯合起來，擴大學生運動。全國學生聯合會在上海成立，孫中山曾給予經濟上的支持，並應學生的邀請到聯合會演講。[4] 五四運動期間，作為一個中國革命的先行者和革命領袖，孫中山這種對學生愛國運動的支持態度，無疑給愛國學生帶來鼓舞和信心。不過由現今孫中山留下的文字來看，1919 年

1 許德珩，《回憶國民雜誌社》（二），頁 38。

2 〈批陳漢明函〉和另〈批陳漢明函〉（1919 年 5 月 12 日），見《孫中山全集》第五卷，頁 53、頁 54。

3 〈批湛伊勳函〉，見《孫中山全集》第五卷，頁 110。

4 據許德珩等回憶，在 1919 年 6 月 16 日全國學生聯合會成立，就在這以後不久的一天，他們邀請了孫中山到學生會演講，演講地點是上海環球中國學生會（見〈孫中山先生對五四學生運動的同情和支持〉，載《五四回憶錄》（下），頁 537；今查《孫中山全集》，該天並沒孫中山演講的記錄，只在同年 10 月 8 日，才有孫中山應邀到環球中國學生會演說的記錄，頁 1380）。

間，孫中山對五四運動和新文化運動並沒有太多公開的積極支持。直到 1920 年初，才見有積極和較全面的評價。[1]

所以五四運動期間，學生領袖或出於自己的主動或應孫中山的邀請，紛紛拜會了孫中山及其幹部，雙方藉此交換了對國事的意見。當時的學生領袖如許德珩、張國燾、何世楨、程天放、段錫朋、羅家倫、康白清、何葆仁等都一次或多次與孫中山及其他國民黨要人會晤過。其中除了個別學生領袖因面晤了孫中山而立刻加入國民黨外，其他大都是拜會和對國事前途交換意見的性質，孫中山與新興的知識分子的革新力量的合流，還有著一個互相認識的過程。五四期間，孫中山與愛國學生的直接來往和思想交流，無疑促進了相互的瞭解和加深了相互的影響。在當時這些曾面晤過孫中山的青年學生的日後回憶中，不乏記述了他們在如何解決當前中國問題的方法和思想上，與孫中山時有不同的看法而引致爭論，終於互相瞭解進而互相影響的記敘。[2]

---

1 所以遂有學者以孫中山對五四運動表示相當冷淡的說法（見 Lyon Sharman, *Sun Yat-sen: His Life and Its Meaning*, Standford University Press, 1968, p. 221, Y. C. Wong, *Chinese Intellectuals and the West, 1872-1949*, The University of North Carolina Press, 1966, pp. 331-334）。到 1920 年，孫中山已比較深刻理解到五四運動和新文化運動所包含的更廣泛的意義和重要性（*Chow Tse-tseung, The May Fourth Movement*, p. 1957, Harvard University Press, 1960）。孫中山之屢為研究者所引用的 1920 年 1 月 29 日〈致海外國民黨同志函〉中對五四新文化運動的評價可充分得到反映（見《孫中山全集》第五卷，頁 207 — 211）。

2 張國燾，《張國燾回憶錄》，頁 67 — 74。許德珩，〈孫中山對五四學生運動的同情和支持〉，載《五四運動回憶錄》（下），頁 637 — 638。何世楨，〈對孫中山先生的片段回憶〉，載中國人民政治協商會議上海市委員會文史資料工作委員會編，《辛亥革命七十週年》，上海人民出版社，1981 年，頁 17 — 18。程天放，〈我初次謁見總理〉，載《程天放早年回憶錄》，台北：傳記文學出版社，1968 年 11 月 11 日初

〔下轉頁 100〕

同樣，由現今所見資料，孫中山及其重要幹部與北京大學和《新青年》雜誌為中心的新文化運動的指導者的接觸和聯繫，也多在五四運動之後。

當陳獨秀被北洋政府逮捕和傳出胡適被捕的消息時，孫中山就表示了關心。[1] 戴季陶在致胡適的信中，對陳獨秀的被捕，表示了"非常傷感"。[2] 廖仲愷在陳獨秀出獄後，去函致意。[3] 沈定一、戴季陶和廖仲愷為他們在上海創辦的《星期評論》和《建設》向北大同人蔡元培、陳獨秀、蔣夢麟和胡適懇切約稿。[4] 孫中山一再通過戴季陶、廖仲愷等人寄上他的《孫文學說》和《實業計劃》給胡適，請胡適在《新青年》和《每週評論》做介紹和批評。孫中山對胡適的著述，也鼓勵有加。[5] 陳獨秀因北洋政府壓迫在 1920 年初離開北京到上海，似乎與孫中山近身人物如朱執信、戴季陶往

〔上接頁 099〕

版，頁 38 — 39。羅家倫，〈我所認識的戴季陶先生〉，載《逝者如斯集》，頁 144。屈武，〈激流中的浪花 —— 五四運動回憶片斷〉，載《五四運動回憶錄》（下），頁 864。朱仲華，〈仲輝先生的教誨〉，載《和平老人邵力子》，北京：文史資料出版社，1985 年 10 月，頁 47。

1 〈沈定一致胡適〉（1919 年 12 月 16 日），《胡適來往書信選》（上），北京：中華書局，1979 年，頁 77。

2 〈戴傳賢等致胡適〉（1919 年 7 月 2 日），《胡適來往書信選》（上），頁 61。〈沈定一致胡適〉（1919 年 12 月 16 日），《胡適來往書信選》（上），頁 77。

3 〈戴傳賢、沈定一致胡適〉（1919 年 9 月 22 日），《胡適來往書信選》（上），頁 71。〈廖仲愷致胡適〉（1919 年 10 月 20 日），《胡適來往書信選》（上），頁 74。

4 〈戴傳賢致胡適〉（1919 年 7 月 2 日），《胡適來往書信選》（上），頁 63 — 64。〈廖仲愷致胡適〉（1919 年 7 月 11 日），《胡適來往書信選》（上），頁 71。

5 〈廖仲愷致胡適〉（1919 年 7 月 19 日），《胡適來往書信選》（上），頁 65。

來也多。[1] 另外，眾所周知，新文化運動和五四運動的指導者之一的李大釗是促成國民黨改組和此後國共合作的關鍵性人物，他與孫中山的初次會晤，也是在 1919 年五四運動之後。[2] 自此，李大釗與孫中山則保持相當密切的關係。同樣，五四事件後，蔣夢麟到北京代理蔡元培執行校務不久，即收到孫中山給他的信，要他"率領二千子弟，助我革命"。[3] 以上諸項資料，都說明了孫中山及其同志加強與新文化運動指導勢力的聯繫，是在五四事件之後，同時反映了其間孫中山對這股新興革新力量寄望之厚和爭取之殷。

孫中山及其親近的黨人之與新文化運動和愛國運動新興的革新力量有意識地加強聯繫，是在五四事件之後。不過，這並不表示自此而後孫中山和國民黨即與這股新興力量結合起來。兩者的合流進而使中國革命進入另一個新的階段，尚經三四年的發展過程。毋庸諱言，孫中山之對五四運動有充分的認識也有一個發展的過程，即是隨著五四運動所產生的影響的擴大和意義的顯豁，孫中山則由最初之只側重學生力量的本身而逐漸受進步思潮的影響，促進了其革命思想的發展。孫中山這種革命思想的發展，也是他能結合新興力量的基礎。種種跡象顯示，1922 年到 1923 年間，

---

1 左舜生，《近三十年見聞雜記》，台北：中華藝林文物出版有限公司，1976 年，頁 19。

2 張靜如、楊樹升，〈李大釗對國共合作的貢獻〉，見中國史學會編，《中國國民黨"一大"六十週年紀念論文集》，北京：中國社會科學出版社，1984 年 1 月初版，頁 181。

3 〈追憶孫中山〉，《新潮》，台北：傳記文學出版社，1967 年 9 月初版，頁 70。

孫中山在全國特別是在知識青年間已重新確立了其作為革命領袖的地位，而知識青年結集到孫中山為首的革命運動中去者漸眾。[1] 當然，在這個結合的過程中，五四運動以後組成的中國共產黨起了一個重要的推動作用。國共合作而造成的國民革命運動是其結果。

五四運動後，孫中山所以能重新贏得新興力量的擁護，與上面所說的他在五四運動期間給予的聲援和支持是很有關係的。另一方面與五四運動後，知識青年日益要求趨向從事實際政治和社會運動的動向，也有密切的關係。孫中山豐富的革命經驗和領導能力最能結集政治力量。

五四運動前夕，由於國內外政治形勢的逼拶和新思潮的衝擊，無論是專注於倡導文化思想運動的指導勢力，還是純粹從事愛國運動的青年學生，要從事實際政治和社會運動的傾向，一方面促成了新文化運動指導勢力和知識青年團體的分化；另一方面也有利於與一直堅持不懈、努力於實際革命運動的孫中山的合流。這種因要求從事實際政治運動而致新文化運動和愛國青年團

---

1 根據朱務善等在 1923 年 12 月所做的〈本校二十五週年紀念日"民意測量"〉的第六個問題，調查被訪者心目中國內大人物是哪幾位？結果以孫中山、陳獨秀、蔡元培三人票數最高。該次調查的被訪者大部分是青年學界。〔原載《北京大學日刊》1924 年 3 月 4 日至 7 日，又見《五四時期的社團》(二)，頁 234〕。《努力》雜誌第二十九期，1922 年 11 月 19 日根據上海的 The Week by Review 舉行讀者選票結果，居中國政治組十二個大人物首位的是孫中山。又根據范體仁的〈紀念五四運動前後的若干團體〉所說："中國大學學生王汝興（昆侖）於 1940 年在《中蘇文化》的中山先生逝世十五週年紀念特刊所著《我初覲謁中山先生》說'民國十年到十一年之間，北京青年才開始鼓動著政治蓬勃……'。"並謂 1924 年以後北大學生和北京大中小教職員加入國民黨漸多〔載《五四運動回憶錄》(下)，頁 193 — 194〕。

體的分化，可以從《新青年》同人和"少年中國學會"的分裂情況反映出來。

關於五四運動後《新青年》同人之所以分裂，胡適屢屢言之，其中他說：

　　在民國六年，大家辦《新青年》的時候，本有一個理想，就是二十年不談政治，二十年離開政治，而從事教育思想文化等等，非政治的因子上建設政治基礎。但是不容易做到，因為我們雖抱定不談政治的主張，政治卻逼我們不得不去談它。民國六年第二個學期，陳先生來到北大，七年陳先生和李大釗先生因為要談政治，另外辦了一個《每週評論》，我也不曾批評他。[1]

誠如胡適所說，陳獨秀和李大釗等創辦了《每週評論》，確反映了新文化運動倡導者之由純粹的文化思想運動進而走向實際政治改革的新動向。在五四前夕，陳獨秀就已經一再在文章中強調不能不談政治。[2] 五四後，陳獨秀要談政治的態度愈益堅決。這種要談實際政治和仍然維持回避現實政治而只從事文化教育工作的分別，促成了《新青年》同人的分化，當然也不能否認兩者之間也存在著政治觀點的歧異。陳獨秀和李大釗所代表的是要積極走向現實政治運

1　見《獨立評論》一百四十九號。

2　見 89 頁注 1。又可參考茅盾，〈新青年談政治之前後〉，載《茅盾散文速寫》，北京：人民文學出版社，1980 年。

動；而胡適所走的是要堅持純粹文化思想活動甚至是走向"整理國故"的路向。前者在從事社會主義運動的同時，日益與孫中山所領導的革命運動接近；而相反，謂被迫談政治的胡適在其所創辦的《努力》週刊上，則對孫中山及國民黨多有攻擊。這種分野具體而微地透過李大釗給胡適的一封信中反映出來。上文所及 1922 年初李大釗給胡適的一封信的態度，仍以《新青年》為一股獨自的力量而區別於國民黨，但是同年 8 月李大釗致胡適一信中，態度有了很大的變化。信是這樣的：

適之吾兄：

學潮如何結束？中山抵滬後，態度極冷靜，願結束護法主張，收軍權於中央，發展縣自治，以打破分省割據之局。洛陽對此可表示一致，中山命議員即日返京。昨與溥泉、仲甫商結合"民主的聯合戰線"democratic front 與反動派決戰。伯蘭稍遲亦當來京，為政治的奮鬥。《努力》對中山的態度，似宜贊助之。弟明日與仲甫赴杭一遊，一二日即回滬去洛返京矣。餘容面談。請將此情形告知夢麟、一涵諸同人。

弟

李大釗 [1]

---

1 〈致胡適〉（1922 年 8 月），載《李大釗文集》（下），頁 955。直到 1919 年五四運動發生，孫中山與陳獨秀尚未認識，1920 年軍政府倡辦西南大學，陳獨秀被指為創辦人之一。到 1922 年孫中山要改組國民黨，孫中山就指定陳獨秀起草《國民黨宣言》，其後又要派陳獨秀為宣傳部長（見何世楨，〈對孫中山先生的片段回

〔下轉頁 105〕

李大釗在信中明揭要原北大和《新青年》的同志，一同贊助孫中山組成"聯合戰線"與北洋軍閥鬥爭的意向，對於曾並肩從事新文化運動的胡適仍盡力爭取。這種態度，不僅見於李大釗、陳獨秀和其他一些新文化運動的推動者；另外如高語罕等，對胡適等埋首國故，背離孫中山所代表的革命勢力，很不表示贊同。[1]

至於以陳獨秀和李大釗為首的新文化運動倡導者，何以會與孫中山及其政黨由疏離而走向結合？這可由李大釗在 1923 年 5 月 10 日發表的〈實際改造的中心勢力〉一文見其端倪。李大釗說：

因此勢必要作為改造的中心的東西。到底什麼是需要的呢？以我個人的見解，就是首白先以中國國民黨作為中心，除了使要更大更有力量之外，一點其他道理都沒有。現在的國民黨還沒有什麼實力，然而這個團體尚有容納我們考慮問題的包容力。而且孫文是很有理解人們主張的理解力，加上我們對它不適當之處的改良，繼而使該黨形成為更加有力的團體。[2]

〔上接頁 104〕

憶），《辛亥革命七十週年》，頁 20；又見柏文蔚，《五十年經歷》，載《近代史資料》1979 年第三期）。

1 〈高語罕致胡適〉中說："所以先生的'二十年不談政治'的話，我和希平先生〔劉希平〕皆不敢絕對贊同；因為現在中國鬧得亂七八糟，正是杜甫所說'白狐跳梁黃狐立'的時候，政治若想他們有幾希清明之望，還全仗著我們以教育做生活的人常常對著一般青年談談，才有打破軍閥官僚政治之一日。"〔《胡適來往書信選》（下），1924 年 3 月 21 日〕

2 〈實際改造的中心勢力〉，載《李大釗文集》，1923 年 5 月，頁 659。

由此可知，不僅見到新文化和愛國運動新興勢力與國民黨合流的理由和趨向，也由之可反映對於促成這種匯流，孫中山個人所起的重要作用。

這個新興革新勢力的分化和重組，不僅見於新文化運動的倡導者，即在一般從事愛國運動的學生團體中也有同等的現象。五四時代另一活躍分子黃日葵在五四事件後翌年，對這種青年學生的分化做出了分析。他認為：

五四運動之前年，除《新青年》雜誌為教授所主持者不計外，學生方面有兩種大的傾向……一種傾向是代表哲學方面，另一種傾向是代表政治社會問題方面。前者是《新潮》雜誌社，後者是《國民》雜誌社。《新潮》於思想改造、文學革命上，為《新青年》的助手，鼓吹不遺餘力，到如今這種運動已經普遍化了。《國民》雜誌這一群，始初以反抗國際帝國主義（日本）之壓迫這點愛國的政治熱相結合。在雜誌上可以看出他們對於政治問題、社會問題是特別注意的。他們在民國七年為軍事協議問題發起中國第一次的政治示威運動，八年發起五四運動，並為這個運動的中堅。五四運動以後，這一群的傾向越發分明了，他們顯然是社會主義 —— 尤其是布爾什維克主義的仰慕者了。

新潮社一派，隱然以胡適之先生為首領；國民雜誌社一派，隱然以陳獨秀先生為首領。前者漸漸傾向於國故整理的運動，……陳獨秀先生一源，現在在做實際的社會革命運動。[1]

這種分析不全是個人的觀點，"少年中國學會"的分化就是黃日葵所說的印證。

當然，實際政治和社會運動的要求是一種動向，而這股五四新興革命力量能與孫中山為首的既存政治勢力結合，必然有著可結合的思想基礎。正如李大釗所說"加上我們對它的不適當之處的改良"。這種造成了結合的思想基礎可由五四運動對孫中山的具體影響見到。

---

1 黃日葵，〈在中國近代思想史演進中的北大〉，原載《北京大學二十五週年紀念冊》，1923 年 12 月 17 日，今轉引自《五四時期的社團》（二），頁 35 — 36。

第四章

五四運動在安徽

第一節　運動的發軔

　　在首二章，我們曾探討了以《新青年》雜誌和北京大學為基礎的新文化運動倡導力量的結集過程，第三章則進一步探討了該指導力量與辛亥革命運動以及民國初年的政黨的關係。該三章的討論，其要旨在彰明一種歷史事實：新文化運動的倡導力量，早在五四時期之前，已預身於清末民初的革命活動中，不少人更與辛亥革命運動相終始，進而顯示新文化運動的倡導力量原屬清末民初革命力量的組成部分。該種歷史事實，不局限於《新青年》和北京大學範圍的倡導力量，而應是一種全國性現象。在一些省份，五四新文化運動指導力量不僅在文化運動的本身，在政治和社會愛國運動上，也起了積極的推動和領導作用。這裏無法對各省予以一一的考察，僅就安徽做個案研究，以見其眉目。

　　用安徽作為個案研究的對象，主要有兩個理由：一、在五四運動中，安徽被視為"全國最活躍的地區之一"，"尤以安徽主要政治、經濟和文化重心的安慶和蕪湖為烈"。[1] 以安慶和蕪湖為中心而勃興的安徽五四運動，不僅具有規模，而且運動的持續性在全國也很有代表性。陳獨秀曾撰文評論說："安徽在直系勢力管轄之下，他們若只是空喊幾聲，也比廣東、浙江學界的空喊有價

1　李則綱，〈安徽青年的覺醒與反帝反軍閥鬥爭〉，載中國人民政治協商會議安徽省委員會文史資料研究委員會編，《安徽文史資料選輯》（二），1982年，頁49。

值，況且他們還有在空喊以上的實際動作，在這一點上看起來，安徽學界又實是全國學界之領袖。"[1] 二、在首章曾指出，《新青年》自初創迄於首卷六期，雜誌性質基本上可稱之為以陳獨秀為中心的皖籍知識分子的同人雜誌，北大改革派中安徽籍人士也佔不少。安徽五四運動的指導力量與《新青年》和北大新文化運動的倡導力量也較有聯繫，這層關係的披露，也能透顯出五四運動的一些面貌。

1919 年 5 月 4 日，北京爆發了以學生為首因抗議巴黎和會出賣中國利益的示威遊行事件。由於在北京的陳獨秀和高一涵等人的聯繫，北京五四示威事件的消息很快傳到了安徽，激起了安慶、蕪湖及六安等其他各縣學生的憤慨，紛紛示威遊行響應。[2] 值得注意的是，安徽五四運動明顯是由一些教育界人士在推動的。

安慶各校學生代表於 5 月 6 日在安徽公立法政專門學校召開代表會議，出席的代表有百多人。除學生代表外，還有朱蘊山等教育界和社會人士。5 月 8 日即依照代表會會議的決議，學生集合示威，人數達三四千人。

另一大城市蕪湖，首先活動起來的是省立第五中學，他們並派代表主動聯繫各校。該校修身教員劉希平和校監高語罕支持學生的行動，並代為策劃。經過聯繫，蕪湖以五中、萃文和二農三校學生

1 〈安徽學界之奮鬥〉，原載《向導》四十六期，1923 年 11 月 16 日，現見《陳獨秀文章選編》（中），北京：生活·讀書·新知三聯書店，1984 年，頁 356。

2 周新民，〈五四時期的安徽學生運動〉，載《五四運動回憶錄》（下），北京：中國社會科學出版社，1979 年，頁 786。

為首，在 7 日遊行示威。[1] 5 月 10 日蕪湖各校派代表召開聯席會議，會議是由高語罕和劉希平主持。會議決議成立"蕪湖學生聯合會"和"蕪湖教職員聯合會"，後者由劉希平擔任會長。該兩會的成立，立刻成了推動安徽五四運動的主要組織。5 月 12 日，蕪湖各界代表和各校教職員開會，通電政府和"歐事會"，力爭山東交涉。電稿由高語罕擬定，王蕭山宣讀。會上，高語罕發表了要組織國民大會的宣言。[2]

在推動五四運動上，教育界其他人士如光昇、周松圃、李光炯、史大化、朱希文、蔡曉舟都起了積極的作用。

示威遊行活動過後，安徽繼續進行各種運動，如抵制日貨、組織街頭宣傳隊等。其中教育上的改革活動，衝擊了軍閥倪嗣沖對教育機關和學校的操縱。最為矚目的應是在師生的抗爭下，分別促成了安徽三所最重要的中等以上的學校校長的撤換，並分別由光昇擔任安徽公立法政專門學校校長，李光炯擔任一師校長，而由劉希平擔任五中校長。並以三人為核心，聯繫了女職校校長李寅恭等組織了"安徽中等以上學校聯合會"，形成了教育界抗衡軍閥的一股力量。另在合肥，省立第二中學和省立第六師範學生在安慶教育界協助下，也驅逐了六師校長許卓雲。安徽這種撤換校長運動，與自 1913 年 8 月二次革命失敗後，倪嗣沖盤踞安徽，控制安徽教育，把

---

1 中共安徽省委黨史工作委員會編，《安徽現代革命史資料長編》第一卷，安徽人民出版社，1986 年，頁 154。

2 李雲鶴、翟宗文、李仲實，〈五四與安徽學生運動〉，載《五四運動回憶錄》（下），頁 801、頁 804 及頁 814。

自己親信派往各校任教長，操控學校，推行保守教育，引起師生長期不滿有關。

1921 年 6 月 2 日在安徽發生的"六二慘案"，是五四時期全國較著名的一個事件。該事件激發了全省的罷課、罷市、罷工運動。該運動的推進，教育界也起了指導性的作用。法政校長光昇、一師女校校長徐晉浦、一師校長李光炯、五中校長劉希平、二農校長沈子修以及其他教育界人士洪子翊、周松圃、高語罕、盧仲農、王蕭山等人發起組織安徽"六二慘案"後援會。到慘案主角學生姜高崎不治，又組織了"姜案訴訟委員會"。時自北京大學畢業返安徽擔任一中校長的楊亮功回憶說："以省教育會為神經中樞，多由光明甫（光昇）、李光炯、孫養臒、孫希文、周松圃及洪某主持其事，蕪湖教育界劉希平、高語罕亦參加了策劃。"[1]

1921 年秋，由安徽省學聯、教育會、學校聯合會、商會、農會、工會、律師公會、報業公會、西區學會、法政學會等"十公團"組織了"安徽省澄清選舉團"。該團就以李光炯、光明甫、劉希平為骨幹和領導。

對於省內各次運動，皖省旅外的文教界人士如陳獨秀、王星拱、高一涵、李辛白、常恆芳等一直積極支持。1919 年的驅逐三位保守校長，旅外文教人士則派張鴻鼎、汪叔潛回皖協助，1920 年 8 月，北京大學安徽籍教職員高一涵、程演生、蔡

---

1 楊亮功，《早期三十年的教育生活》，台北：傳記文學出版社，1980 年，頁 30。

曉舟等十七人發起了"旅京皖事改進會";約略同時,陳獨秀等十五位旅滬安徽人士組織了"旅滬皖事改進會",不斷聲援皖省運動並予以指導。

社會運動和政治運動之外,作為五四運動另一方面的新文化運動,在安徽也相當活躍。

1915年陳獨秀創辦的《新青年》雜誌,在安慶、蕪湖廣泛地流通,影響不小。

蕪湖被認為是"安徽新文化運動的中心"。蕪湖當時有六所中等學校,即萃文、聖雅各、省立五中、省立第二甲種農業學校、省立第二女子師範等。其中省立五中被譽為"蕪湖北大"。[1]運動的活躍人士朱蘊山曾說:"安徽的新文化運動,實際是從蕪湖第五中學開始的。"[2]該校學生被認為在文化革新的認識以至對內外局勢和社會情狀的分析上,能力較強。該校之形成這種氣氛,該校老師尤其是劉希平和高語罕等起了很大的作用。1917年,劉希平到五中任教,與高語罕等積極開展新文化運動,提倡普及教育,力革舊弊,倡導民主,組織學生自治會,並努力向學生介紹新思想,宣傳民主科學的觀念。五四運動的活躍領導分子蔣光慈、李宗鄴二人就直接受劉、高二人的啟牖。[3]1918年,省立五中有個無政府的秘密組織,並編印了《自由之花》的油印小報,

---

1　王持華,〈蕪湖學生運動紀略〉,載《安徽文史資料選輯》(二),頁65—71。

2　朱蘊山,〈回憶五四運動前後在安徽的活動〉,載《安徽文史資料選輯》(二),頁5。

3　吳騰凰,《蔣光慈傳》,安徽人民出版社,1982年,頁12、頁14、頁18。

高語罕就是這個組織和刊物的積極支持者。當時親身參與運動的學生胡蘇明日後回憶，認為蕪湖的學生運動的基本力量"就其組織基礎來說，則以二農、五中為支柱"。五中已如上述，當時任教於二農的盧仲農、王蕭山、陳唐卿等對該校學生也有較大的影響。[1]

學校而外，皖省五四時期傳播新文化運動，以蕪湖的《皖江日報》為重要陣地，《皖江日報》副刊"皖江新潮"主編郝大顛（耕仁）曾任教於二農和二女師，他被認為是蕪湖新文化拓荒者之一。高語罕、蔣光慈、王蕭山和錢杏邨等人都是該報宣傳新文化的主力。[2]

五四前後，科學圖書社是蕪湖唯一的一家經售全國各地新書和雜誌的場所，在新文化運動的傳播上起了不少作用。運動期間，科學圖書社乃領導蕪湖以至全省學生運動人士經常聚會的地方。光昇、李光炯、沈子修、劉希平、盧仲農、高語罕、李克農等人就常在這裏開會，以決定運動大事。蕪湖聲援安慶"六二慘案"運動，反對曹錕賄選運動以至全市人力車大罷工等事件，都是在這裏決定的。[3] 五四時蕪湖商界所以罷市，關鍵人物也就是科學圖書社的職工。[4]

五四運動期間，原在北京大學圖書館任管理員的蔡曉舟，辭

1　胡蘇明，〈五四時期蕪湖反帝反軍閥鬥爭〉，載《安徽文史資料選輯》（二），頁 30。

2　同頁 114 注 3。

3　蕪湖市文化局編，《蕪湖古今》，安徽人民出版社，1983 年，頁 36。

4　王持華前引文。

職返安慶開辦書店。蔡氏經常將《湘江評論》、《錢江評論》等宣傳新文化的著名書刊贈送給學生。蔡氏與王步文等人主辦《黎明》、《安慶學生》、《洪水》、《寸鐵》和《安徽學生週刊》等推動新文化的刊物。[1] 蔡氏在五四前已積極提倡白話文，並著有《白話文作法》一書。雖缺乏直接資料可憑，筆者頗懷疑，蔡氏之由北大返回安慶，是經有意安排而負有推動皖省新文化運動的任務。五四後，在安徽創刊，以推動新文化運動為職志的刊物甚多。除了蔡曉舟所辦刊物外，還有朱蘊山、宋竹蓀等在安慶創辦《評議報》，旅滬皖人創辦的《新安徽》，安徽省學聯的《安徽學生會週刊》，五中的《實踐》，二農的《海燈》等。[2]

五四後，安徽社會辦學的風氣也值得注意，較著名的以劉希平、高語罕、朱子帆為首創辦了商人夜校和工讀學校，五中學生分會主辦了平民夜校，以李光炯、劉希平、盧仲農、朱蘊山為首創辦了公立職業學校等等皆屬之。

第二節　運動的指導力量

毫無疑問，五四運動整體來說是以學界為先驅和主體的運動，運動的前期尤然，安徽自不例外。上文不厭其煩地敘述五四

1　吳騰凰，《蔣光慈傳》，安徽人民出版社，1982年，頁12、頁14、頁18。

2　翁飛等著，《安徽近代史》，安徽人民出版社，1990年，頁472。

運動在安徽的梗概，旨在表明安徽在整個運動中，一股知識教育界的力量，起了指導性的作用。其中較活躍的人士有李光炯、光昇、高語罕、劉希平、盧仲農、朱蘊山、史大化、沈子修、桂月峰、汪孟鄒、蔡曉舟、周松圃、王蕭山、洪子翊、孫養臞、張鴻鼎、陳唐卿、李寅恭、徐音浦等人。以下簡單介紹各人的背景。至於當時在省外的陳獨秀、高一涵、王星拱、李辛白和常恆芳等人，在第一、第二兩章已做了介紹，不必再贅述。

李光炯（1870 — 1941 年）

字德膏，樅陽人。父雲村，官宣城教諭。1897 年中鄉試，後棄科舉業，去保定蓮池書院從吳汝綸（1840 — 1903 年）學，1902 年隨吳汝綸赴日本考察教育。返國後，協助吳汝綸創辦桐城中學，該校為皖省中學校之最早成立者，1903 年應聘任湖南高等學堂歷史教習。繼與該校數學教習盧仲農在長沙創辦安徽旅湘公學。1904 年遷移該校於蕪湖，改名安徽公學。廣延劉師培、陳獨秀、謝無量、陶成章、蘇曼殊、柏文蔚、江暐等來校講學。該校屬中江流域革命運動的著名發源地。李氏與劉師培、柏文蔚等組織了專門從事暗殺活動的秘密團體"黃氏學校"。晚清孫毓筠等人之謀刺江督端方，徐錫麟等人之謀刺皖撫恩銘，熊成基之在安慶起義，其策劃地實為安徽公學，而暗中推動者，以李光炯出力為多。後引起了兩江總督端方注意，李氏避居他處，曾到雲南主持教育。武昌起義後，李光炯協助孫毓筠督皖，後又任安徽第一師範校長。[1]

劉希平（1873 — 1924 年）

原名畹薌，字蘭香，安徽六安縣人。自小與朱蘊山友好，並深受朱蘊山父親朱明升的民族思想熏陶，反清思想出現較早。1900 年與江樸齋倡議創辦"六安中學堂"。這學堂是六安境內創辦的第一所學校。1906 年元宵節，劉氏與朱蘊山等在本鄉開講學會和天足會，與土豪發生衝突。隨後東渡日本留學，並加入了同盟會。1911 年自日本明治大學畢業，獲法學士學位歸國。回國後積極參加辛亥革命運動。次年與光昇等籌建安徽江淮大學並任教授。1913 年積極參加二次革命討袁，事敗後避居上海。經常與陳獨秀、常恆芳等同鄉同志議論和策劃反軍閥事宜。1915 年曾任安徽巡按使韓國鈞的顧問，因袁世凱稱帝掛冠而去。1916 年與朱蘊山、沈子修、宋竹蓀等密謀在安慶起義，事敗逃亡。1917 年，任教於五中。1918 年與盧仲農等在皖西設立第三甲種農校。1920 年任省立五中校長。1924 年在南京設新民中學，自任校長，不久病逝。[2]

---

1 徐承倫，〈李光炯〉，載《安徽歷史人物》，合肥：黃山書社，1990 年，頁 368 — 370。又見《安徽近現代史辭典》，北京：中國文史出版社，1990 年，頁 359。

2 前引《安徽歷史人物》，頁 363 — 364。《安徽近現代史辭典》，頁 342。《劉希平傳略》，《第一次中國教育年鑒》戊編，頁 415。

光昇（1876—1963年）

字明甫，安徽桐城人。清末秀才。1905年留學日本早稻田大學，後加入了同盟會。1910年畢業回國，任教安徽法政學堂。1912年籌辦江淮大學，並任校長。積極參與辛亥革命和二次革命運動。1913年因反袁失敗被迫流亡寧、滬等地。1920年任法政專門學校校長。[1]

沈子修（1880—1955年）

原名全懋，安徽霍山縣人。早年畢業於兩江師範學堂，先後任教於安徽公學和法政專門學校。1907年加入同盟會。辛亥武昌起義，歸六安與朱蘊山、士蕭山等籌備北伐事宜。1916年4月，與朱蘊山、楊久中等密謀在安慶組織武裝起義反袁。事敗逃難到上海。後任第二甲種農校校長。1918年任省教育會總幹事。1919年任第三甲種農校校長。[2]

杜月峰（1870—1932年）

原名月釗，字樹丹。安徽金寨人。清朝秀才。兩江優級師範學堂畢業後，赴日本東京弘文學院就讀。曾加入同盟會。畢業回國。1918年與朱蘊山等創辦省立第三甲種農校，任學監。[3]

---

1 前引《安徽近現代歷史辭典》，頁349。

2 前引《安徽近現代歷史辭典》，頁378。

3 前引《安徽近現代歷史辭典》，頁408。

蔡曉舟（1885 — 1933 年）

合肥人。1908 年參加了熊成基領導的安慶新軍馬炮營起義。起義失敗後，回合肥力倡開辦學堂。民初在甘肅工作多年。後在北京大學李大釗主持的北京大學圖書館任職。五四時期積極參與政治運動和新文化運動，曾撰寫《白話文研究法》，在當時頗有影響。他是舊安徽大學的創建人，曾在北京的皖人大會上，斷指血書，要求創辦安徽大學。五四後接任安徽大學籌備處主任。五四不久，回安慶從事新文化運動。在安慶辦書店，與王步文辦《黎明周報》、《安慶學生》和《洪水》等刊物，鼓吹民主，提倡新文化。積極參與"六二慘案"與軍閥的抗爭。後被劉希平聘為五中教員。1921 年主辦《新安徽旬刊》。[1]

朱蘊山（1887 — 1981 年）

安徽六安人。父親朱明升在當地頗有文名。朱蘊山自四歲起到十九歲，接受相當完整的傳統教育，1905 年十九歲應州試，獲案首秀才。下半年科舉制度廢除，到六安賡陽書院讀書，開始接觸了新思潮。早與劉希平相交。1906 年元宵節，與劉希平和剛自日本回來的留學生王蕭山在本鄉開講學會和天足會。

1906 年 4 月，朱蘊山考入安徽巡警學堂。朱蘊山到安慶後，便加入陳獨秀、柏文蔚、常恆芳等人所組織的"嶽王會"。朱氏考入安徽巡警學堂後，校長徐錫麟以朱氏年輕，挑選他為"兵生"，

1　前引《安徽近現代歷史辭典》，頁 408。

頗為徐錫麟所器重，並介紹入光復會。其間，朱蘊山結識了宋玉琳、楊允中、高語罕等人，成為革命同志。1907 年徐錫麟起義失敗，朱蘊山與宋玉琳、楊允中被押赴刑場陪斬。後朱氏被釋放，驅逐回六安。[1]

1907 年冬，高語罕、宋玉琳函召朱蘊山返安慶，加入同盟會，並與高語罕協助韓衍創辦《俗話報》。曾參加熊成基領導的起義事件。1910 年考入安徽巡警學堂速成科。武昌起義，韓衍組織"青年軍"，派朱蘊山為皖中招撫使兼青年軍隊長。在辛亥革命期間，朱蘊山與韓衍、李光炯、常恆芳、劉希平堅持抗袁反對妥協。後抗議韓衍被殺，拒絕加入國民黨，返家鄉創辦小學。

1913 年二次革命，朱蘊山積極參加抗袁活動，事敗離開安慶到北京。不久再回皖從事革命活動。1915 年與冷禦秋、劉希平、柏文蔚等人秘密回皖推動反袁活動。1916 年 4 月，朱蘊山與楊允中、劉希平、沈子修、宋竹蓀等密謀在安慶組織武裝起義反袁，事敗被投入獄，袁死後才被釋放。

1917 年，劉希平、高語罕倡導蕪湖職業學校，朱蘊山擔任駐校董事。朱氏又協同李光炯、盧仲農等創辦了蕪湖公立學校。其間，朱蘊山一面從事新文化教育工作，一方面繼續從事反袁反軍閥的活動。1918 年初，創辦了省立第三甲種農校。在籌建第三甲種農校的同時，還在六安籌建六安女子學校。

1　朱正西、洪嘯濤，《朱蘊山》，合肥：黃山書社，1988 年。中國國民黨革命委員會中央委員會宣傳部編，《紀念朱蘊山文集》，北京：中國文史出版社，1987 年。

盧仲農（1877 — 1942 年）

名光浩，安徽無為人，清末生員。書香世家。甲午後，憤清政不綱，乃棄科舉業到南京就讀於江南高等學堂，時與肄業江南陸師學堂趙伯先相結納，並考入陸師學堂。以倡言革命為兩江總督張之洞所忌，遂走上海，入愛國學校，繼續倡言革命。鄒容入獄後，盧氏東渡日本入宏文學院研究數理。1903 年返國在長沙主持明德學校。嗣後與李光炯創辦旅湘公學。1904 年遷旅湘公學回蕪湖後，再與李光炯、阮仲強等創安徽女學。民國建立，任職皖南茶釐總局。宋教仁案發生，盧氏遁居上海。袁敗亡，盧仲農返皖與李光炯一意興學，在蕪湖創辦私立職業學校。1920 年任蕪湖省立第二甲種農校校長。[1]

至於其他人，因暫缺資料，無法詳細說明。僅知李寅恭在 1909 年與章士釗、楊昌濟同船赴英國留學。常恆芳畢業於安徽蕪湖公學，後留學日本，且是安徽最早的革命團體嶽王會創辦人之一。其他如孫養臒、王藹山、張鴻鼎、史大化等人在清末民初是安徽相當重要的革命黨人。

根據上述諸人簡單背景介紹，首先讓我們注意到，這股皖省五四運動指導力量的成員，大抵出生於十九世紀七十年代到八十年代，早年接受的是嚴格的傳統教育，諳熟中國典籍，不少更擁有傳統的科名。二十歲前後或早些，他們開始接受近代新式教育，可以說是安徽在廢科舉前後最早接受新式教育的一代人。不

---

1 〈盧仲農事略〉，載《中華民國褒揚令集》（初編）第八冊，頁 4356 — 4358。

少人更曾留學外國，主要是到日本。總的來說，他們屬於安徽最早由傳統教育過渡到新式教育的一代人。

其次，這批皖省五四運動積極指導者，包括皖外的陳獨秀、高一涵、李辛白、張鴻鼎（1904 年留學日本）、汪叔潛等，大多都是清末民初積極參與革命活動的黨人，其中不少人更是皖省革命運動的奠基者和組織者。早在五四時期之前，相互之間已經是革命同志和文化教育革新運動的同伴。

安徽五四運動顯示了在人事上與清末民初的革命運動有一脈相承的關係，即使在五四運動中表現活躍的機構，也與清末民初的革命運動有一定的淵源。就學校來說，最活躍的是蕪湖省立五中和二農，安慶是法政專門學校。

五四運動中被稱為"蕪湖北大"之省立五中，其前身是在清末建立的皖江中學堂，又是清末最具革命性質的學校之一。張通典（伯純）曾任監督，陳獨秀、章士釗、柏文蔚、蘇曼殊、盧仲農、江暐等一輩著名革命文人曾先後任教該校。他們的風流餘韻影響很深。由於這種歷史因素，該校還聘請了劉希平和高語罕擔任教師，胡適、孫毓筠等人也曾到該校演講過，給學生都留下了深刻印象。

省立第二甲種農業學校前身就是上面屢屢道及的在清末赫赫有名的蕪湖安徽公學，它被視為中江流域革命發源地。光復後的1912 年 7 月，該校遂改名為省立第二甲種農業學校。五四時期尚留在該校任教的盧仲農、王蕭山、陳唐卿、汪雨湖、王仁舉等人都是原辛亥革命運動的黨人，所以該校"革命氣氛濃厚"，學生所受的影響也很深。皖西五四運動的中心是六安第三甲種農業學校，該校則由盧仲農、桂月峰、劉希平、朱蘊山和高語罕等人所籌辦。學校而外，如汪孟鄒的“科學圖書社”等機構性質也相類似，限於篇幅，茲不贅述。

第三節　啟蒙者的角色

上面關於安徽五四運動指導力量性質的考察分析，主要集中於政治社會活動方面，尚未概括這群二十世紀初形成的具有革命性質的安徽第一代近代知識分子的歷史作用。其實他們除了參與推動革命的政治運動外，同時在安徽地區擔當了思想啟蒙和社會文教革新的先驅者角色，這對促進當時社會的蛻變，起了不容忽略的作用。

安徽的新教育基本上與全國新教育的開展，步伐一致。首先，甲午的戰敗，激發了全國的奮發圖強。教育上遂有戊戌新政之廢科舉、興學堂的新措施，安徽於 1878 年籌建的“求是學堂”是新學堂之始。其後新學堂的興辦雖因新政的失敗而遭挫折。旋踵清廷頒佈了“壬寅學制”（1902 年）和“癸卯學制”（1903 年），詔令獎勵私人籌建學堂，皖省新學堂的興辦於焉勃興。從清末到民國初建的近十年，是安徽新教育的草創時期。這個時期興辦的各類學堂，包括：蒙養學堂、中小學堂以至專門學堂，其設備雖大都因陋就簡，各校學生也以數十人為多，但學堂興辦數目的增長，相當可觀，於下表可見一斑。

年份	學堂數目
光緒二十九年（1903）	13 所
光緒三十年（1904）	41 所
光緒三十一年（1905）	80 所
光緒三十二年（1906）	198 所
光緒三十三年（1907）	293 所
光緒三十四年（1908）	503 所
宣統元年（1909）	723 所

這七年發展起來的學堂，數目雖達七百餘所，其中百分之九十以上屬於高等小學或以下的學堂。[1]高等小學或以下的學堂背景資料難於考究，至於全皖中學堂或以上的學堂，根據現有資料，只有二十餘所，而且大都屬府、縣改原有舊書院而成。中學堂之外，另有師義學堂和實業法政等學堂，簡列表示如下，以清眉目。[2]

---

1 趙郭，〈清末安徽之中等教育〉，載《學風》第五卷第六期。

2 主要參考以下資料：《第一次中國教育年鑑》（丙編）。趙郭，〈清末安徽之中等教育〉，載《學風》第五卷第六期。高正方，〈清末的安徽新教育〉（上）（中）（下），見《學風》第二卷合訂本。趙郭、陳仲英，〈清末安徽之新教育行政〉，載《學風》第五卷第五期。《安徽近現代史辭典》等及其他散見的資料。

中學堂

學堂名稱	校址	開辦年月	經辦或主持人	規模	備注
求是學堂 | | ↓ 求是大 學堂 | | ↓ 安徽高等 學堂	安慶 在敬敷 書院舊 址開辦	1898 年 1901 年秋 1902 至 1911 年 1912 年重 辦	安徽巡撫鄧華 熙創辦 嚴復曾任監督 （1906 年）陳 獨秀重辦，馬 伯通任校長	共招收正課 生、附課生 九十三名，三 年畢業 由各縣選送兩 名學生，共 一百名為正課 生，另設附課 生一百二十名 1906 至 1909 年，該校共畢 業二百二十五 人	求是學堂是 安徽第一所 近代學堂。 求是大學堂 和安徽高等 學堂則為安 徽高等教育 之始
壽州公學	壽州	1901 年	就循理書院改 造而成	1909 年有學生 五十人	
鳳鳴學堂 | | ↓ 懷寧縣公 立中學堂	安慶 改鳳鳴 書院而 成	1901 年 1904 年	 第一任監督鄭 思亮，繼任是 丁述仙、鄧繩 侯等	1908 年有學生 一百二十人	
桐城中 學堂	安慶 就省城 陸軍習 公所址 開辦	1902 年春 1905 年遷 回桐城	吳汝綸創辦， 李光炯、盧仲 農協辦	1907 年有學生 一百五十人	

學堂名稱	校址	開辦年月	經辦或主持人	規模	備注
皖江中學堂 | | ↓ 蕪關中學 | | ↓ 省立第五中學	蕪湖 北赭山	1903 年改中江書院而成，初稱皖南中學堂，次年更名皖江中學堂 1914 年 1917 年	皖南道劉樹屏倡辦，監督李某	1909 年有學生一百三十人	陳獨秀、柏文蔚等曾在此任教
鳳陽府官立中學	鳳陽改原鳳陽、淮南兩書院而成	1903 年3 月	太守恩某襄助而成	1909 年有學生三四十人	
安徽旅湘公學 | | ↓ 安徽公學 | | ↓ 省立第二甲種農業學校	長沙 蕪湖米捐局巷內	1903 年 1904 年遷回蕪湖 1905 年房秩五主持速成師範學校部分 1912 年7 月	由李光炯、盧仲農創辦 由陳獨秀等主持	 1909 年有學生八十人	

學堂名稱	校址	開辦年月	經辦或主持人	規模	備注
廬州中學堂	合肥改廬陽書院而成	1902年春開辦	李經方經辦並擔監督 1907年由嚴復為監督 1908年李國松、李國筠任名譽監督	學生約一百二十人	
斌農中學堂 │ │ ↓ 舒城縣官立中學堂	舒城	1902年夏	舒城縣令萬祖恕倡辦	分師範及普通兩科	
新安中學堂	休寧	1904年			
潁州府清潁中學堂	府城內就清潁書院改辦	1906年	監督陸鵬舉	1909年有學生八十人	
太平府官立中學堂	就當塗翠螺書院改設	1906年2月			
和州中學堂	就和陽書院改設而成	1902年	和州州牧德馨倡辦		
六安州官立中學堂	就原考棚改建而成	1905年	監督王太史	1909年有學生五六十人	
阜陽縣公立成達中學堂	阜陽貢院內改建成	1906年3月		1909年有學生二十人	

學堂名稱	校址	開辦年月	經辦或主持人	規模	備注
安慶府中學堂		1906 年	懷寧、桐城、潛山、太湖、宿鬆、望江六縣人士共辦		
泗州官立中學堂	泗州城內由夏邱書院改建而成	1906 至 1911 年	監督張啟佑	1909 年有學生六十八人	
太湖縣公立中學堂	由太湖熙湖書院改建	1906 年 3 月	監督李某	1908 年有學生三十人	
寧國府官立中學堂		1906 年		1909 年有學生八十人	
蕪湖女子公學 ↓ 安徽省立第一女子師範學堂	蕪湖	1906 至 1911 年 1913 年	阮強、李光炯開辦 阮氏為監督		屬安徽女子師範學校之始
宿州官立中學堂	宿縣由舊書院改建	1906 年		1909 年有學生四十人	
亳州官立中學堂	城西由柳湖書院改建	1910 年	監督程寶勳	1910 年有學生四十人	
廣德州官立中學堂	就復初書院改建而成	1903 年		學生約三四十人	安慶革命基地

學堂名稱	校址	開辦年月	經辦或主持人	規模	備注
安徽存古學堂	就文昌閣加蓋而成	1909 年	程仲威主其事，以朱孔彰任經學、李某任史學、姚永概任文學、程仲威自任理學。		該堂以"彰明舊學，保存國粹"為宗旨。分經史、文、理四門。在該堂畢業者可直入大學文科。畢業年限多數為三年，少數則五年
池州官立中學堂	就舊考棚改建而成		監督馬某	1909 年有學生八十人	
徽州府官立新安中學	徽州城內		創辦及監督許承堯 黃賓虹任國學教員	1909 年有學生七十人	
潛山縣官立中學堂	城西	1911 年 3 月			

學堂名稱	校址	開辦年月	經辦或主持人	規模	備注
尚志學堂	懷寧藏書樓	1902 年	由馮翰卿、鄧繩侯先後掌校長職，葛溫仲實際管理校務	有學生六十人	該校主持屬革命黨人，任教也多援引革命黨人，校風之美冠於全皖。如常恆芳在此校擔任訓導主任，湯葆明等任教職員，陳獨秀曾蒞校演講宣傳革命
美梅中學			監督曹文淵、李衡		

師範及其他學堂

學堂名稱／事項	校址	開辦年月	經辦或主持人	規模	備注
蒙城縣官立師範傳習所	由慈氏寺改建而成	1909 年			
徽州府官立紫陽師範學堂	徽州城外改原紫陽書院而成	1907 年	許承堯（降唐）創辦，並任監督；鮑蔚文協辦		

學堂名稱／事項	校址	開辦年月	經辦或主持人	規模	備注
蕪湖女子公學 ｜ ｜ ↓ 安徽省立女子師範學堂 ｜ ｜ ↓ 省立第二女子師範學校	蕪湖	1906 至 1911 年 1913 年 1914 年	阮強、李光炯開辦 阮氏為監督		屬安徽女子師範學校之始，自此使安徽風氣為之一變
安徽省立師範學堂 ｜ ｜ ↓ 安徽優級師範學堂 ｜ ｜ ↓ 省立第一師範學校	安慶就安慶府原有試院改進	1906 年 3 月 1911 年 1912 年	鄧繩侯任齋務長兼授經學	初辦時設優級選科預備班簡易科，學生二百七十二名，共六個班，學制兩年	為安徽有師範之始
合肥師範傳習所	合肥	1908 年	殷葆森創辦		
宿縣初級師範學堂	宿縣	1909 年		有學生約三十人	
鳳陽府師範學堂	城內	1908 年		有學生三十人	

學堂名稱／事項	校址	開辦年月	經辦或主持人	規模	備註
省立第五師範	就原府試院改建而成	1912 年			
省立第一女子師範	安慶	1912 年			
阜陽官立初級師範學堂	乃縣城舊學堂改建	1914 年			
省立第三師範安徽省立法政學堂					

在這為數不多的中等以上新辦的學堂中，由具有革命傾向的知識分子創辦或主持的為數不少。除上面提及的皖江中學堂（1903 年）和安徽公學（1903 年）不再贅述外，另有：懷寧縣公立中學堂（1904年）由鄧繩侯任監督；桐城中學堂（1902 年）由李光炯和盧仲農協助創辦並主持；省立法政學堂（1906 年）由楊饌龍創辦；[1] 高等巡警學堂（1907 年）創辦及主持人是徐錫麟；蕪湖女子公學（1906 年），民國後改稱為省立第一女子師範學堂（1913 年），由李光炯和阮強開辦，是為安徽女子師範學校之始；紫陽師範（1906 年）、徽州官立新安中學（1906 年）創辦人是許承堯；懷寧尚志學堂，鄧繩侯曾掌校長職，葛溫仲實際主持校務，任教的大都是常恆芳、湯

---

1 楊饌龍，字雲麟，霍山人。1903 年中舉，留學日本學法政。兩年後返國，創辦了安慶法政講學所，預身革命活動。武昌起義，積極策劃，以法政為總部，密佈堂員於要隘。民國成立，任高等司法廳廳長。二次革命失敗，走上海。

葆明這些革命知識分子；法政專門學校則由光昇和劉希平創辦和主持。上述各所學校在清末安徽來説，算得上較有規模和成效，到了民國，也成為重點學校。

除了中等或以上學堂外，小學學堂一類由傾向革命的知識分子創辦和支持的尚多。粗略舉例，孫毓筠創辦了壽州蒙養學堂，孫養臞、湯葆明等任教職。壽州另有芍西學堂，由李蘭齋主持，吳旸谷等任教。潘晉華獨資捐助創辦了桐城崇實學堂，教員有楊希説、史大化、葛溫仲、裴書田等人。胡渭清、吳性元、吳旸谷等在廢科舉前正在合肥辦義塾和藏書樓，到科舉廢止，他們再先後辦了城東和城西小學堂。1907 年，吳旸谷等辦模範小學速成師範。懷遠的養正、萃華都屬清末革命知識分子創辦的學校。

這種新教育的興起之促成社會的變化，親身體驗了其中新舊教育的轉變的新文化運動主將之一的高一涵對此有所分析。他以為辛亥前後，是政治思想變化最複雜的時期。那時有學校與科舉之爭、新學與舊學之爭、西學與中學之爭，對青年學生有一定的影響，其中影響最大的還是清廷廢科舉、設學堂這一重大的改革。自廢科舉、設學堂以後，他們都迫不及待地走出私塾，進入學堂，棄八股、廢策論而學西方科學，想從西方自然科學和社會科學中找到富國強兵之道。[1]

學校而外，報刊是晚清用以啟牖民智、宣傳新思想的最主要

---

1 高一涵，〈辛亥革命前後安徽青年學生思想轉變的概況〉，載《辛亥革命回憶錄》（四），頁 431。

的工具。安徽之始有報刊，是因領導湖南自立軍起義失敗被捕而
瘐死獄中的汪熔所辦的《白話報》（1899 年）。根據筆者現今所能
找到的資料，由清末到五四前，在安徽辦的報刊約有四十多份，
根據各種資料湊合，簡列如下：

報刊

刊名	主持人	刊行年月	出版地點	內容和傾向
《白話報》	汪熔	1899 年	蕪湖	鼓吹革命。1900 年汪熔離蕪湖去湖南領導自立軍起義，被捕死於獄中。《白話報》出刊期數不詳
《閣鈔匯編》		1902 年 1904 年改成月刊，安徽正誼書局出版	安慶	內容分宮門鈔、上諭、奏折三部分。均來自北京的《京報》。大三十二開，冊裝期刊性質
《愛國新報》	主辦陳獨秀、潘晉華	1903 年 5 月	安慶	鼓吹革命
《安徽俗話報》（半月刊）	陳獨秀、房秩五、吳守一陳獨秀任主編，也是主要撰稿人	1904 年 1 月至 1905 年 8 月共出二十三期	創辦於安慶，同年夏遷蕪湖	鼓吹革命。由上海東大陸印書局印刷，十八開，由蕪湖科學圖書社發行。初印一千份，後印三千份。撰稿人多為桐城中學堂教師及科學圖書社成員

刊名	主持人	刊行年月	出版地點	內容和傾向
《商務日報》	吳少齋（浙江人，晉康煤礦公司總經理）。江蘇人樊遁園主編，江蘇張丹斧編輯	1905 年後一年停刊	蕪湖	《鳩江日報》停刊後辦
《蕪湖日報》	王鶴天、畢仙儔繼《商務日報》所辦	不久停		
《鳩江日報》	王鶴天（活天）創辦，主持筆政者：蕪湖齊月溪（宗濂）、畢仙儔。吳少齋投資	1905 年後不久停刊	蕪湖	
《鳩江潮》		1905 年	蕪湖	
《演說白話報》		1905 年後	蕪湖	
《現世報》		1905 年後	蕪湖	
《皖江潮》		1905 年後	蕪湖	
《風月譚》	合肥焦二鳳、蕪湖齊月溪、太平譚明卿集資辦	1906 年出版，約兩年	蕪湖	以評花談戲，"風流韻事"，豔詩俚詞為主
《安徽官報》（五日刊）	安徽撫院主辦	1905 年 1 月	安慶	三十二開，期刊形式為安徽官方報紙
《安徽白話報》（旬刊）	李燮樞主辦，李辛白主編	1908 年至 1909 年		三十二開，期刊式民族民主主義激進刊物

刊名	主持人	刊行年月	出版地點	內容和傾向
《安徽學務雜誌》（月刊）	安徽學務公所編印	1908 年 1 月至 1910 年出三十餘期	安慶	偏重傳遞政府命令的公報之屬，唯其中卻有不少的議論和譯述文章，是安徽省雜誌的濫觴
《安徽通俗公報》	韓衍、陳白虛、孫養臞、高超、朱蘊山等編輯及發行	1908 年 11 月至 1910 年 10 月	安慶	用通俗語體文抨擊時弊，鼓吹革命，揭露清政府勾結英國出賣銅官山礦權。支持銅陵民眾驅逐英工程師。報社所在地萍萃樓客棧是革命黨人的活動機關
《安徽實業報》		1909 年 9 月 23 日	安慶	大三十二開。內容有論說、諭旨、宮門鈔
《安徽民報》	黃礪生、黃亮生、盛雲憔、周光華	前清？	蕪湖	言論超然
《平民報》	由《安徽日報》改成	1913 年 7 月 15 日出版	蕪湖	國民黨機關報
《安徽日報》	合肥李某主辦	前清？ 1932 年停	蕪湖	五六百份，後成國民黨的機關報
《燦花日報》	由《新春秋》改稱而成，主事人鄒秋士		蕪湖	注重花界，銷三四百份
《風月寶鑒》	由《閑話報》改成，張念僧、董維周主持		蕪湖	屬白話，銷路廣，內容醒目
《公益日報》	農會王芝軒主辦		蕪湖	屬農會機關報

刊名	主持人	刊行年月	出版地點	內容和傾向
《金鐘白話報》	演說團附設，崔明軒主其事		蕪湖	銷六百份，不久遂停
《中江日報》	高孟龍所創	前清至 1910 年停	蕪湖	言論正大，內容豐富
《皖江日報》	譚明卿獨辦發行，商界崔星門支持，主筆同盟會陳子範	1910 年 12 月 21 日	蕪湖	由《鳩江日報》改成革命傾向，宣揚民主，鼓吹人權
《安慶日報》	總理李公衆，總編輯夏印農，編輯鮑際唐、焦龍元	1911 年 11 月 8 日創辦		革命後黨人所辦省報，蕪湖、合肥兩地分辦宣傳同盟會綱領
《六安白話報》	社長張仲舒	1911 年 11 月 7 日	六安	四開，主要報道武昌起義後，皖西光復消息及推行新政情況。六安最早的報紙
《安徽公報》	先後由都督府、巡按使公署、省長公署編印	1912 年至 1927 年 8 月 1 日改《安徽省政府公報》	安慶	安徽省官方刊物，刊法律、法令、決議、命令、條約、協定等官方文件
《安徽船》	韓衍	1912 年至 1913 年春	懷寧驛口	日報
《民岩報》	程濱遺、韋格六主辦，主筆吳靄航	1912 年 6 月 1 日至 1938 年		日銷五千份民營報
《共和日報》	共和黨蕪湖支部創辦，主持人李辛白、吳伯嵐、陳海南，由軍政府津貼出版	1912 年至 1912 年 5 月停	蕪湖	銷六七百份

刊名	主持人	刊行年月	出版地點	內容和傾向
《諷報》	經理邢蕩湖，主編趙譽船。社會黨蕪湖支部機關報	1912年至1913年3月	蕪湖	
《民極報》	袁家聲	1912年	安慶	實業新聞、實業
《均報》	合併《安徽船》與《民極報》而成	1912年	安慶	
《血報》	黃柳生	民國後		
《霹靂白話報》	史柏園	民國後		
《皖江日報》（已有，日期不同）	譚明卿	1912年1月		
《皖江日報》	陳子範任主筆 1919年郝耕仁任主筆	1910年12月21日至1930年底 1931年冬至1937年12月5日	蕪湖	宣傳民主，鼓吹民權，揭露清政府的黑暗。1919年副刊改闢為皖江新潮，提倡新文化，錢杏邨、蔣光慈撰稿。1921年春停刊
《皖鐸報》	安徽省議會創辦，主筆張耀軒，與皖北派議員關係密切	1914年 1922年2月改名《新皖鐸報》抗戰停刊 1946年復刊至1949年4月	安慶	

刊名	主持人	刊行年月	出版地點	內容和傾向
《工商日報》	社長張九皋	1915 年 10 月 20 日 1937 年 12 月 6 日停刊 1938 年至 1949 年以其他方式出版	蕪湖	工商新聞、商情、廣告。五四時改用白話
《安徽通俗教育報》	安徽省教育會主辦，1921 年由孫希文接辦，總編輯黃夢飛	1918 年至 1926 年		以科學與民主為宗旨，宣傳新文化
《平議報》	朱蘊山、光明甫（教育界）辦，朱任主筆	1920 年 7 月（一說 1919 年 6 月）	安慶	評論、宣言、國外情況介紹、詩歌，宣傳新文化、評議安徽時政、抨擊軍閥政治
《新安徽》（旬刊）	旅滬安徽人辦蔡曉舟	1920 年 12 月 25 日至 1921 年 5 月 10 日		論說、專著、小說、短評等。主張各省自治
《蕪湖學生會旬刊》	高語罕主辦	1921 年 4 月 30 日		評論、譯著、著述國內及本省、本會要聞、文藝、小說等
《蕪湖》（半月刊）	蕪湖學社中學教員和學生組織	1921 年 5 月 15 日至 1921 年 7 月（共四期）		評論、研究、譯述文藝等 文體均用白話文
《安徽第六師範週刊》		1921 年 9 月 26 日	合肥	宣傳新文化，反映該校實況 評論、講演、文藝

在以上能見的四十餘份報刊中，其中清楚知道屬革命知識分子創辦和主持的，計有：《愛國新報》（1903年），由陳獨秀、潘晉華創辦於安慶；《安徽俗話報》（1904年），由陳獨秀主編，協助的是房秩五、吳守一等；《鳩江日報》（1905年），由王鶴天辦，主持筆政的是齊月溪；《安徽白話報》（1908年），由李辛白主編；《安徽通俗公報》（1908年），由韓衍主編，陳白虛、朱蘊山、孫養臞、高超編輯；《共和日報》（1912年），由李辛白、吳伯嵐、陳海南主筆政；《皖江日報》（1910年），初由陳子範做主筆，後由郝耕仁繼之；《安慶日報》（1911年），總編輯是夏印農，編輯是鮑際唐、焦龍元；《安徽船》（1912年），由韓衍辦；《六安白話報》（1911年），社長是張仲舒。[1] 這些報刊雖大都倏起倏落，未能持久，但在當時閉塞的安徽社會，其啟牖民智的先鋒作用，不能低估。就舉陳獨秀主編的《安徽俗話報》，該報兼備新聞報紙和雜誌的特點，內容有政治評論，也有社會新聞動態，還介紹社會科學、自然科學等各方面的新知識、新思潮。內容豐富多彩，形式活潑生動。論者認為該報是十一年後出版的《新青年》的雛形，在許多方面它還是《新青年》的先聲。[2]

除了學校和報刊外，舉凡清末民初安徽的新興文教事業，如

---

1 吳景賢，〈安徽之新聞紙與雜誌〉，載《學風》第五卷第二期。戈公振，《中國報學史》，香港：太平書局，1964年。前引《安徽近現代歷史辭典》及其他散見資料。

2 沈寂，〈陳獨秀和"安徽俗話報"〉，載《歷史論集》第一輯，濟南：齊魯書社，1980年。

圖書館，如話劇團，如書局，幾乎都是由同一輩傾向革命的新式知識分子起筆路藍縷之功。陳獨秀好友汪孟鄒（1878 — 1953 年）在 1903 年，針對當時社會動輒高談"西方民主，但閱遍線裝書"的弊病，率先創辦安徽第一家新書店"科學圖書社"。書社一開張，上海《大公報》即預言為"中國新文化的曙光"。

上及《皖江潮》主編郝大顚是安徽新話劇團"進化團"的副團長。郝氏與該團主編劇錢鳴呼是安徽懷寧人，都是同盟會會員。"進化團"在 1911 年 4 月在蕪湖首先演出新興話劇《恨海》、《茶花女》和《黑奴籲天錄》等，為安徽話劇運動的先驅。隨之汪優遊組織了"五友會"，齊月溪組織了"迪智群"（1911 年 5 月），都是安徽新劇運動的前驅。汪、齊都屬傾向革命的人。1911 年 11 月 9 日，蕪湖光復，齊氏便擔任了蕪湖軍政府秘書長。"迪智群"話劇團有日後著名白話話劇家劉藝舟。[1]

安徽之有圖書館，實以清光緒二十八年（1902 年）學務公所主辦的藏書樓為嚆矢。民國建立，鄧繩侯倡議設立公立圖書館以保存因喪亂而日益散佚的藏籍。1913 年江彤侯掌皖省教育，正式成立省立圖書館，並以鄧繩侯為館長。[2]

由以上的考察，明示安徽的五四運動，無論是愛國的政治運動還是新文化運動，都有一股教育界指導力量予以積極的推動和領導。這股教育界指導力量在性質上，是安徽正式接受了新式教

1　前見《蕪湖古今》，頁 129。

2　前引《第一次中國教育年鑒》丙編，頁 809。

育的第一代近代型的知識分子群。二十世紀初，這股力量一經出現，就成為推動政治社會革新運動的主要力量。他們既是清末民初革命運動力量的組成部分，在其後的五四運動中，再充當了運動的倡導者和指導者的角色。安徽這股力量是二十世紀最初二十年最活躍的一股歷史力量，其背景和當時的歷史作用，與首二章所分析的以《新青年》雜誌和北京大學為中心的新文化運動的指導力量並無二致。

第五章

辛亥革命時期的反傳統思想

第一節　清末的反傳統思想言論

　　近代中國史的研究中，論研究之盛、成果之豐碩，辛亥革命運動史都是數一數二的。然而，中外學術界對這個運動的分析和解釋，分歧仍大；史實上要待詳細究明的地方依然不少。[1] 回顧和檢討一下辛亥革命史的研究現狀，主要仍集中於政治、軍事、社會經濟以及政治思想這幾方面；對文學、社會思想等文化層面的研究，顯然不足，是仍可以開拓的研究領域。一般中國近代文學史以及辛亥革命史著作，對辛亥時期或者說對清末革命派的文化思想及活動，著墨奇少，甚至略而不論。謂辛亥革命運動在"文化戰線上""是無聲無息的"[2] 的看法相當普遍。近年，由於有關史料刊行日多，尤其是影印報刊的出版，使研究向縱深細緻處發展，逐漸顯露了辛亥革命派在文化層面的革新思想和活動，非如以往印象中的那麼沉寂。[3] 以下作者試圖指出，作為五四新文化運動重要內容的反傳統思想，在清末已是革命派的文化革新思想的

1　可參看以下各書：《辛亥革命五十週年紀念論文集》（上、下），北京：中華書局，1962 年第一版。Joseph W. Esherick, "1911: A Review" *Modern China*, Vol. 2, No. 2, April 1976; J. K. Fairbank S. Ichiko N. Kamachi edited, *Japanese Studies of Modern China Since 1953: A Bibliographical Guide to Historical and Social Science Research on the Nineteenth and Twentieth Centuries*, Harvard University Asian Monographs, 1975。

2　陳旭麓，〈論五四初期的新文化運動〉，載《歷史教學問題》（月刊）1959 年第五期。這種看法在學術界有普遍性。

3　近就始見對清末民初時期革命派的文化革新的思想活動在個別問題上的研究，雖有可資本文討論的，但考慮到篇幅，且與本文又無直接關係，故從略。

組成部分，並與其後的五四新文化運動有一脈相承的關聯。

在中國近代史的發展過程中，隨著一個政治運動的發生，每每有一個與之相應的文化革新運動的興起，力求調整和補苴日見失靈的傳統封建文化和思想。但是迄於以康梁為代表的文化改良運動，本質上實不出“托古改制”的範疇。其間，雖有個別人物或在個別問題上曾逾邁時流，有較獨特的言論，如同戊戌時期的譚嗣同要衝破倫理綱常的網羅的思想。另在文化思想的革新上，梁啟超的言論也確佔有特殊的地位。[1] 嚴格地說，他們仍未算達到全盤地反省和檢討傳統文化思想的地步，在思想界或社會上更說不上形成一種“反傳統”的潮流。直到二十世紀初啟，尤其是1903 年春的“拒俄運動”及“蘇報案”的相繼發生，革命形勢有了新的發展，革命言論也乘勢高漲。處於日趨高漲的革命言論中，一種具革命性的反傳統文化的革新思想才真正出現。

1903 年領導“拒俄運動”的知識青年，在呼籲拒俄、革命的同時，已高揭起要革命必須進行“文昌革命”的口號。[2] 這是要將政治革命與學術思想和社會倫理的革命相提並論的趨向。以下，試爬剔出一些當時刊物所見到的反傳統思想的言論，做簡單的敷陳和說明。

1902 年起，由國內外革命知識青年創辦的雜誌報章如雨後春

1　參閱張朋園，《梁啟超與民國政治》，台北：食貨出版社，1978 年。

2　《蘇報》光緒二十九年五月二十五日（1903 年 6 月 20 日），台北：台灣學生書局影印本，1965 年。

筍，革命言論蓬勃一時。當時的革命刊物，就內容說，主要是集中在鼓吹反清革命上，但言論所及，範圍甚廣。檢討及批判傳統封建文化也是其中一項重要的內容。

首先，《國民報》（1901 年）上刊有〈說國民〉的一篇文章。內中論說中國想要擺脫君權和外權的壓制，則"必先脫數千年來牢不可破之風俗、思想、教化、學術之壓制"。[1]《大陸》（1902 年）上刊載的〈廣桀老篇〉，則攻擊三綱五常"禮俗之虛偽"。[2]《遊學譯編》所載的〈教育泛論〉，內容在討論現代的教育。它說現代教育有兩大主義，一是貴我，一是通今。並根據這兩個標準，轉而斥責儒者立說以利為人道之大戒是"不近人情之言"，法古的學說"足以亡種之禍者"。[3]又同報所刊載的〈勸同鄉父老遣子弟航洋遊學書〉，將批判對象指向儒家。它提出"唯不儒然後可以辦事，儒則重心於奴隸也。於是遍覽累朝之儒臣奴媚外種者十之八九，是除孔孟之外，凡所謂儒者，皆奴隸之學也"。[4]而登載於《童子世界》（1903 年）題名為"法古"的一篇文章，論旨大抵與上二文相近，不同的是，前文還為孔子做回護，該文卻直接指向孔子。謂"孔子至聖之號，是為獨夫民賊所用"。謂"孔子在周

1　轉引自張枬、王忍之編，《辛亥革命前十年間時論選集》（以下簡稱《時論選集》）第一卷上冊，北京：生活・讀書・新知三聯書店，1978 年，頁 20。

2　同上書，頁 429。

3　《遊學譯編》第九冊，光緒二十九年六月十五日（1903 年 8 月 7 日），中國國民黨中央委員會黨史料編纂委員會影印本。

4　《遊學譯編》第四冊，光緒二十九年正月十五日（1903 年 2 月 12 日）。

朝雖然是很好，但是在如今看來，也是很壞”，原因是“孔子雖好，必不能合現在的時候了”。[1]《警鐘日報》（1904年）上有好幾篇文章較全面地討論了關於孔學儒教的問題。如同〈論孔學不能無弊〉一文，指出儒學之弊是：一信人事而並信天事；二重文科而不重實科；三有持論而無詰駁；四執己見而非異說。[2]另在〈論孔學與政治無涉〉一文中，作者也提出了四點。第一說儒家並非宗教，只是一個學派，而孔子非宗教家；第二說中國自古以來獨尊儒學的結果，有礙學術自由，塞競爭以阻進步之路；第三說歷史上儒學屢為統治者所利用；第四分析了儒家學說中不合理的地方，特別是“區等級而別尊卑，薄事功而尚迂闊，重宗法而輕國家”。[3]

　　作為反傳統的言論，以上所引述的，仍屬相當穩健。考察當時的革命報刊所載，文字有更激烈的。如《鷺江報》曾刊登過〈三千年之民賊與三千年之奴隸〉一文，對傳統的歷史文化，簡直持一種完全否定和摒棄的態度。[4]由章士釗、陳獨秀等人創辦的《國民日日報》（1903年），內中批判傳統文化的文章頗多，而且相當激烈。例如〈箴奴隸〉一文說，當時的中國人不啻為奴隸。理由是“感受

1　前引《時論選集》第一卷上冊，頁532。

2　《警鐘日報》1904年12月12日、13日，中國國民黨中央委員會黨史史料編纂委員會影印本，1968年。

3　同上報，1904年5月4日。

4　林砥中、杖卿甫著，見該報光緒二十八年十二月初一（1902年12月30日），藏日本東洋文庫。

了三千年奴隸之歷史，薰染數千載奴隸之風俗，只領無數輩奴隸之教育，揣摩數千載奴隸之學派，子復生子，孫復生孫，謬種流傳，演成根性"。甚至指責中國三千年來的歷史是"獨夫民賊"的"專制"。風俗是"綱常主義""崇拜偶像"。教育上是使人"無廉恥、無感情、無競爭心"。從學派去分析，謂儒學"薄今愛古之性質，孔子亦不免微傾於奴隸"，因"孔子於君臣一關太看不破"；法家則"慘刻寡恩"，是"收買奴隸"的代表學派；道家在"知雄守雌"、"知榮守辱"，亦是賄買奴隸之代表。最後特別攻擊儒家是"鄙夫鄉願學究"，"偽孔子之名以招搖於天下"，而為"獨夫民賊"所收買利用，故此"孔子遂為養育和種奴隸之乳姬"。[1] 另〈道統辨〉一文，則責咎"中國腐儒""謬於道統"，強說"天不變，道亦不變"；最後歸結說："孔子之道乃封建時代之道"，"不適用於今世者"。[2] 可見以上的反傳統言論，其見解與激切的程度，有不下於五四時代的地方。

　　以上所引述的反傳統言論，皆見於辛亥革命前期的革命刊物。在海外，所能見到的辛亥革命後期的革命刊物比較少。然而就有限的資料，仍發現了不少有關反傳統，要革新文化的文字。如在《越報》（1909 年）一篇題名為"名說"的文章，亟陳儒家的綱常名教，是"惑亂斯民"，"深錮於人心而牢不可破"，故殺人於無形。謂"欲謀今日之中國，必先滌盡舊日之陳朽，以改易社會之觀念"，莫"區

---

1 《國民日日報》第二號〈社說〉，1903 年 8 月 8 日，台北：台灣學生書局影印本。

2 《國民日日報》第六十一號、第六十二號〈社說〉，1903 年 10 月 6 日、7 日。

區為腐儒陋説所惑"，並呼籲要"曲審乎時勢，深察乎東西，以求酌量乎適合國民心理之學説，貫[灌]輸轉移於其間，盡以鑄造新國民"。[1]《河南雜誌》（1907年）上刊登了〈無聖論〉及〈開通學術議〉，都是抨擊以儒家為首的傳統舊思想。它們指聖人是中國不可思議的怪物，難怪"吾國士夫素崇孔子，莫敢懷疑，故數千年來思想滯閣不進，學術淩遲，至不可救"。[2]另外，約略同時分別在日本東京和法國巴黎出版的《天義報》（1907年）和《新世紀》（1907年）上，都刊有不少站在無政府主義的角度，批評傳統文化的文章。[3]辛亥革命後期最重要的報紙《民籲報》、《民立報》以及《中華新報》等，都有不少反孔儒的思想言論。《民籲報》上登有帝召寫的〈孔子秋祭之感想〉，內説中國"歷數十載而無進取，孔氏之罪也"。又有白堅的〈孔子長短説〉，叫人不要"盲從孔子"。[4]《民立報》上刊有陳周雄的〈非國教〉，力子[邵力子？]的〈尊孔與祀孔〉等一類文字。[5]其中，〈迷信儒教之心理〉一文相當能代表他們的看法。文章認為："三綱之制，取政治、法律、風俗、倫理概而包舉之，以陶鎔中國於專制之下，成為中國人第二天性而不能自拔。積而久之，制造出一種有君無臣，有長無幼，有男無女，至不平等，至不自由，永無釋放，

---

1 前揭《時論選集》第三卷，頁494—496。

2 同上書，頁261。

3 同上書第三卷〈序言〉，頁9。

4 《民籲報》，1909年10月10日，中國國民黨中央委員會黨史史料編纂委員會影印本，1969年。

5 《民立報》，1912年9月5日、9月20日，中國國民黨中央委員會黨史史料編纂委員會影印本。

永無進步之教化。……至今仍不能脫孔教之臼窠者，無他，溺於保守之性也。"[1]

由以上的簡單敘述，可以證明，在辛亥革命時期的革命言論中，有一股批判傳統歷史文化的思潮。其中首當其衝，受攻擊最厲害的無疑是孔學儒教了。這種情形是可以理解的。因為自西漢獨尊孔學儒教以來，中國的政治體制和社會倫理都是以孔學儒教為指導思想，代表著中國文化的正統和權威。因此，批判孔學儒教乃是批判傳統文化價值的集中表現。

就晚清時期的儒教觀，有清朝的保守派、康有為代表的改良派以至革命黨三派，日本的島田虔次教授曾撰文全面地探討。島田教授關於保守派和改良派的孔子儒教觀的見解，因逸出本文的討論範圍，不擬贅引。至於晚清革命派的儒教觀，據島田教授的意見可分成三種。第一，以孫中山為代表的一派，對孔子儒學無甚批判，相反，他們對傳統歷史文化毋寧有相當的敬意。第二，謂最能代表革命派的孔子儒教觀是章炳麟等。他認為章炳麟的孔子儒教觀，分析到最後，基本上是針對康有為儒教觀而發的。換句話說，章氏之對於康有為，在政治上是革命主義與改良主義的對抗，然而根底上是站在傳統學術的立場 —— 即古文經學與今文經學的對抗。因而，相對康氏之目孔子為教主，章氏則視之為民族文化的偉人，並不否定孔子，且視孔子為思想上信仰的對象。所以章氏與康氏見解盡管有別，但同奉孔子為尊崇的對象則

1　同上報，1913 年 9 月 3 日。

一。第三，謂直到辛亥革命前夕，反孔子儒學的動向才開始在革命派中的無政府主義及社會主義系統中出現。但仍未"指名孔子儒教作集中的攻擊"，並且認為"五四前後的新文化運動中的反儒反孔運動，恐怕是清末革命派中這一派的直系"。[1] 島田教授的見解，筆者大體贊成。不過，對第三點卻有不同的看法。首先，由本文上述所得，革命派反孔反儒的思想言論早在二十世紀伊始已出現，不待"革命前夕"而後然，甚至可以説是與革命思想同時發皇的。其次，革命派中的反孔子儒教觀，也不囿於社會主義和無政府主義系統。在無政府主義刊物出現之前，其反傳統文化言論之激切比之後出現的無政府主義者亦有過之而無不及。再次，從思想的發展和人脈的關係看，清末時代的所謂社會主義和無政府主義系統的反傳統思想之於五四時代，並無直接的承受關係。這種情況正如二十世紀二十年代的社會主義運動與清末的社會主義思潮並無直接的相連關係一樣。這是中國近代史上殊堪深思的問題。作為一種代表著摧陷廓清的思想，無政府主義者之在清末的革命運動以及五四運動中，雖是站在反傳統文化的立場，但並非主流。

根據以上史料的爬梳以及分析，總括起來有以下幾方面。

一、自二十世紀初啟，隨著革命運動和革命思想的產生，一種反傳統文化的言論也伴之而出現。正面地説，這就是一種要求

---

1 〈辛亥革命時期の孔子問題〉，載小野川秀美、島田虔次編，《辛亥革命の研究》，東京：筑摩書房，1978 年 1 月。

文化革新的思想，是革命思想的組成部分。

二、這種以反傳統歷史文化為張本的文化革新思想，已經有要改造中國政治，必須要改造中國傳統文化的論式。

三、這種反傳統的文化革新思想，討論範圍所及，由政治制度，到學術思想、社會倫理、風俗習慣，表現了相當徹底和全面的思想解放的要求，而態度也激烈。

四、其中作為中國政治體制和社會倫理的正統和權威的孔學儒教，更成為主要的批判目標。

五、這等反傳統文化的思想言論，其理論根據，或多或少、或深或淺是以進化、競爭、自由、民主、科學、平等、個性、實用等近代西方資本主義的文化價值觀做基準的。顯示其背後的世界觀和價值觀，開始擺脫了傳統文化價值的範疇。從這方面說，這種文化革新思想不僅超越了改良派，也非革命派中的章太炎等所能比擬。這代表著辛亥革命期間的一股激進的文化革新思潮，是五四新文化運動的先驅，也是五四新文化運動的淵源。

第二節　清末反傳統思想與五四時期的淵源

上面提及過，1903 年在上海發行的《國民日日報》內的一些文章，對傳統的批判是相當激烈的。該報的創辦人和主編之一，就是五四新文化運動的主將陳獨秀。前面引述過的〈箴奴隸〉及〈道統辦〉兩篇文章，則似出自陳獨秀的手筆。[1] 陳獨秀從 1902 年開始從事革命工作，是二十世紀初啟在國內勃興的革命運動的先驅者。他很早已懷有反傳統文化的思想。這除可見於上述兩文外，1903 年他寫有《哭希顏》一詩，內中有"歷史三千年黑暗，同胞四百兆顛連"之句。[2] 陳獨秀及其好友蘇曼殊曾合譯了法國雨果的名著《悲慘世界》。該翻譯小說原刊登於《國民日日報》，後出版了單行本。該譯著內時有不少軼出原著擅自添寫的宣傳革命的言辭。其中也夾雜了一些反傳統文化的言論。如謂"那支那國孔子的奴隸教訓，只有那班支那賤種奉為金科玉律，難道我們法國貴重國民，也要聽他狗屁嗎"？[3] 前面說到的陳獨秀在 1904 年創辦的《安徽俗話報》，很能具體而全面地反映了他的思想。他不僅是該報的主編，更是該報的主要撰稿人。每期文字十之五六出諸他的手筆。據沈寂的研究，該報的內容歸納起來，有如下諸項：一、呼籲愛國救亡；二、主張發展近代工業；三、提倡練兵習武；四、辦學堂，普及國民教育；五、揭露批判舊倫理道德的罪惡；六、開始倡導文學革命。關於第四項，陳氏連續而有系統地寫了題名為〈惡俗篇〉的五篇文章，集中攻擊中國的"惡俗"。首篇是〈婚姻篇〉，揭露封建禮教包辦婚姻的禍害。又第四篇〈敬菩薩〉是要教人破除迷信。關於第五項，陳氏開始撰寫《黑天國》一類的社會政治小說。

---

1 拙著《新文化運動前的陳獨秀》，香港：中文大學出版社，1979 年 6 月，頁 111。

2 《國民日日報》第三號，1903 年 8 月 9 日。

3 拙著〈談雨果悲慘世界最早的中譯本〉，載香港《抖擻》1979 年 1 月。《曼殊大師全集》，香港：文淵書店，頁 159 — 211。

還有該報每期都有用語體文寫的詩詞，並開闢戲曲一欄，作為該報文學作品的重點。在第十一期，陳獨秀發表了〈論戲曲〉一文，系統地論述了自己對中國傳統藝術的改革意見。最值得注意的是，陳氏建議在蒙學學堂增設“國語教育”一科，即推行一種全國通行的官話，和小孩能聽懂的俗（白）話。無怪乎沈寂說《安徽俗話報》是“十一年後出版的《新青年》的雛型，在許多方面它還是《新青年》的先聲”。[1] 這都充分反映了陳氏早年反傳統和傾向近代主義的態度。較後，在一首題作《遠遊》的長詩中，他說：“仙釋同日死，儒墨徒區區。”[2] 表現了他對傳統學術的否定態度。1915 年，《甲寅》雜誌第一卷七期刊登了吳又陵（吳虞）的《辛亥雜詩》，內多非儒之說，該詩即由雜誌編輯之一的陳獨秀所選載，並加圈識。[3] 雖資料零星，但綜合起來，仍可窺睹自清末迄於《新青年》雜誌創辦前，陳氏一貫懷有反傳統的學術文化思想。此外，陳氏在辛亥革命期間辦報譯書，一直努力從事思想的啟蒙、新社會價值觀念的提倡工作。他也是近代中國最早修習西方文學、率先將西歐文學理論和思想介紹入中國的先驅者。[4]

吳虞也是五四時代反傳統思想的健將。據他自己說“戊戌以後，兼求新學”。1905 年赴日本法政大學就讀，習憲法、刑法等各種法學；兼習經濟學、財政學、行政學等。他相當全面地接觸了西方

1 〈陳獨秀和安徽俗話報〉，載《歷史論叢》第一輯，濟南：齊魯書社，1980 年。

2 《甲寅》雜誌第一卷第七期，1915 年 7 月 10 日，台灣東方文化書店影印本，1975 年。

3 〈答吳又陵〉，載《獨秀文存》第一卷，香港：遠東圖書公司，1965 年 2 月，頁 30。

4 拙著《新文化運動前的陳獨秀》，香港：中文大學出版社，1979 年 6 月，頁 111。

近代思想文化。也由那時開始攻擊傳統思想文化。如他自述所說：
"不佞丙午（1906年）遊東京，曾有數詩（題為《中夜不寐偶成》，載《飲冰室詩話》），注中多非儒之說。歸蜀後，常以《六經》、《五禮通考》、《唐律疏義》、《滿清律例》及諸史中議理、議獄之文，與老、莊、孟德斯鳩、甄克思、約翰·穆勒、斯賓塞爾、遠藤隆吉、久保天隨諸家著作，及歐美各國憲法、民法、刑法，比較對勘。十年以來，粗有所見。"[1] 他在1907年回國，在成都教書，一度主編《蜀報》。在課堂上，他發表了反孔，尤其是非孝、非禮的議論。[2]1910年他在《蜀報》上所寫的〈辨孟子闢楊、墨之非〉一文中說：
"天下有二大患焉：曰君主之專制，曰教主之專制。君主之專制，鈐束人之言論；教主之專制，禁錮人之思想。君主之專制，極於秦始皇之焚書坑儒，漢武帝之罷黜百家；教主之專制，極於孔子之誅少正卯，孟子之距楊、墨。"[3] 在他1913年出版的《秋水集》的詩文中也有不少非孔反儒、抨擊傳統社會倫理的論調。而他的立論也常搬弄孟德斯鳩、穆勒等人所代表的近代西方啟蒙思想作為論據。[4]

　　辛亥革命運動和五四新文化運動的領導人物蔡元培，也是很早就有要從文化層面去從事改造中國的認識。前面提及的刊登過不少批判孔學儒教的晚清革命刊物《警鐘日報》，其主持人即是蔡元培。在整個辛亥革命時期，蔡元培除了從事實際的革命工作

1　〈通信〉，載《新青年》第二卷五期。

2　唐振常，〈吳虞研究〉，載《歷史學》（季刊）1979年4月。

3　前揭《時論選集》第三卷，頁737。

4　線裝本，藏京都大學中哲文研究室。

外，最熱心的還是出版刊物，主持學會和教育會，以及從事編譯各種介紹近代新知識的著述。這些工作，在現實意義上是有宣傳革命的作用；然而意義更深遠的是，這是一種啟蒙思想的文化工作。蔡氏這方面的貢獻，較為人所知，此處不擬贅述。由 1908 年到 1911 年，蔡元培留學德國的三年間所修習的課程，盡是一些西方哲學、文明史、文學、心理學、美學、民族學等近代學問，[1] 亦可反映出蔡氏要全盤瞭解西方先進文明和文化的殷切願望，及有要在文化層面上改造中國的意識。民國建立後，蔡元培擔任教育部部長。他在任內所頒佈的教育宗旨是"軍國民教育，實利主義教育，公民道德教育，世界觀教育"。他特別闡釋所以要提出世界觀教育"就是哲學的課程，意在兼採周秦諸子、印度哲學及歐洲哲學，以打破二千年來墨守孔學之舊學"。這種教育綱領和理念，顯然已打破了傳統價值觀念的拘限，而有近代性的意義。蔡氏反對"讀經祀孔"，努力於倡導各種新的近代社會倫理觀念。[2] 這些都充分表現了蔡元培自清末以來的文化革新思想。正如論者所說："他出身於傳統舊學，卻熱衷於新的知識學問，成為近代中國史上新舊過渡時期中一個成功的典型的代表。"[3]

魯迅也是一個早在辛亥時期已認識到要全面地、徹底地在文化層面去改造中國，並著實付諸行動的先覺者和先驅者。他初到日

1　可參考陶英惠，《蔡元培年譜》（上），台北："中央研究院近代史研究所"，1976 年。

2　周佳榮，《辛亥革命前的蔡元培》，香港：波文書局，1980 年，頁 2。

3　周佳榮，《辛亥革命前的蔡元培》，頁 192 — 198。

本，已熱心於科學知識及外國文學的譯介，並且明顯地將之與社會文化的改造聯在一起。正如在〈月界旅行辨言〉中所說的，在使人"獲一斑之智識，破遺傳之迷信，改良思想，補助文明"。[1]至少在1906年，魯迅已明確地有了從事文化革新、徹底改造國民思想精神的意向。其時所撰的〈人之歷史〉、〈科學史教篇〉、〈文化偏至論〉及〈摩羅詩力說〉等作品則是這種意向的代表作。魯迅這些文章的內容，雖各有不同，但所表現的用意和意識則相當一致。旨在剴切闡明在當前是有徹底改造中國文明的需要，希圖"思想界大革命之風潮，得日益磅礴"。[2]

綜合分析魯迅這幾篇文章，內中所表現的思想理路有幾點甚顯切者明。第一，他反對"安弱守雌，篤於舊省"，要"舉一切偽飾陋習，悉與掃蕩"。因感於"久席古宗祖之光榮，嘗首出周圍之下國，暮氣之作，每不自知，自用而愚，汙如死海，其煌煌居歷史之首，而終匿形於卷末者，殆以此歟？"同樣，"漫誇耀以自悅，則長夜之始，即在斯時"。[3]力言墨守成規的危險，故步自封的禍害。第二，根據以上的認識，環顧當時中國思想界的革新現狀，他說"所謂識時之彥，為按其實，則多數常為盲子"。[4]"特十餘年來，介紹無已，而究其所攜將以來歸者，乃又捨餅餌守囹圄之術而外，

---

1 《集外集》，香港：三聯書店，1973年，頁16。

2 同前注。

3 〈摩羅詩力說〉，載《墳》，人民文學出版社，1953年三版，頁55、頁56。

4 〈文化偏至論〉，載《墳》，頁39。

無他有也。"[1] 批評"日騰於口者，非狀若成熟然矣，按其實，士使眩於當前之物而未其真諦"。[2] 不滿之情，溢於言表。因為在魯迅眼中，時人所亟亟講求的革新，是武事、機械，是"興業振兵"，是"制造商估立憲國會"諸事，枝枝節節、逐末偏端，無關宏旨。"結果是既近不知中國之情，遠復不察歐美之實，所拾塵芥，羅列人前。"[3] 魯迅認為文化革新的不徹底、不全面，會造成中國"往者為本體自發之偏枯，今則獲以交通傳來之新疫，二患交伐，而中國之沉淪遂以益速矣"。[4] 深刻地道破了當時中國思想界，舊的不知根除，新的不曉徹求的混沌狀態。第三，針對這種困狀，魯迅要求革新必須"尋其根源，深之底極"。對舊思想要"更將破壞，無所假借"；但另一方面，"明哲之士，必洞達世界大勢，權衡較量，去其偏頗，得其神明，施之國中，翕合無間"。[5] 要"在審己知人 …… 國民精神之發揚與世界識見之廣博有所屬"。[6] 準此認識，魯迅並呼籲"吾人所待則有介紹新文化之士"，鼓勵人們要"作精神界戰士"，從事使"國人新生"的"第二維新"。[7]

歸納起來，即是說在辛亥革命時代，魯迅的思想有幾點是值得

---

1 〈科學史教篇〉，頁 32、頁 33。

2 〈科學史教篇〉，頁 52。

3 〈文化偏至論〉，載《墳》，頁 37。

4 同上注，頁 52。

5 同上注，頁 51。

6 〈摩羅詩力說〉，載《墳》，人民文學出版社，1953 年第三版，頁 56。

7 同上注，頁 99。

注意的。第一，對“封建制度及其思想體系，採取了不可協調的態度”，要“衝破封建思想的網羅”。[1] 第二，要求對世界文明和二十世紀新思想有全盤的認識，透徹的瞭解，面對本國文化做徹底而全面的革新。其時魯迅孜孜不倦地去探究“民族性”、“國民性”等問題，正是先進思想家所關注的時代課題，是在西方近代文明衝擊下所觸發的一種深入到根本思想價值的反省，本意是要找出傳統思想的病源所在。同樣，他當時最熱心倡導的“科學”、“尊個性”、“重精神”等觀念，一言以蔽之，也是要從傳統的價值觀念中解放出來，引進“近代精神”。他在晚清時代率先介紹世界文學思潮，從事各種文學工作，是他從事文化革新的一部分具體工作，也是為五四新文化運動做了先容。[2]

上面就陳獨秀、蔡元培、吳虞及魯迅諸人在辛亥革命時期的思想論析，用意有二：首先，從當時革命報刊的反傳統思想言論已可以見到，在辛亥革命期間，是有著一股激進的文化革新思潮。陳、蔡等人在該段時期的思想，正與這股激進的文化革新思想相湊泊，更且是有代表性的部分。說他們的思想有代表性，這處可舉一個事例以做證明。張枬、王忍之編輯的三卷《辛亥革命前十年間時論選集》，內中選載了一些作為代表晚清時代革命派文化革新思想的作品。在該等有數而且有作者可稽查的作品中，

1　王士菁，《魯迅傳》，北京：中國青年出版社，1962 年，頁 64。林非，《魯迅前期思想發展史略》，上海文藝出版社，1978 年，頁 69。

2　許壽裳，《我所認識的魯迅》，北京：人民文學出版社，1952 年，頁 23。

不少即出自魯迅、周作人、吳虞、陳獨秀等人手筆。晚清時代一些具反傳統傾向的刊物也是由他們主持的，其代表意義，由此可見。[1] 其次，上面所提及的陳獨秀、蔡元培、魯迅、周作人、吳虞及邵力子等，都是五四前期新文化運動的主要人物，陳、蔡和魯迅更是與辛亥革命相終始的資深黨人。由此線索，可見辛亥革命這股激進的文化革新思潮與五四前期的新文化運動，在思想上、人脈譜系上都有一脈相承的發展關係。這是理解五四新文化運動的形成，甚至前此的辛亥時期的革命思想，都應注意的歷史事實。而且，這兩個運動在文化革新的思想上是有著直接的相承關係。

---

1 今飛（魯迅），〈摩羅詩力說〉、〈科學史教篇〉；迅行（魯迅），〈文化偏至論〉；獨應（周作人），〈論文章之意義暨其使命因及近時中國論文之失〉；吳虞，〈辨孟子闢楊、墨之非〉；燃（吳稚暉），〈《神州日報》"東學西漸"篇後〉（見前揭《辛亥革命前十年間時論選集》第三卷）；〈箴奴隸〉、〈道統辨〉（見前《辛亥革命前十年間時論選集》第一卷下冊）。

第六章

清末民初的文學革新運動

第一節　清末的白話文運動

　　上章關於晚清革命派的反傳統思想和活動情況的介紹，正好揭示了辛亥革命時期代表革命派的文化層面的革新思想和活動，非如以往所認定的那麼沉寂，進而顯露了其與五四新文化運動在思想淵源與人物譜系上都有直接相承的關係。這種現象不僅見於反傳統思想方面，即在其他文化層面方面，也如出一轍。"文學革命"是五四新文化運動的核心環節，以下試從文學層面疏解一下從清末到五四前夕的發展脈絡。

　　新文學思潮伴隨著新政治運動，乘時並起、互相推進的現象，是近代中國發展的一大特色。正如伴隨著戊戌維新運動，而有"詩界革命"、"小說革命"和"新文體"的提倡。嚴復和林紓分別翻譯西方哲學和文學作品也屬該個範疇。

　　長期以來，研究者大都認為清末只有代表改良派的文學革新運動，且視之為直接開五四時期新文學運動的先河，而無視於代表著革命派的文學革新思想和活動的存在。[1] 間有論列，僅涉舉

1　張畢來謂革命派"從創作思想上説，他們一般地都沒有在文學思想領域內達到當時政治思想家在政治思想領域內已達到的水平。即是説，他們還沒有達到跟 18 世紀末法國的民主主義革命相適應的歐洲文學中的現實主義的水平……資產階級在辛亥革命之前，沒有一個文學隊伍以配合這個政治運動"（《二十年代新文學發軔史》，北京：作家出版社，1956 年，頁 14。王瑤，《中國文學史稿》上冊，上海：新文藝出版社，1954 年。吳文祺，《近百年來的中國文藝思潮》，香港：龍門書店影印本，1969 年，頁 162）。

"南社"做概括和代表。[1] 雖有個別研究者意識到有屬於革命派的較前衛文學革新運動的實存，並隱約留意到其與五四新文學運動的關係，由於史料所限，例證不多，他們的看法長時期未引起重視，沒形成多大影響。茅盾即曾指出：

解放後寫的現代文學史很少對"五四"前夜的文學歷史潮流給予充分論述，私心常以為憾。目前正在陸續出版的《中國現代文學史》（唐弢主編）第一冊前邊，也未重視這個問題。我以為我們論述"五四"新文學運動的時候，應該立專章論述清末的風氣變化和一些起過重要間接作用的前驅者。梁任公、黃遵憲等人的新運動（新小說運動和所謂"詩界革命"）已經在動搖著舊文學的陣腳，同時在一定程度上替"五四"新文學運動準備條件。至於清末的翻譯西方文學和各地出現的白話小報，都是"五四"新文學運動的前驅，這是大家都比較重視的，現代文學史的前邊也應有一定的篇幅論述。[2]

這裏集攏了散見的材料，做初步綜合考察，顯示了辛亥革命時期代表著革命派的文學思潮和活動，其實相當可觀，而較諸戊戌維新派文學活動更直接是五四新文學的源頭。下面試從白話文

---

1 任訪秋，〈晚清文學思潮的流派及其論爭〉，載《社會科學戰線》1982 年第二期。

2 茅盾，〈中國現代文學史的另一種編寫方法 —— 致節公同志〉，載《社會科學戰線》1980 年第二期。

運動、西方文學作品和文學理論觀念的譯介和文學思潮三個方面去說明這種歷史事實。

　　白話文運動是五四新文學運動的重要環節，更直接地說，是點燃了五四新文學運動的火炬。過去，關於五四白話文運動的首倡和源流，有多種不同的看法。首先，被視為"高舉文學革命義旗"的胡適，對自己是白話文學的發明者和首倡者，自認不諱。終其一生，不厭其詳，不嫌重複，不遺餘力地表彰他這段歷史。在《建設理論集·導言》中，胡適說：

　　這個白話文學工具的主張，是我們幾個青年學生在美洲討論了一年多的新發明，是向來論文學的人不曾自覺的主張。[1]

而且他一再強調"當初提倡白話文學是怎樣來呢？我的解釋是偶然的"。[2] 其實陳獨秀在呼應胡適所提出的《文學改良芻議》並認為是奠定文學革命方向的重要論文〈文學革命論〉中已然指出，謂文學革命運動，"其氣運醞釀之非一日"。[3] 這絕非一句泛泛之詞，是作為體驗者的真實斷語。當然，胡適也在某些地方承認了白話文學並非他個人憑空創造，是有所本的。他說：

1　見《中國新文學大系導論集》，原上海良友復興圖書公司印行，現據上海書店影印本。

2　1952 年 12 月 8 日胡氏在文藝協會歡迎會上講詞，載《胡適口述自傳》，台北：傳記文學出版社，1981 年，頁 144。

3　《陳獨秀文章選編》（上），北京：生活·讀書·新知三聯書店，1984 年。

中國白話文學的運動當然不完全是我們幾個人鬧出來的，因為這裏的因子很複雜的，我們至少可以指出這些最重要的因子：第一是我們有了一千多年的白話文學作品，禪門語錄、理學語錄、白話詩詞曲子、白話小說。第二是我們老祖宗在兩千年之中，漸漸地把一種大同小異的"官話"推行到了全國的絕大部分。第三是我們的海禁開了，和全世界文化接觸了。[1]

胡適所說的三個因子當然是歷史事實，不過卻捨近圖遠，完全脫略晚清白話文的存在而不置一詞，這是很可商榷的。另一位新文學運動的倡導者周作人則認為："現在的用白話的主張也只是從明末諸人的主張內生出來的。"[2]周作人與胡適說法似乎不一樣，其實只是溯源不如胡適的虛遠，但忽略晚清時期而遠挑宋明的捨近圖遠的觀點則一。

其實晚清的確存在一個白話文運動，且直接開五四白話文學的先聲。在早期胡適的文字中，也曾透露了自己所受過的影響。1919 年 9 月當新文化運動進行得如火如荼之際，胡適在《嘗試集‧自序》中說：

我做白話文字，起於民國紀元前六年（丙午）[1906 年]，那時我替上海《兢業旬報》做了半部章回小說，和一些論文，都是用

---

1 〈新文學的建設理論〉，載《中國新文學大系導論集》，頁 32、頁 33。

2 周作人，《中國新文學的源流》，香港：匯文閣書店影印本，1972 年，頁 53。

白話做的。…… 自民國前六七年到民國二年（庚戌），可算是一個時代。這個時代已有不滿意於當時舊文學的趨向了。[1]

這段話明示了他已自覺"不滿意舊文學的趨向"。1933 年在《四十自述》裏，他更具體地說到了晚清白話文學寫作對他的影響。

這幾十期的《兢業旬報》，不但給了我一個發表思想和整理思想的機會，還給了我多作白話文的訓練 …… 光緒宣統之間，范鴻仙等辦《國民白話報》，李辛白辦《安徽白話報》，都有我的文字。…… 我不知道我那幾十篇文字在當時有什麼影響，但我知道這一年多的訓練給了我自己絕大的好處。白話文從此成了我的一種工具。七八年之後，這件工具使我能夠在中國文學革命的運動裏做一個開路的工人。[2]

另外，1931 年胡適在美國《論壇報》(*Form*) 1 月號發表的〈我的信仰〉中，也承認了清末辦白話報對他的影響。他說：

1906 年，我在中國公學同學中，有幾位辦了一個定期刊物，名《兢業旬報》，—— 達爾文學說通行的又一例子 —— 其主旨在

---

1 《胡適文選》，台灣遠東圖書公司，1968 年，頁 166。
2 《四十自述》，台灣遠東圖書公司，1974 年，頁 75。

以新思想灌輸於未受教育的民眾，係以白話刊行。我被邀在創刊號撰稿。一年之後，我獨自做編輯。我編輯這個雜誌的工作不但幫助我啟發運用現行口語為一種文藝工具的才能，且以明白的話語及合理的次序，想出自我幼年就已具了形式的觀念和思想。[1]

我們不惜贅引胡適的文字，旨在以胡適的話去說明他的白話文寫作的訓練、白話文學觀念的啟迪，乃來自清末辦白話報的影響，不是偶然在美國憑空發明的。更應瞭解的是，《兢業旬報》只是清末眾多白話報的一份，晚清有一個相當規模的白話報潮流；胡適白話文觀念的產生只是清末白話文運動中的一個例子，也非孤立的。甚至在〈逼上梁山〉一文中，胡適謂刺激了他從事白話文學試驗的是，當時清華學生監督處書記鍾文鼇在郵寄月費信封中向他宣傳"廢除漢字，取用字母"傳單的呼籲，這也非鍾氏個人孤立的主張，而是清末文字改革暗流的一個反映。

清末的最後十年，有一個相當規模的"白話文運動"，並且"是五四白話文運動的前驅，有了這前驅的白話文運動，五四時期的白話文運動才有根據"。[2] 以下主要從流傳最廣泛的白話報刊情

1　《胡適來往書信選》（下），北京：中華書局，1979 年，頁 56。

2　譚彼岸，《晚清的白話文運動》，武漢：湖北人民出版社，1956 年，頁 3。譚氏一書是至今唯一系統地研究晚清白話文運動的著作，內中所發掘的材料和論證，相當有貢獻。可惜現今看來有三方面不足。一、該書批評胡適詞氣浮露，反有礙學術論證的說服力。二、清末白話文運動重要環節白話報材料挖掘不夠。三、將整個白話文運動歸功於改良派，或者以改良派包攝了整個清末白話文運動，而未能區別和抉剔出代表革命派方向的貢獻。

況，去説明晚清白話文運動的具體內容。

根據現今能找到的材料，清末最後約十年時間裏，出現過約一百四十份白話報和雜誌，這是一個很可觀的數字。現按年序列表如下：

刊名	主持人	刊行年月	出版地點	內容和傾向
《民報》（日報）[1]	申報館出版	1876 年 3 月創刊	上海	"專為民間所設，故字句俱如常談話"，並使用簡便的符號
《杭州白話報》[2]	由項藻馨、陳叔通、汪曼鋒、林獬（白水）等主持	1895 年創刊，1901 年由孫翼中（耦耕）接辦。1904 年改為週刊，1905 年改為三日刊，1906 年 5 月 23 日改為日刊。1910 年 2 月 10 日停刊	杭州	原是維新派主辦後才傾向革命。該報報館乃成為浙江革命黨人的機關
《俗話報》[3]	陳榮袞創辦	1897 年創刊		旨在改良風俗

1　上海通社編，《上海研究資料》（續集），台灣影印本，1973 年，頁 321。

2　詹文元，〈浙江報刊史初探〉，載史和、姚福申、葉翠娣編，《中國近代報刊名錄》，福州：福建人民出版社，1991 年。旭文編，《邵飄萍傳略》，北京師範大學出版社，1990 年。鍾碧容，〈林白水〉，見《民國人物傳》卷三。翦成文輯前引文，頁 116；又見白話道人（林獬），〈中國白話報發刊詞〉，載張枬、王忍之編，《辛亥革命前十年間時論選集》第一卷下冊，香港：三聯書店，1962 年，頁 5、頁 6。陶成章，〈浙案紀略〉，載中國史學會編，《辛亥革命》（三），上海人民出版社，1957 年 1 版，頁 11、頁 12。

3　翦成文輯，〈清末白話文運動資料〉，載《近代史資料》1963 年第二期，中華書局，東京大安影印本。

刊名	主持人	刊行年月	出版地點	內容和傾向
《演義白話報》[1]	章伯初、章仲和	1897 年 11 月創刊	上海	小型報，二版。目的在"把各種有用的書籍報冊，演為白話，總期看了有益"。對象是"成童以上學堂"。內容有新聞、筆記、小説等。在第一號《白話報小引》中宣稱，因國運危殆，"中國人要想發憤立志，不吃人虧，必須講究外洋情形，天下大勢。要想講求外洋情形，天下大勢，必須看報。要想看報，必須從白話起頭，方才明明白白"
《平湖白話報》[2]	陳惟儉、蔡伯華創辦	1897 年創刊	浙江平湖	鼓吹革命
《蒙學報》（週刊）[3]	上海蒙學公會發行，葉瀚主編	1897 年 11 月創刊，1899 年 72 期休刊	上海三馬路望平街口朝宗坊	蒙學公會的宗旨是："連天下心志，便歸於群，宣明聖教，開通固蔽。立法廣説新天下之耳目。"多譯述西文通俗兒童作品，適合童蒙閱讀

1　阿英，《晚清文藝報刊述略》，上海：古典文學出版社，1958 年，頁 63、頁 64。又見胡道靜，〈上海的日報〉，載《上海市通志館期刊》第二卷第一期，香港龍門書局重印本。但是胡氏稱為《白話演義報》，恐是誤寫。

2　史和等編，《中國近代報刊名錄》。

3　湯志鈞，〈戊戌變法時的學會和報刊〉，載《戊戌變法史論叢》，武漢：湖北人民出版社，1957 年，頁 253。又見王爾敏，〈清季學會匯表〉，但王氏説是週刊，載《晚清政治思想

〔下轉頁 172〕

刊名	主持人	刊行年月	出版地點	內容和傾向
《無錫白話報》(五期後稱《中國官音白話報》)(五日刊)[1]	由"白話學會"會員裘廷梁(可桴)、汪康年、裘毓芬(梅侶女史)等人創辦	1898 年 5 月創刊，休刊期不詳，1903 年仍存	無錫	該報內容分三大類："一演古，曰經、曰子、曰史，取其足以扶翼孔教者，取其與兩事相發明者；二演今，取中外名人撰述之已譯已刻者，取泰西小說之有雋理者；三演報，取中外之近事，取西政西藝，取外人議論之足以藥石我者。"所以取俗語代文言，"俾商者、農者、工者，及童塾子弟，力足以購報者，略能通知中外古今及西政、西學之足以利天下，為廣開民智之助"
《通俗報》(日報)[2]	宋育仁創辦	1898 年創刊	重慶	
《廣州白話報》[3]		1898 年創刊	廣州	

〔上接頁 171〕

史論》，頁 143 附注〔8〕，1969 年。又見胡從經，〈《蒙學報》瑣記〉，載《晚清兒童文學鈎沉》，上海：少年兒童出版社，1982 年，頁 50 — 63。胡所見共七十二期，藏中國科學院上海分院圖書館。

1　范放，〈中國官音白話報〉，載《近代史資料》1963 年第二期。劉家林，〈白話報與白話文最早的倡導者 —— 裘可桴〉，載《新聞研究資料》總四十七輯，北京：中國社會科學出版社，1988 年。

2　史和等編，《中國近代報刊名錄》。

3　樂嗣炳，《近代白話報刊目錄》(未刊稿)。

刊名	主持人	刊行年月	出版地點	內容和傾向
《常州白話報》[1]		1898年8月發行，今仍可見二十四期的目錄，1909年仍存	常州	
《京話日報》（旬刊）[2]	張一鳴、杭辛齋和彭翼仲主持，主撰有裘梅侶等	1901年9月8日創刊到1904年仍存	北京	該報"全用北京的官話"，"要望中國自強，必先齊人心，要想齊人心，必先通語言"。內容有新聞、時事、各國風土人情等。傾向改良思想
《啟蒙通俗報》（後改名為《改良啟蒙通俗報》，復改為《通俗日報》）[3]	傅樵村創辦	1901年創刊	成都	該報聲稱："為中下等人說法，文義淺顯，兼列白話。"欄目有中國白話史、西國白話史等

---

1 梁啟超，〈新舊各報存目表〉，載張靜廬編，《中國近代出版史料補編》，上海：中華書局，1957年一版。

2 梁啟超，〈中國各報存佚表〉，見《清議報》第一百期；又《東方雜誌》甲辰十月第十期〈各省報界匯編〉。〈論看這京話報的好處〉，原載《京話報》，今轉引自《北京新聞匯編》（五），光緒二十七年八月（1901年），台北：文海出版社影印本，總頁2586－2591。《中國近代期刊篇目匯編》二卷上冊載有第一期至第六期（1901年12月）的目錄。注譯說是在第六期停刊，恐不確（上海圖書館編，上海人民出版社，1979年）。

3 史和等編，《中國近代報刊名錄》。

刊名	主持人	刊行年月	出版地點	內容和傾向
《蘇州白話報》（週刊）[1]	主撰者包天笑	1901 年 10 月 21 日創刊，停刊時間不詳	蘇州	該刊聲稱以"開通人家的智識"為宗旨。內容有論説、新聞、演報翻譯等。傾向改良、開通民智
《方言報》[2]		1902 年 4 月 10 日創刊	上海四馬路泥城濱觀盛里	地方語小報。內容有弁語、朝報（京話）、輿論（官話）、市聲（寧波話）、巷議（廣東話）、情話（蘇白）、遊説等
《北京官話報》[3]		1902 年已佚		
《白話學報》[4]	文實權創辦	1902 年創刊	北京	
《蘇州白話報》[5]		1902 年 8 月 5 日創刊	上海望平街文翰齋內	屬吳語小型報。內容有緊要新聞、論説、中外新聞、蘇州新聞、上海新聞、小説等
《蕪湖白話報》[6]	谷平人創辦，後由陳獨秀接辦	1902 年		

1 見前引《中國近代期刊篇目匯編》第二卷上冊，頁 221。

2 見阿英前揭書，頁 29。

3 梁啟超，〈新舊各報存佚表〉。

4 史和等編，《中國近代報刊名錄》。

5 阿英前揭書，頁 83、頁 84。〈論白話報與中國前途之關係〉，載《警鐘日報》1904 年 4 月 26 日；又見前揭《東方雜誌》第一卷第十期，〈各省報界匯志〉。

6 譚彼岸，《晚清的白話文運動》，頁 16。

刊名	主持人	刊行年月	出版地點	內容和傾向
《啟蒙畫報》[1]	彭詒孫主辦	1902 年 6 月 23 日創刊	北京	
《童子世界》（月刊）[2]	愛國學社附屬組成童子會所辦	1903 年 4 月 6 日創刊，同年 6 月 16 日 33 期休刊	上海	該刊宗旨是："以愛國之思想曲述將來的淒苦，嘔吾心血而養成夫童子之自愛愛國之精神。"文字多合於童子程度，婦孺皆可卒讀。旨趣在"瀋導文明，發達其國家思想，倡冒險進取之精神"。多反清革命言論
《山西白話報》[3]		1903 年創刊	太原	
《江西白話報》[4]	江西留日學生主辦，張世膺（華飛）主編	1903 年創刊	東京	

1　戈公振，《中國報學史》、阿英《晚清文藝報刊述略》。四川省圖書館藏有該報。

2　前揭《上海研究資料》（續集），頁 508。《蘇報》光緒二十九年閏五月初七日（1903 年 7 月 1 日）第三版廣告。又見胡從經，〈中國最早的兒童報紙 ──《童子世界》〉，載《晚清兒童文學鈎沉》，頁 113 － 121。

3　史和等編，《中國近代報刊名錄》。

4　參見《東方雜誌》第一卷第十期，1904 年 10 月，〈各省報界匯編〉，頁 241。

刊名	主持人	刊行年月	出版地點	內容和傾向
《智群白話報》（月刊）[1]	上海文明編譯印書局發行，主編砭俗道人，經理唐孜權	1903年1月創刊，停刊時間不詳	上海	主要內容有論說、砭俗、教育、生理、輿地、商務、歷史、新聞、小說、雜錄、唱歌等。目的在"開通下等社會，以新理新事又重衍，庶幾掃除腐敗社會惡習，於改良風俗或有補焉"
《湖南演説通俗報》（旬刊）[2]	撰稿有龍璋、觀雲子、岑春煊、趙爾巽等	1903年5月創刊	長沙	內容主要分政治、實業、時事三類，每類又分匯編及白話演說兩部分。並有插畫、湘中近事及中外大事記
《湖南時務白話報》（日刊）[3]		1903年創刊	長沙	
《新白話報》（月刊）[4]	新白話報社	1903年創刊	日本東京出版，上海普益書局總發行	內容有論說、政事、地理、傳記、時評、新聞、歷史、雜俎、小說等，立場是革命反清

1 《蘇報》1903年5月27日廣告。又阿英前揭書，頁767。

2 上海圖書館編，《中國近代期刊篇目匯錄》第二卷（上），上海人民出版社，1979年。

3 湖南省中山圖書館藏有該報癸卯年（1903年）4月12日至20日一冊。葉志麟主編，《浙江近現代人物錄》，浙江人民出版社，1992年。

4 《中國近代期刊篇目匯錄》第二卷上冊。

刊名	主持人	刊行年月	出版地點	內容和傾向
《寧波白話報》(旬刊) 1904 年改版半月刊[1]	上海寧波同鄉會白話道人、張謇等撰稿，松隼、戚農、幼漁（馬裕藻）、蠡公（鄭葊）主編	1903 年 11 月創刊，1904 年 6 月出改良版，1904 年 9 月仍存	上海望平街啟文社	內容有論說、評議、新聞專件、指迷錄、調查錄、小說、歌謠。改良後增加歷史、地理、教育、實業、格致等。立場反對外國侵略、官僚腐敗。主張實業救國、倡導文明、移風易俗
《紹興白話報》[2]	王世裕創辦，陳公俠、黃子餘、蔡同卿等主撰	1903 年 7 月 9 日創刊，1904 年仍在，1908 年更名《紹興公報》	紹興	早期傾向革命，光復後成為社會黨機關報。聲稱以"喚起民眾愛國和開通地方風氣"為宗旨
《潮州白話報》[3]	主編楊守愚	1903 年創刊	潮州	
《中國白話報》(半月刊)[4]	主持人林獬、陳敬弟、汪曼鋒等	1903 年 12 月 19 日發刊，1904 年 10 月仍在，見該報第 24 期	上海新聞新馬路昌壽里七十一號	門類眾多，"主要是論說、歷史、傳記、地理、學說、新聞、教育、實業、科學批評、小說、戲曲、歌謠等"。以"開明民智為宗旨"。內多"逐滿歌"等排滿革命宣傳文字

---

1 同上注，頁 221。

2 《民立報》1913 年 7 月 8 日，第 32 冊，總 7788 頁，又見頁 165 注 21。

3 史和等編，《中國近代報刊名錄》。

4 Compiled by P. K Yu, *The Revolutionary Movement During the Late Ching: Study of Chinese Periodical*, pp. 54 — 68, Washington, D. C., 1970。阿英前揭書，頁 143。又馬敍倫，〈辛亥革命浙江省地區光復記事的補充資料〉，載《近代史資料》1957 年 1 月號，頁 49。又見胡從經，〈《中國白話報》與兒童文學〉，載《晚清兒童文學鈎沉》，頁 107 — 112。

刊名	主持人	刊行年月	出版地點	內容和傾向
《俚語日報》[1]	社長宋誨聞	1903 年創刊	長沙	鼓吹革命
《安徽俗話報》（半月刊）[2]	陳獨秀、房秩五和吳守一創辦	1904 年 1 月出版，1905 年 8 月結束	蕪湖	宗旨在 "開風氣，倡革命"。內容集中在揭露、抨擊外國對中國的侵略，清政府的黑暗以及社會上種種不合理
《揚子江白話報》（月刊）原稱《揚子江白話叢報》[3]	杜課園創辦，復刊後杜木天、劉望齡等任主筆	1904 年 6 月 28 日創刊，1909 年 12 月 15 日複刊	鎮江	"內容十餘，著述新奇精確，言語通俗，頗裨初淺之人。" 傾向革命
《白話日報》[4]	上海白話報社	1904 年 6 月創刊	上海	旨趣在提倡新精神，要 "把政治思想愛國感情漸漸地灌入不通文理的腦中，這也是普遍智識的意思"。內容主要有學術、議論、譯叢、益聞錄、圖畫等，傾向革命

---

1 參見周學舜，〈湖南辛亥起義的重要領導者 —— 陳作新生平事跡簡介〉，載《新湘評論》1981 年 7 月號。

2 《警鐘日報》（五），1904 年 6 月 11 日；沈寂整理，〈蕪湖地區的辛亥革命〉，見合肥《安徽史學通訊》（雙月刊）總第十四號，1959 年 12 月。

3 劉望齡，〈辛亥前後的武漢報紙〉，見《紀念辛亥革命七十週年學術討論會論文集》下冊，北京：中華書局，1983 年，頁 2058。〈揚子江白話報中興發刊詞並序〉、〈揚子江白話報的滄海桑田〉，見《揚子江白話叢報》復刊第一期。

4 《警鐘日報》1904 年 6 月 11 日廣告。

刊名	主持人	刊行年月	出版地點	內容和傾向
《山東白話報》（旬刊）[1]	劉冠三創辦，主持人有李子元、張樹德、徐粹庵、王納等	1904 年春創辦	濟南	旨在使"婦孺易知"，其實乃山東地區鼓吹革命的重要刊物
《吳郡白話報》[2]	王薇伯創辦	1904 年 1 月創刊	江蘇吳縣	該報宗旨："把各種粗淺的道理學問，現在的時勢，慢慢地講給你們知道"
《南潯通俗報》[3]		1904 年創刊	浙江南潯	
《拼音官話報》[4]		1905 年創刊	河北保定	
《湖州白話報》（半月刊）[5]	錢玄同、張界定創辦	1904 年 5 月 15 日創刊，另有說是 1904 年正月或 4 月創刊	上海	內容分社論、紀事、教育、實業、歷史、地理、傳記、小說、雜俎及來稿等十門，傾向革命

---

1 《東方雜誌》第二卷第四期。又丁淮汾編，《山東革命黨史稿》（上），台北：手稿影印本，1971 年，卷一頁 1，卷二頁 12。又中國史學會濟南分會編，《山東近代史資料》（二），東京大安影印本，1958 年，頁 243。

2 上海圖書館藏有該刊第一期。

3 北京圖書館、復旦大學圖書館藏有該刊。

4 參見《大公報》1905 年 5 月連載的〈報界最近調查表〉。

5 錢玄同，〈三十年來我對於滿清的態度底轉變〉，載《語絲》第八號，1925 年 1 月 5 日。又見《警鐘日報》（三），1904 年 7 月 2 日廣告。

刊名	主持人	刊行年月	出版地點	內容和傾向
《江蘇白話報》[1]	由常熟江蘇白話社出版	1904 年 9 月 19 日創辦	常熟	內容分論説、紀事、教育、歷史、地理、實業、小説、來稿八門
《白話雜誌》（月刊）[2]	秋瑾	1904 年 9 月 24 日創刊，六期而罷	東京	旨趣在開通婦女界、鼓吹革命
《江西白話報》（《青年愛》半月刊）[3]	錢鳳翬、張世膺主持	1904 年 8 月出版，每月三期	九江	內容分國文、歷史、地理、倫理、體操、教育、理化、算學、實業、小説、英文、新聞、時事等，傾向革命
《婦孺報》[4]	陳榮袞主持	1904 年 5 月創刊	廣州	稱 "以淺順為主，使婦孺讀書四年者，即可閲讀"
《初學白話報》[5]		1904 年創刊	上海	革命刊物

1 《警鐘日報》（四），1904 年 9 月 15 日廣告。又見《國粹學報》（七），台北文海影印本，頁 647。

2 徐雙韻，〈記秋瑾〉，載中國人民政治協商會議全國委員會文史資料研究委員會編，《辛亥革命回憶錄》（四），北京：中華書局，頁 209。又《秋瑾集》，北京：中華書局，頁 4、頁 7、頁 9。

3 《東方雜誌》第一卷第十期〈各省報界匯編〉。又中國人民政治協商會議全國委員會文史資料研究委員會編，《辛亥革命回憶錄》（六），北京：中華書局，1963 年 4 月，頁 52。張世膺是 1903 年暗殺團成員。錢鳳翬是京師大學堂學生。《警鐘日報》1904 年 9 月 15 日，10 月 21 日、22 日。

4 廣東省中山圖書館藏有該報。

5 史和等編，《中國近代報刊名錄》。

刊名	主持人	刊行年月	出版地點	內容和傾向
《京話日報》[1]	彭翼仲（詒孫）主辦	1904 年 8 月 16 日創刊，1906 年 9 月 29 日被封禁	北京正陽門外五道廟	君主立憲派報紙
《福建白話報》[2]	福建白話報社	1904 年 10 月 9 日發刊	福州	"鑒於各國比年以來，下等社會受白話文教育者既已著有明效"，故藉此報開通下等社會，發"本省對鄉土之心，以為地方自治之基礎"
《直隸白話報》[3]	主筆金猷澍，吳樾督印	1905 年刊	保定	辦刊宗旨："開通民智，提倡學術"
《北直農話報》[4]	張家雋等創辦	1905 年創刊	保定	有關農業（作物學、肥料學、園藝學等）的白話刊物
《軍事白話報》[5]	北京知府肇鳴主辦	1905 年 9 月 30 日創刊	北京	
《兵學白話報》[6]	北京練兵處	1905 年創刊	北京	

1　《北京圖書館藏報刊目錄》，頁 20。

2　《警鐘日報》，1904 年 10 月 18 日廣告。又《東方雜誌》第一卷第十期〈各省報界匯志〉。

3　〈吳樾〉，載《革命人物志》（二），頁 270。又鄒魯，《中國國民黨史稿》，台北：台灣商務印書館，1965 年。〈讀章士釗"書吳狙擊五大臣事"後〉，載中國人民政治協商會議北京委員會文史資料委員會編，《文史資料選編》（六），1980 年，頁 27。

4　北京圖書館、四川省圖書館藏有該報。

5　史和等編，《中國近代報刊名錄》。

6　史和等編，《中國近代報刊名錄》。

刊名	主持人	刊行年月	出版地點	內容和傾向
《有所謂報》（全稱為《唯一趣報有所謂》）[1]	鄭貫公總編輯，黃世仲、陳樹人、胡子晉等為撰述人	1905年6月4日創刊，1906年7月12日停刊，共出352期	香港	鼓吹革命，其《發刊辭》稱："以言論寒異族獨夫之膽，以批評而遞一般民賊之魄，芟政界之荊榛，培民權之萌。"
《通俗白話報》[2]		1905年創刊	北京	
《鵑聲》[3]	四川留日學生雷鐵崖等主辦	1906年9月創刊	東京	白話刊物
《京師白話報》[4]		1905年出版		代表清廷官方
《婦孺易知白話報》[5]	袁書鼎開辦	1905年	江蘇阜寧	以鼓吹女權為主，傾向革命
《河北白話報》（月刊）[6]	保定地方自治白話社發行，主持人王法勤等	1905年11月始見	保定	革命刊物
《京話公報》（日刊）[7]		1906年	北京	

---

1 香港大學孔安道圖書館藏有該報。

2 參見樂嗣炳，《近代中國白話報刊目錄》（未刊稿）。

3 參見《中國近代期刊篇目匯錄》（三）。

4 《東方雜誌》第二卷第四期〈各省報界匯編〉。

5 張玉法，《清季的革命團體》，台北："中央研究院近代史研究所"，1975年，頁81。

6 〈王法勤〉，載《革命人物志》（一），頁130。

7 *A Bibliography of Chinese Newspapers and Periodicals in European Libraries*, London Contemporary Chinese Institute, 1975.

刊名	主持人	刊行年月	出版地點	內容和傾向
《京話實報》（日刊）[1]	譚天池主辦	見 1906 年 9 月 2 日至 1908 年 1 月 13 日，1909 年 10 至 11 月	北京	
《京話新報》[2]		1906 年	北京	
《憲法白話報》[3]	金天銀主辦	1906 年 10 月 4 日創刊	北京	君主立憲派報紙
《預備立憲官話報》（月刊）[4]	莊景仲為發起人兼經理	見 1906 年 10 月至 1907 年 3 月	上海	立憲派喉舌，聲稱"專以開化風俗改良社會為宗旨"
《第一晉話報》[5]	景定成、景太昭、王用賓等人主持	1905 年 7 月創刊，僅出版 9 期	東京	正面宣傳革命
《山西白話演說報》[6]		1907 年創刊	太原	
《中央白話報》[7]		1906 年創刊	北京	

1　同上注。

2　同上注。

3　湖南省中山圖書館藏有該刊創刊號。

4　*A Bibliography of Chinese Newspapers and Periodicals in European Libraries*, London Contemporary Chinese Institute, 1975）.

5　張於英，〈辛亥革命雜誌錄〉，載《中國近代史出版史料初編》，頁 102。江地，〈山西辛亥革命〉，載存粹學社編，《近二十年中國史學論叢匯編初編・辛亥革命研究論集》（一），香港：崇文書店印行，1971 年，頁 88 附注 [1]。

6　史和等編，《中國近代報刊名錄》。

7　同上注。

刊名	主持人	刊行年月	出版地點	內容和傾向
《地方白話報》[1]	編輯及發行人為王法勤	1906 年 12 月 16 日創刊	保定	
《濟南白話日報》[2]	劉冠三、王訥、丁耕農、王祝晨等主撰	1906 年 2 月 23 日創刊	濟南	革命派報紙
《新世界小說社報》[3]	警僧主編	1906 年 7 月 16 日創刊	上海	阿英《晚清文藝報刊述略》稱 "文學刊物之有政治短評，始於此"
《晉陽白話報》(三日刊)[4]	王用賓主編，景定成、劉錦若、景耀月等主撰	1906 年 10 月 9 日創刊	太原	革命刊物
《兢業旬報》[5]	兢業學會先後由傅君劍（鈍劍）、胡梓方（詩廬）、張丹斧和胡適主編	1906 年 10 月 11 日發行 10 期中斷，1908 年 3 月 11 日復刊，共出版了四十期	上海	宗旨 "一振興教育，二提倡民氣，三改良社會，四主張自治"，另在鼓吹革命
《太倉白話報》[6]		1907 年創刊	江蘇太倉	

---

1 中國人民大學圖書館藏有該報。

2 上海圖書館藏有該報（1906 年 2 月 24 日至 3 月 22 日）。

3 阿英，《晚清文藝報刊述略》，浙江省圖書館藏有該刊。

4 史和等編，《中國近代報刊名錄》。

5 胡適，《四十自述》，台北：遠東圖書公司印行，1974 年，頁 67 — 75。

6 參見樂嗣炳，《近代白話報刊目錄》（未刊稿）。

刊名	主持人	刊行年月	出版地點	內容和傾向
《麗江白話報》[1]	麗江知府彭繼志創辦，南社社員趙式銘為主筆	1907 年創刊	雲南	宣揚愛國主義
《中國女報》（月刊）[2]	秋瑾創辦	1907 年 1 月	上海	"內中文字都是文俗並用"，以婦女為對象，提倡女權，鼓吹革命
《廣東白話報》（旬刊）[3]	撰稿人黃世仲、歐博鳴等	1907 年 5 月創刊	廣州	宣傳革命
《正宗愛國報》[4]		見 1907 年 12 月至 1911 年仍存，共見出版過 515 期	北京	思想傾向保皇
《鐘聲白話報》[5]		1907 年創刊	哈爾濱	
《吉林白話報》[6]		1907 年 8 月 4 日創刊	吉林	君主立憲派報紙
《西藏白話報》[7]	清駐藏大臣聯豫創辦	1907 年	拉薩	宣稱"以愛國尚武，開通民智"為宗旨，屬官方主辦

---

1 史和等編，《中國近代報刊名錄》。

2 前揭《秋瑾集》，頁 13 — 15。

3 李默輯，〈辛亥革命時期廣東報刊錄〉，載《新聞研究資料》（二），1980 年 1 月。

4 同頁 170 注 3。

5 史和等編，《中國近代報刊名錄》。

6 同上注。

7 湖南省中山圖書館藏有該報。

刊名	主持人	刊行年月	出版地點	內容和傾向
《競立社小説月報》[1]	總編譯彭俞（亞東破佛）	1907 年 11 月 3 日創刊	上海	該刊提出以 "保存國粹" "革除陋習" "擴張民權" 為宗旨，尖鋭批評清廷
《通俗白話報》[2]		1907 年	奉天（瀋陽）	
《新中國白話報》[3]		1907 年創刊	上海	傾向革命
《京話時報》[4]		1907 年創刊	北京	
《武昌白話報》	李斌（亞東）創辦，陳紹武司筆政	1909 年	武昌	革命組織群治學社的機關報
《白話北京日報》[5]		五十一號出版於 1908 年 9 月 26 日	北京	
《衛生白話報》[6]	代表人陳繼武	1908 年 6 月創刊	上海	
《京都白話日報》[7]	王子貞	1908 年	北京	

---

1 柘園藏有該刊。

2 遼寧省圖書館藏有該報。

3 馮自由，〈辛亥革命前書報一覽〉，載《中華民國開國前革命史》，台北：世界書局，1975 年，頁 285。

4 史和等編，《中國近代報刊名錄》。

5 前揭《清季白話文運動資料》，頁 141。

6 浙江省圖書館藏有該報。

7 參見《東方雜誌》第五卷第六期，1908 年 7 月 23 日，〈各省報界匯志〉。

刊名	主持人	刊行年月	出版地點	內容和傾向
《白話報》（月刊）[1]	錫金教育社裘廷梁主辦，尤惜陰編輯	1908 年 10 月 20 日創刊，1909 年 2 月第 4 期	無錫	
《白話小說》（月刊）[2]	上海白話小說社主持，姥下餘生編輯	1908 年 12 月 23 日創刊	上海	
《嶺南白話雜誌》（週刊）[3]	撰稿人有歐博明、黃耀公、白光明、萍寄生	1908 年 2 月 9 日創刊	廣州	傾向革命。以"講公理，正言論，改良風俗"為宗旨
《竹園白話報》（後改名《天津竹園報》）[4]	丁國瑞等主辦	1907 年 9 月 10 日創刊	天津	
《國民白話日報》[5]	主持人范鴻仙	1908 年 7 月 28 日創刊	上海	革命派刊物
《安徽通俗公報》[6]	韓耆伯主辦	1908 年創刊	安慶	革命派刊物

1　見《全國中文期刊聯合目錄（1833 — 1949）》，北京圖書館，1961 年。又《國粹學報》戊申第四十二期。胡繩武，〈晚清文藝報刊拾零〉，載《文獻》1980 年 10 月，北京：書目文獻出版社。

2　阿英前揭書，頁 46。

3　前揭李默輯，〈辛亥革命時期廣東報刊錄〉一文。廣東省中山圖書館藏有該報。

4　《北京圖書館藏報紙目錄》，頁 36。

5　胡適，《四十自述》，台北：遠東圖書公司印行，1974 年，頁 67 — 75。

6　史和等編，《中國近代報刊名錄》。

刊名	主持人	刊行年月	出版地點	內容和傾向
《兩湖通俗報》[1]	楊滌湘主辦	1908 年創刊	武昌	
《滇話》[2]	主編劉鍾華，發行代表李長春	1908 年 4 月創刊	東京	雲南留日學生革命刊物，聲稱宗旨"在於普及教育，改良社會，統一語言……純用漢語體演出，雖婦孺亦能讀"
《安徽白話報》(旬刊)[3]	李辛白主持(或有謂陳獨秀曾主持，胡適等撰稿)	1908 年 9 月創刊，11 月 12 日毀於火，1909 年 8 月 2 日復刊	上海馬律師路馬德里三弄一千一百五十一號	開通民智，鼓吹革命
《揚子江白話報》[4]		1909 年 1 月創刊	上海	
《揚子江白話報》[5]	杜木天主筆	1909 年創刊	漢口	
《白話新報》[6]	杭辛齋、許祖謙等人創辦	1909 年 11 月 7 日創刊	杭州	宣稱以"喚起我同胞愛國之思想，振發其獨立之精神"為宗旨

1　參見《東方雜誌》第五卷第六期，1908 年 7 月 23 日，載〈各省報界匯〉。

2　北京大學圖書館藏有該報。

3　高一涵，〈辛亥革命前安徽青年革命思想轉變的概況〉，載《辛亥革命回憶錄》(四)，頁 434。又見台北黨史會影印，《民籲報》(一)，1909 年 10 月 4 日，頁 10。

4　中國科學院圖書館藏有該報。

5　史和等編，《中國近代報刊名錄》。

6　同上注。

刊名	主持人	刊行年月	出版地點	內容和傾向
《上海白話報》[1]	謝慧禪編輯	1910 年 11 月 2 日創刊	上海	側重娛樂的小型報。內容分演說壇、見聞錄、滬事譚、鶯花志、歌吹海、新小說六欄
《通俗白話報》(又名《武昌白話報》)[2]	李亞東	1909 年	漢口	傾向革命
《留東白話報》[3]	廣饒協會	1909 年		
《神京白話報》[4]	榮光主辦	1909 年創刊	北京	
《浙江白話報》(日刊)(1910 年 2 月 11 日與杭辛齋所辦的《白話新報》合並為《浙江白話新報》)[5]	主筆許祖謙	1909 年	杭州	
《京話選報》[6]		1909 年至 1910 年	北京	

---

1 見台北黨史會影印,《民籲報》1909 年 5 月 21 日號。

2 《北京圖書館藏報紙目錄》。

3 阿英前揭書,頁 88。

4 中國社會科學院近代史研究所藏有該報。

5 浙江省圖書館藏有該報。

6 《北京圖書館藏報紙目錄》,頁 20。

刊名	主持人	刊行年月	出版地點	內容和傾向
《憲政白話報》[1]		1910 年 1 月創刊	漢口	漢口請願速開國會同志會刊物
《安慶通俗報》[2]	創辦人韓衍，編輯有孫養臞、高超、陳百虛	1910 年 10 月創辦	安慶	以口語式文字"作革命宣傳""主持正義，揭發百惡"
《常州白話報》[3]	武漢教育會編蔣竹莊主持			以開風氣
《天津白話報》[4]		1910 年 1 月 11 日創刊	天津	
《公民白話報》[5]	溫世霖主辦	1910 年創刊	天津	
《大江白話報》（後改名《大江報》，日刊）[6]	胡為霖為經理，詹大悲、何海鳴為正副主筆，撰稿有居正、田桐、蔣翊武等	1910 年 12 月 14 日至 1913 年	漢口	武漢地區革命機關報，立論激烈

---

1 湖南省中山圖書館藏有該報。

2 〈記韓衍〉，載《辛亥革命回憶錄》（四），頁 477。《民立報》（一），1910 年 11 月 24 日，總頁 282。

3 《民立報》（二），總頁 406，1910 年 10 月 17 日。

4 上海圖書館藏有該報。

5 史和等編，《中國近代報刊名錄》。

6 前揭劉望齡文。

刊名	主持人	刊行年月	出版地點	內容和傾向
《白話醒脛解》[1]		1911 年辦第一百八十二期	香港	
《伊犁白話報》[2]	馮特民等主持	1910 年 3 月創刊	惠遠城	鼓吹革命
《蒙古白話報》[3]				
《演說白話報》[4]				
《金鐘白話報》[5]	崔明軒主持		蕪湖	
《獨立白話報》[6]		1911 年 11 月 24 日創刊	上海	
《桂林白話報》[7]		1910 年	桂林	
《紹興白話報》[8]		1910 年 3 月 15 日創刊	紹興	
《正俗新白話報》[9]	趙爾巽主辦	1911 年創刊	成都	

---

1 *A Bibliography of Chinese Newspapers and Periodicals in European Libraries*, London Contemporary Chinese Institute, 1975.

2 通寶，〈辛亥革命在伊犁〉，載《辛亥革命回憶錄》（八），頁 256。

3 譚彼岸前揭書。

4 同上注。

5 《蕪湖縣志》卷二十九政治類一，台北：成文出版社，1919 年石印本影印，頁 424。

6 史和等編，《中國近代報刊名錄》。

7 同上注。

8 同上注。

9 同上注。

刊名	主持人	刊行年月	出版地點	內容和傾向
《黑河白話醒時日報》[1]	主持人胡潤南	1911 年 12 月 27 日創刊	黑龍江黑河	
《湖南通俗報》[2]	何雨農、徐特立、杜慶湘等主辦	1911 年 5 月創刊	長沙	
《虞陽白話報》[3]		1911 年	常熟	
《正宗白話報》[4]			北京	
《勸興白話報》[5]			北京	
《江西新白話報》[6]			江西	
《蕪湖白話報》[7]			蕪湖	
《京津白話報》[8]			北京	
《官話簡字報》[9]			北京	

1　同上注。

2　史和等編，《中國近代報刊名錄》。

3　復旦大學圖書館藏有該刊。

4　史和等編，《中國近代報刊名錄》。

5　方漢奇，《中國近代報刊史》，山西人民出版社，1981 年。

6　同上注。

7　同上注。

8　同上注。

9　同上注。

刊名	主持人	刊行年月	出版地點	內容和傾向
《愛國白話報》[1]			上海	
《通俗報》[2]			武昌	
《晨鐘白話報》[3]			天津	
《蒙養學報》[4]			長沙	
《福建俗話報》[5]			福州	
《官話報》[6]			桂林	傾向革命

　　清末白話報刊行梗概已見前述，數目約一百四十份，相當可觀。再加上不少適合婦孺閱讀的淺說畫報[7]、一些文言夾雜的報刊如《知新報》（1897 年）、《上海晚報》、香港《中國日報》、《拒約報》《國民日日報》、《俄事警聞》、《警鐘日報》和《天津大公報》等。光緒末年，柳亞子主持的浙江自治學社以謄寫版印

---

1 同上注。

2 戈公振，《中國報學史》。

3 方漢奇，《中國近代報刊史》。

4 戈公振，《中國報學史》。

5 同上注。

6 同上注。

7 張若谷，〈紀元前五年上海北京畫報之一瞥〉，載《上海研究資料續集》，頁 328 — 329。范煙橋，〈白話文〉，載《茶煙歇》，上海書店影印本，1989 年，頁 136。

《自治白話報》，比戶投贈，其所論列，以白話文為主體。[1] 進入民國，白話報的刊行依然為數甚多。[2] 綜合以上資料，對清末白話報出現潮流可做如下的分析。

一、近代白話報的出現，以1887年《申報》發行的附刊《民報》為最早。其時尚未成氣候。直到二十年後，即由裘廷梁創辦《俗話報》，才算真是白話報的先驅。自此白話報創辦漸多。特別值得留意的是，1903年、1904年這兩年創辦白話報近二十份，這與因"拒俄運動"而蓬勃興起的國內知識青年革命運動的發展是一致的。而主持者多是當時傾向革命的知識分子。同樣，1897年、1898年兩年白話報出現也較多，同樣是響應改良運動而起的。一百多份白話報中，傾向維新和革命立場的佔了絕大部分，尤其是具革命立場的佔了大比例。清末不少著名革命黨人如秋瑾、吳樾、王法勤、李亞東、范鴻仙、詹大悲、居正、景定成、韓衍、李辛白、何海鳴、劉冠三等都辦過白話報。

二、清末最後十年逾百份白話報，其出版地遍及香港、廣東、湖南、湖北、山東、山西、江西、東北、天津、伊犁、蒙古等全國範圍及海外東京等地，但以長江流域的江蘇、浙江和安徽三省最盛行。以一個地方計算，上海佔了二十餘份，最令人矚目，北京次之。白話報刊行多寡顯然與該地區文風和革新風氣的

---

1 〈論中國白話報與中國前途之關係〉，載《警鐘日報》甲辰三月十一日，1904年4月26日。

2 自民國成立，據當時內務部調查，在辛亥年十二月二十五日以後，報部立案的報館有八十九家。其中斷定其為白話報的佔十五家，可見一斑。

高低有關，這可進一步研究。

清末白話文運動固然以白話報刊行最值得注意，然而其他方面的白話出版物也相當可觀。白話教科書的大量印行，另清末約刊行了一千五百種以上的白話小說，這都是白話運動的重要內容。[1] 據《大公報》記敘，1902 年已有白話歷史書，自此普及白話讀物尚多。[2]

總括說來，晚清白話報的出現及其發展，與近代中國政治、社會運動的發展脈絡，極其一致，有著血肉般不可分割的關係。換言之，白話報的出現和發展是晚清政治和社會運動的一環。1897 年、1904 年兩年及其前後的兩段時間，白話報刊行驟盛，尤足以說明白話報的刊行與時代的關係。因為這兩個時期，分別是維新運動和革命運動的進行，在輿論上做準備的上揚時期，白話報配合了這歷史進程而蓬勃發展起來。故此，1897 年、1898 年發行的《俗語報》、《演義白話報》、《蒙學報》和《無錫白話報》，全是維新時代的典型刊物。庚子後，時代思潮丕變，到 1903 年初，隨著"拒俄運動"和"蘇報案"的發生，一批新生的排滿革命的知識團體終得形成，日益壯大，開始活躍於時代舞台，為晚清革命運動開了新形勢。這輩新知識分子，舉凡他們所能所及如辦學、辦報和組織團體等工作，紛紛投身其中。而辦白話報即是其中一椿著先鞭的工作。我們可以見到，原先立場依違未定的白

1　譚彼岸前引書。

2　《大公報》1902 年 8 月 12 日。

話報如《杭州白話報》等，到 1903 年 3 月間，言論開始轉向革命。同時，《童子世界》、《中國白話報》等傾向革命的白話報，紛紛出現。隨之而陸續創刊的站在革命立場的白話報有愛國學社的《智群白話報》，陳獨秀的《安徽俗話報》，王世裕的《紹興白話報》，杜課園的《揚子江白話報》，錢玄同的《湖州白話報》，劉冠三的《山東白話報》，秋瑾的《白話雜誌》、《白話日報》，錢鳳翥、張世膺的《江西白話報》，吳樾的《直隸白話報》和王法勤的《河北白話報》等。其他如《福建白話報》、《寧波白話報》和《江蘇白話報》等，雖欠確據，皆似是傾向革命的。不寧唯是，細加考察，上舉革命白話報的主持人，不乏革命運動的倡始者和領導人。他們之創辦白話報，不僅是一時共同的認識，而且是一種默契，分頭進行的結果。[1] 誠如蔡元培說，他們之發行白話報，其中一種作用，"表面普及常識，暗中鼓吹革命工作"。[2] 實際上，晚清的革命白話報，確能為革命運動，在輿論上做了先導，是清末革命思想的組成部分。

晚清白話報的出現，除為維新運動和革命運動做輿論的鼓吹外，而別有更廣泛、更深遠的作用。即作為 "開通民智"、"浚

---

1 早期的革命運動，傾向於地方色彩，各自在本省分頭進行活動。這時期的白話報多冠以地方為報名，是符合這種趨勢的。其中《福建白話報》、《河北白話報》以及《兢業旬報》皆倡 "地方自治"。實則，"地方自治" 在其時的革命黨人來說，別有用意，是一種革命排滿的態度，是一種分區起義的革命構想。這顯然是從譚嗣同 "以地方自立為國家亡後之圖之想" 這一觀念衍化而成（參看王德昭，〈譚嗣同與晚清政治運動〉，載香港《香港中文大學學報》第二卷第一期，1974 年 6 月）。

2 《獨秀文存》扉頁，上海亞東圖書館第六版。

導文明"的利器。近代中國的改良和革命運動，在求救亡圖存的同時，其更廣遠的目標是國家民族的改造，以臻中國於近代化。所以我們不能一味認定，如創辦白話報的工作，只屬"狹隘的宣傳工具"。[1]1899年，陳子褒在〈論報章宜改用淺說〉一文中，說"地球各國之衰旺強弱，恆以報紙之多少為准。民智之開民氣之通塞，每根由此"。而其時中國報紙"多用文言，此報紙不廣大之根由"。進而斷言："大抵今日變法，以開民智為先，開民智莫如改文言。"[2]1904年《警鐘日報》一篇題為"論白話與中國前途之關係"的社說，也認為"白話報者，文明普及之本也。白話推行既廣，則中國文明之進行固可推矣"。並說："此皆白話之勢力與中國文化相隨而發達之證也。"[3]其他倡導白話報的，莫不高標此意。[4]要中國近代化何以要"啟牖民智"？"啟牖民智"何以要用白話報？其中理由，前者著眼在中下層社會，更煥發全體民力，是目的；後者用其方便，重其效果，是方法。這與晚清以來，盛倡女權、廣辦學堂等活動，用意同一，其背後表現了對平等思想的體認、國民意識的豁醒。故此，陳子褒所以責難那些固執文言，不肯變通的人，是將不曉文言的"農、工、

1 侯建，《從文學革命到革命文學》，台北：中外文學月刊社，1974年12月，頁3。

2 見前揭翦成文輯，《清季白話文運動資料》，頁131。

3 《警鐘日報》甲辰三月初十日、十一日（1904年4月25日、26日）。

4 〈替各家話報請命〉，原載1908年《正宗愛國報》五百一十五號，頁141。又新舊不學人，〈忠告報界〉，原載《白話北京日報》五十一號，1908年10月20日（皆見《清末白話文運動資料》前揭書）。

商、賈、婦人、孺人"放於"不議不論"的地位,是"直棄其國民矣"。[1]質之事實,晚清白話報的盛行,其內容的豐富、其文字的淺顯簡明,在社會中所產生的作用和影響,是研究晚清近代化過程中,不能忽略的一環。

最後,更要說明一下白話報與晚清語言文學改革的問題。不僅是後來的研究者,五四時代白話文運動的倡導者如胡適、周作人等,都極言白話文學的開創是在五四時代。他們雖然知道和承認清末白話的流行,但只承認其目的在"宣傳革命"和"開啟民智",而否定在文學和語言上的要求,更否定其與五四白話文學的聯繫。先舉周作人說:

在這時候,曾有一種白話文字出現,如白話報,白話叢書等,不過和現在的白話文不同,那不是白話文學,而只是因為想要變法,要使一般國民都認識些文字,看看報紙,對國家政治都有所明了一點,所以認為用白話寫文章可得到較大的效力。因此,我以為那時候的白話和現在的白話文有兩點不同:

第一,現在的白話文,是"怎樣說便怎樣寫",那時候都是由八股翻白話。

第二,是態度不同 ── 現在我們作文的態度是一元的,就是 ⋯⋯ 都用白話。而以前的態度則是二元的 ⋯⋯ 在那時候,古文為"老爺"用的,白話是"聽差"用的。

---

1 同頁 197 注 2。

總之，那時候的白話，是出自政治方面的需求，只是戊戌政變的餘波之一，和後來的白話文可以說是沒有多大關係。[1]

　　周作人稱是"戊戌政變的餘波之一"等看法，一昧於清末白話文運動全貌，與歷史太近，反而見木不見林。其次，上述第二點態度問題固屬部分真實，但只能是發展過程中的程度問題，不足以否定清末白話文發展趨勢。毋庸置疑，晚清的白話報，性質類同其時各種新生的文化活動，同以改良當前政治、革新社會為首義。但卻不能因此而遮撥其在語言文學本身的意義，而謂其從未"涉及到文學的範圍"[2]，謂其與文學應走的道路是"南轅北轍"。[3]其實在晚清時代，如白話文的倡導者，已明白到語言文學改良的本身意義，對其中的緣由、利病，曾加以剴切的分析和説明。關於這方面的材料很多，因軼出本文範圍，茲不贅言。即就以所徵引過的幾篇鼓吹白話報的文章，也可做明證。他們認識到語言和文學，是依循進化而發展，隨時遞變。"文章是達意之器"，"文學與風氣相消長，萬國皆然"。但求"明白曉暢，務其達意""適用與否為標準"。因而語言文字無分雅俗，只分死活。苟"有所以為言者，今雖以白話代之，質幹具存"。進而指出，語言文字合一之必要，不能口手異説。尤有進者，他們也覺察中

1　《中國新文學的源流》，頁 8 — 10。

2　夏志清，〈文學革命〉，載《文學的前途》，台北：純文學出版社，1974 年 12 月再版。

3　同頁 197 注 1。

國方言眾多，語言不統一之弊，而提出要統一全國語言，形成國語。至於國語完成的方法，乃端賴白話報的日益深入和普及。胡適後來主編的《競業旬報》其〈發刊辭〉和〈凡例〉則亟亟主張"國語大同"、"文言一致"，"倘吾國欲得威震環體，必須語言文字合一，務使男女老幼皆能讀書愛國"。民初小說家張毅漢積極參加辛亥革命和二次革命，失敗後，從事寫作，他教國文竭力提倡語體文，理由除了語體文容易普及大眾外，並強調語體文接近國語，中國方言複雜，以致地方與地方之間產生隔膜，語體文可以幫助口頭語的逐漸統一。[1] 要求"言文一致"，創立國語的言論，一直在民國呼聲不絕。關於清末民初的國語運動，王爾敏做了一個專題研究。他認為，中國第一代語文改良先驅，不約而同，各人均在光緒二十二年（1896 年）亦即丙申年發佈其著作，似是巧合，實則已承受中日甲午戰爭之巨大衝擊，而認定以文字改良做首要目標。第二代倡導人王照、勞乃宣、章炳麟更進一步指出語文統一問題，並以之關係教育普及觀念，為以後全面發展建立理論基礎。真正開始成立全國性語文改良機構，實已入民國時代，中有吳敬恆（稚暉）、許壽裳、朱希祖、馬裕藻、錢玄同

1　見該刊第一期。又見漢卿，〈論白話報〉，載《競業旬報》第三十三期。文中不主張以拉丁字代替漢字，但主張中國文字白話化。白滌洲，〈介紹國語運動的急先鋒 —— 盧慈章〉，載《關漫週刊》第十二期，1931 年 11 月 21 日。鄭逸梅，〈張毅漢提倡語體文〉，載《清末民初文壇軼事》，學林出版社，1987 年，頁 280、頁 281。

等人。這種發展歷程，正與其他白話運動同一軌跡。[1]這種言論，比對五四時代的白話文運動，雖周匝纖悉有所不如，但理論粗略具備，觀念相近。這種說法，並不是將晚清白話文運動與五四白話文運動等一而視。實則兩者在認識上、態度上、成效上終究有別。不過，晚清白話文運動與五四時代的白話文運動，確是一脈相承，不能分割。其中，五四白話文運動的倡導者，如蔡元培、陳獨秀、胡適、錢玄同、李辛白、高語罕（高超）、馬裕藻等皆曾在晚清時代主持過白話報，這是清末白話文運動與五四白話文運動的內在聯繫具體而微的最好說明。

第二節　其他方面的文學革新活動

革命黨人的文學革新活動和要求不僅見諸白話文運動，其他文學方面都可以印證。

就文獻所見，晚清革命黨人高揭"文學革命"一詞的，首見於楊毓麟（篤生）。他在 1903 年已指出要有政治革命運動，必先有文學革命運動。[2]由於文獻有缺，楊毓麟具體言論如何，尚未獲悉。楊氏於 1910 年以憂國日苦而自戕於英倫後，有筆名"待死

---

1 〈統一中國言語之問題〉，載《進步雜誌》第三期，1912 年 1 月。〈國語統一之希望〉，載《進步雜誌》第四期。〈中國近代知識普及化之自覺及國語運動〉，載台北《"中央研究院近代史研究所"集刊》第十一期，1982 年 7 月。

2 張枬、王忍之，〈新湖南〉，載《辛亥革命前十年間時論選集》第一卷下冊。

生"者撰文稱頌楊毓麟是"中國之大文豪也,文學革命之巨子"。[1]
雖資料零散,仍可見清末革命知識分子倡導各方面文學革新的努
力。

近代首舉小說改革大旗自應以梁啟超為先驅。不久,屬革命
派的人士中,鼓吹也不遺餘力。天僇生(王无生)的〈中國歷代
小說史論〉(1907年)、〈論小說與改良社會之關係〉(1907年),
金松岑〈論寫情小說於新社會之關係〉(1905年)和徐念慈的《小
說林緣起》等皆屬之。[2]

近年研究者分別在不同題材,挖掘辛亥革命派的文學革新運
動,並疏解其與改良派文學革新的不同地方。顏廷亮認為清末代
表革命派的小說理論是存在的,並指出兩派在創作和理論方面的
區別:一、在創作方法上,改良派是一種批判現實主義;革命派
重視積極的浪漫主義。二、改良派和革命派的小說理論,都表現
了強烈的政治和社會意識。不過,改良派的政治立場是改良的,
革命派是革命的。[3]這種分析基本是事實。清末自1900年開始有
代表革命派的小說。著名的有在日本橫濱發行的《開智錄》連載
的《貞德傳》(1900年),《洗恥記》(1903年),張肇桐的《自

---

1 〈哭楊篤生〉,載《民立報》第三百期,1911年8月23日。另據蔡元培所述楊氏在
  英國蘇格蘭之阿伯丁,習文,自言欲以拉丁字母造中國新字,又言欲研究社會主義
  (〈楊篤生先生蹈海記〉,1911年8月25日,見《蔡元培全集》卷二,頁117)。這
  些材料都可見楊篤生用心於中國文化改革的蛛絲馬跡。
2 見阿英編,《晚清文學叢鈔》,北京:中華書局,1960年,頁14、頁31、頁36等。
3 《晚清小說理論研究中的一個問題》,載《甘肅師大學報(哲學社會科學版)》
  1980年2月。

由結婚》（1903年），徐念慈（1875—1908年）創辦的《小說林》，另黃摩西、張鴻（蠻公，1867—1941年）都是積極的倡導者和作者。[1]

近代戲曲、雜劇和話劇亦由革命派人開拓。最早的戲曲期刊是由著名革命黨人陳去病和汪笑儂（1858—1918年）創辦的《二十世紀大舞台》（上海，1904年）。汪笑儂被陳佩忍目為"中國近世第一戲劇改良家"，汪不僅倡言中國戲劇之革新，而且身體力行，以能演樂劇而名大著。[2]五四時期對中國話劇活動實際發起和主持的是汪仲賢。汪仲賢即是汪優遊，安徽人，早年在南京學習海軍，與周作人是同學，他在清末推動"文明戲"，稍後與夏月珊、夏月潤積極倡導"海派新戲"。[3]中國最早的話劇表演是1906年留日學生李息霜、曾孝谷、歐陽予倩組成的"春柳社"，他們一班人都曾積極參加了辛亥革命，也是此後中國話劇的積極

1 黃霖，〈清末革命派小說家瑣記〉，載《復旦學報》1981年第5期。〈關於魯迅之二〉，載《魯迅先生紀念集》，上海書店影印本，1979年12月，頁28。黃人，原名振元，字慕庵，別號摩西，常熟人。少而聰敏，無書不讀。1900年與章太炎同被聘任在蘇州東吳大學任文學教習，直到民國。清末期間與同鄉徐念慈創辦了《小說林》，有意識地提倡新小說（見錢仲聯，〈辛亥革命時期的進步文學家黃人〉，載《夢茗庵清代文學匯集》，濟南：齊魯書社，1983年）。范煙橋，〈黃摩西〉、〈杏壇花雨〉，載《茶煙歇》，上海書店影印本，1989年，頁138、頁183。

2 《中國大百科全書（戲曲卷）》，大百科出版社，頁459。《汪笑儂戲曲集》，中國戲劇出版社，1966年，頁398。汪氏與革命黨人習，所演多在痛國事日非，提嘶警覺民氣（范煙橋，〈汪笑儂〉，載前揭《茶煙歇》，頁146）。

3 楊田村，〈五四時期的一個戲劇團體 —— 民眾戲劇社〉，載《人民戲劇》，1979年5月。

推動者。著名革命者王鍾聲留學日本時參與"春柳社",1907年回國後在上海成立了"春陽社"演出新戲,1909年參加"王成班",倡演"改良新戲"。在清末最後的兩年,長江流域各城市都成立了劇團。辛亥革命失敗後,上海有"新劇同志會"、"文社"等,繼續從事新劇推廣活動。演出了《猛回頭》、《家庭恩怨記》《社會鐘》等八十多個劇目,主題在反封建,暴露社會罪惡,鼓吹革命。[1]另外,辛亥革命時期傳奇、雜劇的革新者,主要是居於上海、東京的革命知識分子。1905年《大陸》、《江蘇》、《中國白話報》《女子世界》等雜誌都刊登了不少新型傳奇和雜劇。所以論者說:"五四以後的戲劇運動是辛亥革命時期戲劇改良運動的繼續和深入。"[2]

外國文學作品和文學思潮的譯介,是近代文學革新的重要環節。從清末到五四新文化運動前的文學作品和思潮的譯介的研究不算深廣,所以歷史全貌也未見明晰。

胡適曾分析說,在五四運動前,近代外國文學作品的譯介,"不過是林紓翻譯的一些十九世紀前期的作品,其中最高是迭更司的幾部社會小說,其他都是一些科學趣味⋯⋯至於代表十九世紀

---

1 黃清根,〈民初藝術述略〉,載《華東師範大學學報(哲學社會科學版)》1983年第6期。陳瘦竹,〈五四運動和戲劇革命〉,載《文史哲》(月刊),1979年第2期。李克非,〈愛國名優王鍾聲〉,載《京華感舊錄》,南京:江蘇古籍出版社,1986年,頁83、頁84。

2 梁淑安,〈辛亥革命時期傳奇雜劇的改良〉,載《社會科學戰線》1982年第二期。

後期的革新思想的作品是國內人士所不曾夢想見。"[1] 胡氏所説，用以指清末改良派還勉強可以，用來概括清末民初全部外國譯介情況，則不免所見不廣了。

根據阿英的研究，中國譯印西洋小説，最早是乾隆年間（1740 年左右）。大量譯介，則在戊戌變法前後。[2] 這與整個伴隨著戊戌維新運動而出現的文學革新思潮是一致的。譯介外國文學的主要倡導者和譯述者是梁啓超、夏曾佑、嚴復、林紓等人。至於文學作品的翻譯，自是以林紓最為突出。而林紓所翻譯的作品，也已超出胡適前説的範圍。林紓翻譯的一百六十多種作品中，介紹的作家有英國的莎士比亞、狄更斯、司各特、斯威夫特；美國有歐文、斯陀大人；法國有人仲馬，挪威有易卜生；西班牙有塞萬提斯；俄國有列夫·托爾斯泰諸人。

至於清末革命青年致力於外國文學作品的譯介者不算少。戢翼翬（元丞）於 1902 年譯了俄國普希金的《俄國情史》（《上尉的女兒》）。吳檮譯了萊蒙托夫的《銀鈕碑》部分、契訶夫的《黑衣教士》，甚至用白話譯了高爾基的《憂患餘生》（1907 年），1908 年他又在東京出版的《粵西雜誌》中介紹了高爾基的《鷹歌》。陳冷血譯了法國柴爾的《祖國》（1910 年）。包天笑、徐卓呆合譯了法國雨果的《犧牲》（1910 年）。東亞病夫（金天羽）

---

1 胡適，《四十自述》，台北：遠東圖書公司印行，1974 年，頁 67 — 75。

2 阿英編，《晚清文學叢鈔（域外文學譯文卷）》，北京：中華書局，1972 年。

譯了雨果的《毀》（1906年）。[1] 我們如能遍翻當時出版報刊，相信有更多材料。

在文學領域革新和外國文學譯介中，五四新文化運動的倡導者陳獨秀、蘇曼殊、魯迅、周作人和馬君武等在清末已是先行者。以下分別述説。

首先看看蘇曼殊。蘇氏極早就對代表改良派的外國翻譯表示不滿。他説：

> 衲嘗拜倫足以貫靈均太白，師黎［雪萊］足以合義山、長吉；而莎士比亞、彌爾頓、囘尼孫，以及美之郎弗勞諸子，只可以與杜甫爭高下，此其所以為國家詩人，非所語於靈界詩翁也。近世學人，均以為泰西文學精華，盡集林嚴二氏故紙堆中。嗟夫，何吾國文風之不競之甚也！……惜乎辜氏志不在文學，而為宗室詩匠宰其根性也。[2]

近代文學家中，蘇曼殊之鍾情和專意於拜倫和雪萊作品的閱讀和翻譯，是較為人知的。實則，在清末，魯迅、陳獨秀、馬君武等都熱衷於拜倫和雪萊作品的譯介，這是清末"拜倫現象"，清末革命知識分子追求革命浪漫和個性解放的表徵，這也是近代文學

---

1 參考馮至、陳祚敏、羅業森，〈五四時期俄羅斯文學和其他歐洲國家文學的翻譯和介紹〉，載《北京大學學報》1959年第二期。

2 《曼殊大師紀念集》，頁48。

性情思的表徵。1907年到1909年，蘇曼殊與好友陳獨秀在日本東京從事英詩的翻譯，尤迷醉於拜倫。蘇氏其時作品中《文學因緣》、《拜倫詩選》和《漢英三昧集》等都是十九世紀現實浪漫主義作品。[1] 詩作而外，1904年他翻譯了《女傑郭耳縵》。與陳獨秀合譯了雨果的《慘社會》（《悲慘世界》）。[2]《慘社會》後來的結集出版，影響了尚在南京讀書的周作人。同是1904年在《警鐘日報》上，除了介紹黑格爾和巴枯寧的哲學外，蘇氏更介紹了波爾格尼夫（屠格涅夫）的小說。[3] 近幾十年來，大多數人視蘇曼殊為"鴛鴦蝴蝶派"文學的始祖，近年才扭轉這種看法，不僅承認他是革命派文學革新的代表，而且視其為中國近代文學的先驅。錢玄同早在新文學運動的初期，討論近代文學的發展時，即說："曼殊上人思想高潔，所為小說，描寫人生真處，足為新文學之始基乎。"[4]

陳獨秀在1904年至1905年間辦《安徽俗話報》就有豐富的

---

1 孫湜（伯純）與蘇、陳同在日本，且來往密切。他目睹陳獨秀和蘇曼殊於英詩譯述的情況（〈關於蘇曼殊之點點滴滴〉，載《逸經》第十二期）。章士釗也有同樣的記載（〈秋桐雜記〉，載《民立報》，1912年4月30日）。至於慣為人知的蘇曼殊《本事詩》"丹頓裴倫是我師"一首應是陳獨秀的作品（見拙著《新文化運動前的陳獨秀》，頁129）。

2 拙著〈談雨果《悲慘世界》最早的中譯本〉，載香港《抖擻》第三十一期，1979年1月。

3 1904年3月31日。

4 Leo-Ou fan Lee（李歐梵），*The Romantic Generation of Modern Chinese Writers*. Harvard University Press, 1973。又李澤厚，〈二十世紀中國文藝一瞥〉，載《中國現代思想史論》，頁216。〈錢玄同致陳獨秀〉，載戴水如編，《陳獨秀書信集》，新華出版社，1987年，頁97。

文學革新的內容。在其時又提倡國語教育。他用白話文撰的〈論戲曲〉一文尤重要。極力弘揚戲曲作用，主張戲曲改良。[1] 除此之外，陳獨秀與蘇曼殊一樣，曾熱衷於拜倫和雪萊作品的譯介。胡適曾說過，中國近代"把法國文學各種主義詳細地介紹入中國，陳先生〔獨秀〕算是最早的一個，以後引起大家對各種主義的許多討論"。[2] 胡氏這裏所說，應是《新青年》時期陳獨秀所撰的〈現代歐洲文藝史譚〉等文章。[3] 事實上在此以前，陳獨秀早已從事西方文藝思潮的系統譯介。1907 年的《神州日報》即刊登了他的〈現代歐洲文藝史譚〉的文章。[4] 按諸史實，就能見所及，近代中國關涉到當時較新文學理論和思潮寫實主義和自然主義的，也以陳獨秀最早。在《絳紗記·序》中，他提到：

> 王爾德（Oscar Wilde）以自然派文學馳譽今世，其書寫死與愛，可謂淋漓盡致矣。法人柯姆特（Comte）有言"愛情者生活之本源也"。[5]

約略同期為章士釗和蘇曼殊撰寫小說《雙枰記》和《碎簪記》的

1　見《安徽俗話報》第十一期，1904 年 8 月，人民出版社影印本，1983 年。

2　胡適，〈陳獨秀與文學革命〉，見陳東曉編，《陳獨秀評傳》，上海：亞東圖書館，1933 年，頁 54。

3　《青年雜誌》第一卷第三期，1915 年 11 月 15 日。

4　〈秋桐雜記〉，載《民立報》1912 年 3 月 9 日。

5　《甲寅》雜誌第一卷第七期，1915 年 7 月。

序中，陳氏都運用了寫實主義觀念加以分析。

過往，或因主編章士釗在五四時期被目為文化思想保守派，忽略了《甲寅》雜誌之在近代文化史上的價值。以上我們已提及，《新青年》早期的大部分作者，大都是此前《甲寅》雜誌的編者和作者。就這一點，已可窺睹這兩種雜誌的承傳關係。當然也得承認，由於這兩雜誌主編思想傾向的差別，影響了它們的主要方向。這種承傳關係，在文學方面也得到反映。

《甲寅》雜誌上刊登了不少小説作品，雖手法運用並不一定成功，但創作方法上傾向寫實主義；在思想內容上，也跳出了純政治小説的範圍，而側重表達“人生問題，死與愛問題”等文學永恆的課題。在《雙枰記》中，作者章士釗強調：

今所得刺取入吾書者，僅於身曆耳聞而止。然小説者，人生之鏡也，使其鏡忠於寫照，則留人間一片影。此片影要有真價，吾書所記，直吾國婚制新舊之交接之一片影耳。至得為忠實之鏡與否，一任讀者評之。[1]

這正是一種寫實主義文學觀點的論調。同在《甲寅》雜誌上刊登的小説《西泠異簡記》，作者寂寞程生（程演生）開宗明義，推崇言情小説，但強調此中情是“本然之性”，嚴格區別與當時流

---

[1] 《甲寅》雜誌第一卷第四期。

行的言情小説的不同。[1]

結合民初這一輩來往較密的陳獨秀、章士釗和程演生等對小説的見解，對蘇曼殊的所謂言情小説，當會有不同的看法。

最後，近代外國文學的譯介先驅自然不能不數魯迅和周作人兄弟了。關於周氏兄弟在清末對近代文學發展的貢獻，研究者也多，不擬贅論。這裏想要補充的有幾點。其一，在革命只偏重軍事和政治，留學界風氣傾向理工和法制的清末，周氏兄弟尤其是魯迅是少數能懷有強烈的文化意識，而體察到文化和民族心理改造的重要的革命知識分子。因此而有"第二維新"、"國人新生"的呼籲。其二，魯迅是外國文學作品和思潮譯介的先驅者，他譯介的作品從十九世紀到二十世紀初，所以在《域外小説集·序》中曾自負地説："異域文術新宗，自此始入華土。"[2] 這在時間上，正與陳獨秀、蘇曼殊、程演生諸人的見解相距不遠，正反映了近代文學出現的苗頭，也是五四新文學出現的來源。

---

1 程演生此小説原載《甲寅》雜誌，全文則只見章行嚴編，《名家小説》，上海：亞東圖書館，1936 年。

2 〈關於魯迅之二〉，載《魯迅先生紀念集》，上海書店影印本，頁 28。

第七章

結論：革命家與啟蒙者的雙重角色

一直以來，學術界都視五四新文化運動為劃時代的一個歷史時期，而過分忽略其與前此的辛亥革命運動的關聯。有論及的，也只注重清朝的推翻，民國建立後幾年的政局和社會思想之對新文化運動所發生的正面和負面的影響。

　　從各方面史跡披露，五四新文化運動尤其在前期，與辛亥革命有著超出一般歷史前後時期的特殊內在聯繫。兩個時期內在聯繫的密切程度，如要將之分別做獨自的歷史考析，會影響歷史理解的完整，過去的研究則明顯有此種傾向。根據以上各章初步的考釋，昭示了無論從人物譜系還是文化思想層面，辛亥革命與五四新文化運動都有著內在的聯繫，其中的發展有一脈相承的條理。

　　首先，研究顯示，以《新青年》雜誌和北京大學為中心以至在安徽結集起來的新文化運動倡導力量，其原先乃屬辛亥革命力量的一部分，五四新文化運動前期，在某種意義上，實際上是辛亥革命運動的繼續和發展。

　　其次，研究也顯示，在清末民初有著一股代表革命派的文化革新思潮和活動。其聲光雖因辛亥革命運動尤其後期主體革命力量的側重軍事和政治兩方面而有所掩抑，但卻非如過往所認定的那麼沉寂。以往對辛亥革命的研究，太側重政治和軍事方面，對文化教育少有措意；太側重幾個代表性的革命團體，忽略了全國範圍的零散的基層活動。謂辛亥革命運動中文化思想活動沒有聲光，部分原因未嘗不是來自研究的偏頗和不完整。

　　清末民初代表革命黨激進派的文化革新思想和活動，堪可注意的有三方面。

一、清末民初代表了革命黨激進派的文化革新思想和活動，除政治思想主張以革命代替改良外，確在內容上也有別於維新改良派，涇渭相當分明，而且這才真正是五四新文化運動的直接源流。

二、清末民初較傾向文化教育革新的革命知識分子，不少正是十年後五四新文化運動的倡導者。

三、五四前期新文化運動所倡導的思想觀念，基本上在清末民初已被提出，雖周匝纖悉有所不如，兩者卻有不能否認的一脈相承的關係。

五四新文化運動的倡導力量，不僅原屬辛亥革命力量的一部分，而且與辛亥革命的革命知識分子基本上為同一世代。進一步說，五四新文化運動的倡導力量是近代中國的第一代"近代知識分子"的代表，是近代中國的第一代"近代主義者"。身處深重的民族危機的歷史環境，適逢其會幾千年歷史上僅見的教育新背景，兩者湊合，賦予這一代"近代主義者"強烈的"歷史性格"。從這些"歷史性格"去分析，可以折射出五四新文化運動的豐富內容。

我們為甚麼說，新文化運動倡導者是中國第一代近代知識分子，以下試做一點簡單的分析。首先從年齡上去考察。這批新文化運動倡導者之中，以吳稚暉（1865 年）、蔡元培（1868 年）、楊昌濟（1871 年）、吳虞（1872 年）幾人較長，與戊戌維新一輩知識分子約略同期。其他倡導五四新文化運動的主力如陳獨秀（1879

年)、李辛白（1879 年）、馬君武（1881 年）、魯迅（1881 年）、沈尹默（1883 年）、蘇曼殊（1884 年）、高一涵（1885 年）、周作人（1885 年）、錢玄同（1887 年）、易白沙（1886 年）、陳大齊（1886 年）、王星拱（1888 年）、高語罕（1888 年）、劉叔雅（1889 年）、李大釗（1889 年）、劉半農（1891 年）、胡適（1891 年）等都是十九世紀八十年代前後出生的一代。這代人的教育背景應是中國歷史上僅見的 —— 傳統與近代新式教育參半，新舊學問兼備，中外思想的影響集於一身。前此的階段，當然有這樣的人物如嚴復等，但限於個別人物，不如這是一代人的現象。新文化運動的倡導者無疑是這一代知識分子的佼佼者。他們雖年齡有差，家庭背景有異，總的來說，他們大都有"書香門第"的家庭背景，年少受到嚴格和良好的教育。粗略地說，他們在約二十歲前，大都受過典型和嚴格的傳統教育，蔡元培、陳獨秀等人更擁傳統科舉功名。他們邃於國學，有所專精，甚至不乏是某方面國學上的著名學者。另一方面，他們也適逢其會，處於 1900 年前後，沿襲明清下來六百年的科舉和傳統教育日漸廢棄，新式學堂和近代教育日益勃興的時期。他們也是率先進讀新式學堂的一代，在接受傳統學問的同時，也比較系統地學習外語和西學。近代中國留學潮也開始於 1900 年以後，他們也是其中的先行者，有親履異國的機會，不少受過完整的近代大學或更高學位的教育。由於這樣的歷史條件和機會，他們是中國歷史上罕有的新舊學問、中外知識相對均衡集於一身的一代知識分子。這是他們能倡導一個中國歷史上未曾有過的以啟蒙為目的的文化革命運動的有利條件。他們對中西文化比較更易產生敏感和文化心理的衝突。我們時常讚羨民國前後一輩人物在思想上和學術上創獲之大，這種教育歷程未始不是其原因。

李澤厚在〈二十世紀中國文藝一瞥〉一文中指出"經由庚子之後大批留日學生的湧現，中國傳統的士大夫知識層在開始向近代行進和轉化，不僅在思想上、認識上，而且也開始在情感上和心態上"。[1] 並認為這是第一代中國近現代知識分子，這是很有識見的論述。這裏要補充的是，五四新文化運動的倡導者正是這一代人，而且是其中的佼佼者。李澤厚繼而指出："這批第一代中國近現代知識分子已經在政治上、思想上接受了西方的自由、民主和個人主義，但他們的心態並不是西方近現代的個體主義，而仍然是自屈原開始的中國傳統的承續。在中國這一代具有近現代意義的知識分子身上所體現的，倒正是士大夫傳統光芒的最後耀照。"[2] 這種理智的近代式心態意識屬傳統的第一代近代知識分子特性，與這代人的教育背景和心路歷程有著千絲萬縷的關係。甚至，林毓生認為五四知識分子的"整體性或全盤式的反傳統思想"乃"來自傳統的，認為思想為根本的整體觀思想模式"，[3] 似乎同樣可以從中國歷史上罕見教育歷程下成長的第一代近代主義者的特殊經驗得到解釋，不一定求之於虛遠的哲學觀念和理論。筆者

1　見《中國現代思想史論》，東方出版社，1987 年，頁 211。

2　同上書，頁 210。

3　穆善培譯《中國意識的危機 —— 五四時期激烈的反傳統主義》（增訂本），貴州人民出版社，1988 年。

曾論述過陳獨秀思想和心態的特徵，指出陳氏"好自我的內省和具有濃厚的道德意識"，而且"這種重自省和具有強烈的道德感的心態"，慣以道德性去衡量問題，是受早年傳統教育的影響。[1]這種思想特徵和價值取向，其實普遍見之於五四新文化運動倡導者。這一群知識分子基本上是強烈的道德主義者，不管是回顧他們個人的行止，或翻開《新青年》雜誌，從文字到生活行為都清楚可見。這種關注倫理道德、憂國憂民的思想和情緒與歷史上所表彰的士大夫並無不同，只是道德內容有了改變。五四新文化運動的重要內容其實是一個"倫理道德"的重整運動。這種種取向皆反映了第一代近代主義者的傳統與近代、中國傳統思想與西方價值觀念糾纏於一身的特性。

這裏要特別指出的是，由於五四新文化運動的倡導力量提倡了光芒奪目的文化思想運動，以及各倡導者在思想和學術上的成就，容易使人產生錯覺，他們都是"純粹的近代知識分子"，並謂"新文化運動的自我意識並非政治，而是文化"，而只承認"其中便明確包含著或暗中潛埋著政治的因素和要素"而已。[2]固然，這一輩人都具較強烈的文化意識，對教育和社會文化特別眷注。辛亥革命的失敗，更促使了這輩近代主義者傾向於從文化思想改造中國的取向，但他們絕非純粹的知識分子，而是革命知識分子。相對於孫中山、宋教仁、黃興等一輩革命家和政治家，新文化運動的倡導者

1　拙著《新文化運動前的陳獨秀》，頁 123。

2　李澤厚前引書，頁 11。

雖然有更濃厚的知識分子和學者的形格，思想上更傾重於文化價值的取向，但是，除胡適等個別人外，他們都是政治革命的積極參與者，離開了他們這種實踐的政治活動的經歷，純然以思想家和學者去看待他們，難得正確的歷史理解。他們大都與清末民國間的政治有千絲萬縷的關係，學者、革命者和教育者等身份集於一身，正是五四新文化運動倡導力量的共性，也是第一代近代知識分子的特點。他們不是後繼的啟蒙者要去補前此辛亥革命的救亡者的不足，而是他們自始則承擔著救亡和啟蒙的雙重重任。革命與啟蒙並舉是這一代革命知識分子強烈的價值取向，並符合當時中國所面臨的國勢淩夷、文明落後的雙重困局。這種取向與往後革命知識分子的政治取向相當不同。

附 錄

一　主要參考文獻

（一）中文參考書目

書籍類（以史料排先，專著排後）

1. 《文獻叢編》（上、下冊），台北：台聯國風出版社影印本，1964年。

2. 《北京新聞匯編》，台北：文海出版社影印本，1967年。

3. 《大公報》（日刊），日本東京大學東洋文化研究所藏，1902年至1903年，北京。

4. 《遊學譯編》，台北：中國國民黨中央委員會黨史史料編纂委員會影印本。

5. 《蘇報》，台北：中國國民黨中央委員會黨史史料編纂委員會影印本，"中央文物供應社"發行，1968年。

6. 《蘇報》，台北：台灣學生書局影印本，1965年。

7. 《國民日日報》，台北：台灣學生書局影印本，1965年。

8. 《國民日日報匯編》（共兩冊），台北：中國國民黨中央委員會黨史史料編纂委員會影印本，"中央文物供應社"發行，1968年。

9. 《警鐘日報》（共四冊），台北：中國國民黨中央委員會黨史史料編纂委員會影印本，"中央文物供應社"發行，1968年。

10. 《安徽俗話報》，北京：人民出版社影印本，1983年。

11. 《兢業旬報》，上海辭書出版社圖書館藏。

12. 《鷺江報》，日本東洋文庫藏。

13. 《江蘇》（共三冊），台北：中國國民黨中央委員會黨史史料編纂委員會影印本，“中央文物供應社”發行，1968 年。

14. 《中華報》，日本東京大學東洋文化研究所藏，1905 年，北京。

15. 《正宗愛國報》，日本京都大學人文科學研究所藏，1909 年，北京。

16. 《白話圖話日報》，日本京都大學人文科學研究所藏，1910 年，北京。

17. 《揚子江白話報》（復刊號），台灣青潭近代史料中心藏。

18. 國學扶輪社編，《國粹學報》（共十三冊），台北：文海出版社影印本，1970 年，台北。

19. 《民籲報》，台北：中國國民黨中央委員會黨史史料編纂委員會影印本，“中央文物供應社”發行，1969 年。

20. 《民立報》（共三十三冊），台北：中國國民黨中央委員會黨史史料編纂委員會影印本，“中央文物供應社”發行，1969 年。

21. 《東方雜誌》，台北：台灣商務印書館影印本，1970 年。

22. 《時報》，日本東京大學藏。

23. 《進步雜誌》，日本天理大學圖書館藏。

24. 章士釗主編，《甲寅》雜誌，香港大學圖書館藏顯微膠片。

25. 章士釗主編，《甲寅週刊》，香港大學圖書館藏顯微膠片。

26. 《中華新報》（共九冊），台北：中國國民黨中央委員會黨史史料編纂委員會影印本，“中央文物供應社”發行，1970 年。

27. 《新青年》（共十四冊），東京：大安株式會社影印本，1962 年。

28. 《民權素》，日本國會圖書館藏，1914 年至 1916 年，上海。

29. 《北京大學日刊》。

30. 《青鶴雜誌》，香港中文大學藏。

31. 中國科學院歷史研究所第三所編，《近代史資料》，北京：科學出版社。

32. 《臨時政府公報》（共三冊），台北：中國國民黨中央委員會黨史史料編纂委員會影印本，“中央文物供應社”發行，1968 年。

33. 張靜廬編，《中國近代出版史料初編》（二編），上海：群聯出版社，1954年。

34. 張靜廬編，《中國出版史料補編》，上海：中華書局，1957年。

35. 張靜廬編，《中國現代出版史料》（甲編），上海：新華書店，1954年。

36. 《全國中文期刊聯合目錄》，北京圖書館，1961年。

37. 余誼密、鮑實等編，《蕪湖縣志》，台北：成文書局影印1919年石印本，1970年。

38. 中共中央馬克思、恩格斯、列寧、斯大林著作編譯局研究室編，《五四時期期刊介紹》（第一集），北京：人民出版社，1958年。

39. 《國立北京大學紀念刊》，台北：傳記文學出版社影印本，1971年。

40. 中國國民黨中央委員會黨史史料編纂委員會編，《革命文獻》（共四十四輯），台北："中央文物供應社"出版，1968年。

41. 中國史學會編，《辛亥革命》（共八冊），上海人民出版社，1957年。

42. 中國人民政治協商會議全國委員會文史資料研究委員會編，《辛亥革命回憶錄》（共六集），中華書局，1961年至1963年。

43. 中國國民黨中央委員會黨史史料編纂委員會編，《革命人物志》（共十一集），台北："中央文物供應社"，1969年至1972年。

44. 張枬、王忍之，《辛亥革命前十年間時論選集》（上、下冊），香港：三聯書店，1962年。

45. 阿英編，《中國新文學大系·史料索引卷》，良友圖書公司，1936年。

46. 陳獨秀，《獨秀文存》（上、下冊），香港：遠東圖書公司影印本，1965年。

47. 《蔡元培全集》，台北：台灣商務印書館，1968年。

48. 柳亞子編，《曼殊全集》（共五冊），上海：北新書局，1928年12月第三版。

49. 文公直編，《曼殊大師全集》，香港：文淵書店，出版年代缺。

50. 柳亞子，《蘇曼殊年譜及其他》，北新書局，1927年12月出版，上海。

51. 中華書局上海編輯所編輯，《秋瑾集》，北京：中華書局，1960年。

52. 胡適，《四十自述》，香港：光華書店重印本，1957 年。

53. 包天笑，《釧影樓回憶錄》，香港：大華出版社，1973 年 9 月第一版。

54. 吳稚暉，《吳稚暉先生文粹》（兩冊），台北：華文書店據 1929 年鉛印本影印。

55. 周作人，《知堂回想錄》（上、下冊），香港：三育圖書文具公司，1971 年。

56. 張國燾，《我的回憶》（第一集），香港：明報月刊出版社，1971 年。

57. 《孫中山全集》，北京：中華書局，1984 年。

58. 中國人民政治協商會議上海市委員會文史資料工作委員會編，《辛亥革命七十週年》，上海人民出版社，1981 年。

59. 程天放，《程天放早年回憶錄》，台北：傳記文學出版社，1968 年初版。

60. 中國人民政治協商會議全國委員會文史資料研究會編，《和平老人邵力子》，北京：文史資料出版社，1985 年 10 月。

61. 左舜生，《近三十年見聞雜記》，台北：中華藝林文物出版有限公司，1976 年。

62. 中國史學會編，《中國國民黨“一大”六十週年紀念論文集》，北京：中國社會科學出版社，1984 年。

63. 蔣夢麟，《新潮》，台北：傳記文學出版社，1967 年初版。

64. 《茅盾散文速寫集》，北京：人民文學出版社，1980 年。

65. 章行嚴編，《名家小說》，上海：亞東圖書館刊本，1936 年。

66. 《魯迅先生紀念集》，上海書店影印本。

67. 中國人民政治協商會議北京委員會文史資料委員會編，《文史資料選輯》（四）、（六），北京：中國文史出版社，1979 年、1980 年。

68. 安慶市圖書館，《陳獨秀研究參考資料》（一），安慶市歷史學會編印，1981 年。

69. 中國社會科學院近代史研究所中華民國史組編，《胡適來往書信選》（上），北京：中華書局，1979 年。

70. 鮑晶編，《劉半農研究資料》，天津人民出版社，1985 年。

71. 王興國編,《楊昌濟文集》,湖南教育出版社,1983 年。

72. 中國國民黨黨史會編,《馬君武先生文集》,1984 年。

73. 張菊香、張鐵榮編,《周作人研究資料》(上),天津人民出版社,1986 年。

74. 馬敘倫,《我在六十歲以前》,生活書店,1947 年。

75. 《國立北京大學卅一週年紀念刊》,台北:傳記文學出版社,1971 年。

76. 蔡元培,《自寫年譜》(三) 手稿,蔡懷新先生藏。

77. 梁漱溟,《憶往談舊錄》,中國文史出版社,1987 年。

78. 許壽裳,《亡友魯迅印象記》,香港:上海印書館,1973 年。

79. 《浙江文史資料選輯》(二十九輯),浙江人民出版社,1985 年。

80. 曹聚仁,《文壇五十年 (巳集)》,香港:新文化出版社,1955 年。

81. 《聞一多全集》,日本株式會社影印本,1967 年。

82. 羅家倫,《逝者如斯集》,台北:傳記文學出版社,1967 年。

83. 《傅斯年選集》,台北:文星出版社,1967 年。

84. 《二大和三大》(中國現代革命史資料叢刊),北京:中國社會科學出版社,1985 年 8 月。

85. 《李大釗文集》,北京:人民出版社,1984 年 12 月初版。

86. 上海圖書館編,《中國近代期刊篇目匯編》,上海人民出版社,1979 年。

87. 蔡元培等,《中國新文學大系導論》,上海書店影印本,原上海良友復興圖書公司印行。

88. 《陳獨秀文章選編》,北京:生活·讀書·新知三聯書店,1984 年。

89. 《胡適文選》,台北:遠東圖書公司印行,1968 年。

90. 《四十自述》,台北:遠東圖書公司印行,1974 年。

91. 上海通社編,《上海研究資料》,台灣 1973 年影印本。

92. 《阿英文集》,香港:三聯書店,1979 年。

93. 阿英編,《晚清文學叢鈔》,北京:中華書局,1960 年。

94. 《汪笑儂戲曲集》，中國戲劇出版社，1966 年。

95. 中國科學院歷史研究所編，《五四運動回憶錄》，北京：中華書局，1957 年。

96. 中國人民政治協商會議安徽省委員會文史資料研究委員會編，《安徽文史資料選輯》（五），1983 年。

97. 魯迅，《集外集》，香港：三聯書店，1973 年。

98. 魯迅，《墳》，北京：人民文學出版社，1953 年。

99. 吳虞，《秋水集》（線裝本），京都大學中哲文研究室藏。

100. 馮自由，《中華民國開國前革命史》（兩冊），台北：世界書局重印本，1975 年再版。

101. 鄒魯，《中國國民黨史稿》，台北：台灣商務印書館重印本，1965 年。

102. 存萃學社編，《近二十年中國史學論著匯編·辛亥革命論集》一、二集，香港：崇文書店，1971 年。

103. 湯志鈞，《戊戌變法史論叢》，武漢：湖北人民出版社，1957 年。

104. 王爾敏，《晚清政治思想史論》，台北，1969 年。

105. 周作人等，《魯迅新論》，出版地缺：新文出版社，1938 年。

106. 吳稚暉，《吳稚暉先生全集》，台北，1969 年。

107. 譚彼岸，《晚清的白話文運動》，武漢：湖北人民出版社，1956 年。

108. 阿英，《晚清文藝報刊述略》，上海：古典文學出版社，1956 年。

109. 王冶秋，《辛亥革命前的魯迅先生》，上海：新文藝出版社，1956 年。

110. 李新、陳鐵鍵編，《偉大的開端（1919 — 1923）》，中國社會科學出版社，1983 年。

111. 陳萬雄，《新文化運動前的陳獨秀》，香港：中文大學出版社，1979 年。

112. 王光遠編，《陳獨秀年譜》，重慶出版社，1987 年。

113. 張嘉、李鵬編，《安徽歷史名人》，合肥：黃山書社，1986 年。

114. 李正西、洪嘯濤，《朱蘊山》，合肥：黃山書社，1988 年。

115. 劉海粟，《齊魯談藝錄》，山東美術出版社，1985 年。

116. 汪原放，《回憶亞東圖書館》，上海：學林出版社，1983 年。

117. 韓一德、姚維斗，《李大釗生平紀年》，黑龍江人民出版社，1987 年。

118. 張次溪，《李大釗先生傳》，香港：神州圖書公司影印本。

119. 耿雲志，《胡適年譜》，香港：中華書局，1986 年。

120. 徐瑞岳，《劉半農研究》，江蘇古籍出版社，1987 年。

121. 王興國，《楊昌濟的生平及思想》，湖南人民出版社，1981 年。

122. 唐振常，《章太炎吳虞論集》，四川人民出版社，1981 年。

123. 陶英惠，《蔡元培年譜》（上），台北："中央研究院近代史研究所"，1976 年。

124. 唐振常，《蔡元培傳》，上海人民出版社，1985 年。

125. 周天度，《蔡元培傳》，北京：人民出版社，1984 年。

126. 周進華，《經師人師 —— 陳大齊傳》，台北：台灣商務印書館，1986 年。

127. 復旦大學、上海師大、上海師院《魯迅年譜》編寫組，《魯迅年譜》，安徽人民出版社，1979 年。

128. 蕭超然等編著，《北京大學校史 1898 — 1948》（增訂本），北京大學出版社，1988 年。

129. 楊亮功，《早期三十年的教學生活》，台北：傳記文學出版社，1980 年。

130. 張愛萍、肖華等著，《青年運動回憶錄》，中國青年出版社，1979 年。

131. 蔡建國編，《蔡元培先生紀念集》，北京：中華書局，1984 年。

132. 高平叔編著，《蔡元培年譜》，北京：中華書局，1980 年。

133. 陳少廷主編，《五四新文化運動的評價》，台北：環宇出版社，1974 年再版。

134. 陳春生，《新文化的旗手 —— 羅家倫傳》，台北：近代中國出版社，1985 年 9 月。

135. 呂芳上，《朱執信與中國革命》，台北：東吳大學學術獎助委員會，1978 年。

136. 《中國現代史專題研究報告》（一），台灣"中華民國"史料研究中心，

1970 年 12 月。

137. 李時岳，趙矢元，《孫中山與中國民主革命》，遼寧人民出版社，1984 年。

138. 周佳榮，《辛亥革命前的蔡元培》，香港：波文書局，1980 年。

139. 王士菁，《魯迅傳》，北京：中國青年出版社，1962 年。

140. 林非，《魯迅前期思想發展史略》，上海文藝出版社，1978 年。

141. 許壽裳，《我所認識的魯迅》，北京：人民文學出版社，1952 年。

142. 張畢來，《二十年代新文學發軔史》，作家出版社，1956 年。

143. 王瑤，《中國文學史稿》，上海：新文藝出版社，1954 年。

144. 吳文棋，《近百年來的中國文藝思潮》，香港：龍門書店影印本，
     1969 年。

145. 唐德剛，《胡適口述自傳》，台北：傳記文學出版社，1981 年。

146. 周作人，《中國新文學的源流》，香港：匯文閣書店影印本，1972 年。

147. 馮自由，《中華民國開國前革命史》，台北：世界書局，1975 年。

148. 侯健，《從文學革命到革命文學》，台北：中外文學月刊社，1974 年。

149. 夏志清，《文學的前途》，台北：純文學出版社，1974 年再版。

150. 張庚等主編，《中國大百科全書（戲曲卷）》，大百科出版社，1982 年。

151. 張朋園，《梁啟超與民國政治》，台北：食貨出版社，1978 年。

152. 李澤厚，《中國現代思想史論》，東方出版社，1987 年。

153. 林毓生著，穆善培譯，《中國意識的危機 —— 五四時期激烈的反傳統
     主義》（增訂本），貴州人民出版社，1988 年。

154. 《劉文典全集補編》，合肥：黃山書社，2008 年。

155. 北京大學圖書館北京大學李大釗研究會編，《李大釗史事綜錄》，北京
     大學出版社，1989 年。

156. 莫世祥主編，《馬君武集》，華中師範大學出版社，1991 年。

157. 白吉庵，《章士釗傳》，作家出版社，2004 年。

158. 吳奔星編著，《錢玄同研究》，南京：江蘇古籍出版社，1998 年。

159. 馬國權編，《沈尹默論書叢稿》，香港：三聯書店，1981 年。

160. 林焯鋒，《崔適生平事跡述略》。

161. 旭文編，《邵飄萍傳略》，北京師範大學出版社，1990 年。

162. 葉志麟主編，《浙江近現代人物錄》，浙江人民出版社，1992 年。

論文類

1. 孫湜撰，方紀生譯，〈關於蘇曼殊之點點滴滴〉，載《逸經》第十二期，東京：大安株式會社影印本，1966 年。

2. 安徽科學分院歷史研究室近代史組調查，沈寂整理，〈蕪湖地區的辛亥革命〉，載〈安徽史學通訊〉（雙月刊）總第十四號，1959 年 12 月，合肥。

3. 陳萬雄，〈李大釗與辛亥革命〉，載《開卷》第三卷第七期，1987 年 12 月。

4. 郭烙人，〈愛國詩僧曼殊評傳〉，載《法音》1983 年第一期。

5. 江東，〈沈尹默與章士釗〉，載《學林漫錄》（十一），北京：中華書局，1985 年。

6. 陳敬之，〈南海詩人 —— 黃晦聞〉，載香港《掌故月刊》總二十八期，1973 年 12 月。

7. 陳旭麓，〈論五四初期的新文化運動〉，載《歷史教學問題》1959 年第五期。

8. 黃季陸，〈蔡元培先生與國父的關係〉，載台北《傳記文學》第五卷第三期，1964 年 9 月。

9. 陶英惠，〈蔡元培與北京大學〉，載台北《"中央研究院近代史研究所"集刊》第五期，1976 年 7 月。

10. 孫思白，〈試論五四文化革命的分期及其前後期的轉化〉，載《歷史研究》1963 年第二期。

11. 唐振常，〈吳虞研究〉，載《歷史學》（季刊）1979 年 4 月。

12. 任訪秋，〈晚清文學思潮的流派及其論爭〉，載《社會科學戰線》1982

年第二期。

13. 茅盾，〈中國現代文學史的另一種編寫方法 —— 致節公同志〉，載《社會科學戰線》1980 年第二期。

14. 劉望齡，〈辛亥前後的武漢報紙〉，載《紀念辛亥革命七十週年學術討論會》，北京：中華書局，1983 年。

15. 李默，〈辛亥革命時期廣東報刊錄〉，載《新聞研究資料》（二）1980 年 1 月。

16. 胡繩武，〈晚清文藝報刊拾零〉，載《文獻》1980 年 10 月，書目文獻出版社。

17. 王德昭，〈譚嗣同與晚清政治運動〉，載《香港中文大學學報》第二卷第一期，1974 年 6 月。

18. 顏廷亮，〈晚清小說理論研究中的一個問題〉，載《甘肅師大學報（哲學社會科學報）》1980 年 2 月。

19. 黃霖，〈清末革命派小說瑣記〉，載《復旦學報》1981 年第五期。

20. 楊田村，〈五四時期的一個戲劇團體 —— 民眾戲劇社〉，載《人民戲劇》1979 年 5 月。

21. 柏文蔚，〈五十年經歷〉，載《近代史資料》，1979 年第三期。

22. 陳萬雄，〈談雨果悲慘世界最早的中譯本〉，載《抖擻》1979 年 1 月。

23. 沈寂，〈陳獨秀和安徽俗話報〉，載《歷史論叢》（一），濟南：齊魯書社，1980 年。

24. 翦成文輯，〈清末白話文運動資料〉，載《近代史資料》1963 年第二期，中華書局，東京大安影印本。

25. 胡道靜，〈上海的日報〉，載《上海市通志館期刊》第二卷第一期，香港：龍門書局重印本。

26. 黃清根，〈民初藝術述略〉，載《華東師範大學學報（哲學社會科學版）》1983 年第六期。

27. 陳瘦竹，〈五四運動和戲劇革命〉，載《文史哲》(月刊)1979 年第二期。

28. 梁淑安，〈辛亥革命時期傳奇雜劇的改良〉，載《社會科學戰線》，1982年第二期。

29. 馮至、陳祚龍、羅業森，〈五四時期俄羅斯文學和其他歐洲國家文學的翻譯和介紹〉，載《北京大學學報》1959年第二期。

30. 婁獻同，〈劉半農〉，載中國社會科學院近代史研究所主持，《民國人物傳》卷三，北京：中華書局，1981年。

31. 鍾翠容，〈林白水〉，載中國社會科學院近代史研究所主持，《民國人物傳》卷三，北京：中華書局，1981年。

32. 張文勳，〈劉文典〉，載中國社會科學院近代史研究所主持，《民國人物傳》卷五，北京：中華書局，1986年。

33. 曾誠，〈馬君武〉，中國社會科學院近代史研究所主持，《民國人物傳》卷七，北京：中華書局，1993年。

34. 涂上飆，〈陶孟和〉，中國社會科學院近代史研究所，熊尚厚、嚴如平主編，《民國人物傳》，北京：中華書局，2002年。

35. 〈黃節年表簡編〉，見劉斯奮選注，《黃節詩選注》，廣東人民出版社，1993年。

36. 房鑫亮等，〈何炳松年譜〉，見《何炳松論文集》，商務印書館，1990年。

37. 馬俊如、張承松，〈新文化運動的先驅 —— 李辛白傳略〉，見《中國人民政治協商會議安徽省委員會文史資料研究委員會編，《人物春秋》，安徽人民出版社，1987年。

（二）西文參考書目

1. Chow Tse-tsung, *The May-fourth Movement-Intellectual Revolution in Modern China*, Harvard University Press, 1960.

2. Lyon Sharman, *Sun Yat-sen: His Life and its Meaning*, Stanford University Press, 1968.

3. Y. C.Wong, *Chinese Intellectuals and the West, 1872-1949*, The University of North Caroline Press, 1966.

4. Joseph W. Esherick, '1911:A Review', *Modern China*, Vol.2, no.2, April 1976.

5. J. K. Fairbank, S. Ichiko, N. Kanachi edited, *Japanese Studies of Modern China Since 1953: A Bibliographical Guide to Historical and Social Science Research on the Nineteenth and Twentieth Centuries*, Harvard University, Asia Monographs, 1975.

6. *A Bibliography of Chinese Newspapers and Periodicals in European Libraries*, London Contempary Chinese Institute, 1975.

7. Leo-Ou fan Lee, *The Romantic Generation of Modern Chinese Writers*, Harvard University Press, 1973.

（三）日文參考書目

1. 小野川秀美、島田虔次編，《辛亥革命の研究》東京：筑摩書房，昭和五十三年（1978 年）。

2. 中央大學人文科學研究所編，《五四運動史像の再檢討》，日本中央大學出版部，1986 年。

3. 高田昇，《李大釗日本留學時代の事跡と背景》，《集刊東洋學》第四十二號，昭和五十四年二月（1979 年）。

4. 《中國民族運動としての五四運動の思想背景 —— 學生運動の意義及效果》，《中國研究 —— 橘樸著作集》第一卷，日本勁草書房昭和四十一年一月（1966 年）。

二 對五四新文化運動的思考

（一）五四新文化運動與新儒學的興起

　　二十世紀七十年代末，海外學術界興起對"現代新儒家"的研究。八十年代中期之後，中國內地新儒學的研究驟興，至今方興未艾。這現象是對五四新文化運動史研究的突破。至今對新儒學的研究，仍以探討其本身哲學思想為多。從中國近代思想史或思潮史去衡量新儒學的興起及其發展，確然是因為五四新文化運動而崛起的思想流派，是研究五四新文化運動史應補上的重要一環。

　　近年，已有研究認為，現代新儒家勃興於五四期間，雖然將之從原有的如"國粹派"等思想學術流派區別出來，並將之歸屬為五四新文化運動的組成部分，並視之為五四以後的重要思想學術流派。[1] 但一般來說，論者仍然視之為文化上的保守派。[2] 這種從歷史源流的觀點去論述新儒學的勃興，以日本學者島田虔次教授

1　張灝，〈新儒家與當代中國的思想危機〉，見傅樂詩等，《保守主義》，台北：時報文化事業出版有限公司，1980 年，頁 369。

2　張灝以為，新儒家學派與之前出現的章太炎、劉師培的"國粹學派"和康有為的儒教運動不同，但仍視之為文化的保守派。參見艾愷（Guy Alitto），〈梁漱溟 —— 以聖賢自許的儒家殿軍〉，載《保守主義》，頁 279。

最早。他認為：“新儒家實際上是和五四運動同時並行的，不怕誤解而抗衡產生的。”他進一步指出：“相對過去只是用進步的，反封建主義的筆調來描寫五四，現在應抓住與五四運動同時產生，而至今仍未承認其積極意義新動向的另一面，只有這樣，才能全面地把握五四運動的時代。”[1] 近年，也有視“現代新儒家”和“當代新儒家”的形成，為五四以來中國現代化思想史上足以和馬克思主義派、自由主義的西化派鼎足而三的一個重要的學術思想派別。同時認為“把現代新儒學看作是五四新文化運動的產物和這個運動的一個有機組成部分，在理論上和歷史事實上還得到這樣一個觀點的支持，即無論在西方還是在中國，保守主義、自由主義、激進主義是作為一個不可分離的整體而人致同時出現的”[2]，並認為三派“不過是對同一問題的解決採取了不同的途徑和方式而已。他們之間的分歧和衝突推動了現代中國歷史的進程，這三派思想共同構成了‘五四’時期文化啟蒙的真實內容”。[3] 以上稱引的研究和論述，有幾個觀點是值得注意的：一是以現代新儒家是始興於五四的新思想流派，流傳有緒以至於今；二是現代新儒家是五四新文化運動整體思想的組成部分；三是開始改變以負面意義

---

1 島田虔次，《熊十力與新儒家哲學》，台北：明文書局，1992 年，頁 2、頁 3；原著《新儒家哲學 —— 熊十力哲學》，東京：同朋社，1987 年。

2 方克立，〈現代新儒學的發展歷程〉，見方克立、李錦全主編，《現代新儒家學案》，北京：中國社會科學出版社，1995 年，頁 3。

3 島田虔次，《熊十力與新儒家哲學》，頁 2、頁 3；原著《新儒家哲學 —— 熊十力哲學》，頁 5。

去衡量新儒家的出現，並探究其出現的積極意義。

個人以為對五四時期新儒家的興起，尤其是第一代，深入發掘其淵源是很重要的。這有助於對新儒家勃興的因由、思想本質以至對五四新文化運動整體的理解。

對現代新儒家人物的界定，學術界看法雖不完全相同，基本上，以梁漱溟、熊十力、馬一浮三人為第一代新儒學的奠基者，共識較多。[1]本文即試圖通過這三位新儒家奠基者從人脈和思潮史的角度予以疏解，從而彰顯新儒家在五四新文化運動中勃興的歷史意義。

馬一浮、熊十力和梁漱溟這三位新儒學首倡者，他們的早年經歷，有著相同的時代共性。一是他們都是清末最早一代接受由西方傳入的新式教育，又不同程度鑽研過外國的文化思想的人。二是他們對傳統學問都有造詣，各自擅勝。三是或許程度不同，他們都是清末民初的革命者，也是新文化新思想的傳播者。筆者曾指出："五四新文化運動之與此前的辛亥革命運動在革新思想上更有一脈相承的條理。即使在人事的系譜上，五四新文化

---

1 顏炳罡，《當代新儒學引論》，北京圖書館出版社，1998 年。宋志明，《現代新儒家研究》，北京：中國人民大學出版社，1991 年。羅義俊，《理性與生命 —— 當代新儒學文萃》，上海書店，1994 年。前見方克立等編的《現代新儒家學案》。然而鄭家棟則分梁漱溟、張君勱和熊十力為第一代，而以馮友蘭、賀麟和錢穆是第二代。余英時則為文辯說其老師錢穆非新儒家之列（《猶記風吹水上鱗 —— 錢穆與現代中國學術》，台北：三民書局，1990 年）。

運動的主要倡導者，原先則屬辛亥革命時期革命黨人的系統。"[1]
值得我們注意的是，作為五四時期新儒家的倡導者和奠定者，有
著與新文化運動倡導者相同的時代經歷。如深究史料，他們之與
五四新文化運動的倡導者，在新文化運動前都有相當密切的人事
淵源。

除了馬一浮兩次拒絕赴任北大外，熊、梁二人都曾任教於北
大，與新文化運動者有共事之雅。這不能視之為偶然。除了原先早
在北大任教的舊式教員外，民國初期至二十世紀二十年代進入北大
的，幾全屬晚清的革命系統中人，他們之間關係密切。新文化運動
期間在北大分化成西化派、國粹派再加上新儒學派，其實透露出晚
清以降革命派思想的演化過程。研究五四時期思想，我們不僅要注
意其間思想的分野，也應重視他們之間思想形態的交疊。簡單舉
例，新儒家的奠基者，尤其是熊十力和梁漱溟，自辛亥革命成功到
二次革命失敗引至軍閥亂政，政局演進帶來思想的衝擊，再促成他
們思想的轉變，其發展過程和軌跡與陳獨秀、魯迅等一輩新文化運
動主流派，極其一致。甚至對當時政局、社會現象以至文化思想現
況的分析，也極其相似。若果將 1915 年到 1917 年陳獨秀和熊十力
的文章相比較，如不具名，甚至不能厘然分辨是誰的文章。因為他
們有著太多相同的時代價值；民主、科學、自由、民族思想、社會

---

1 陳萬雄，《五四新文化的源流‧序言》，香港：三聯書店，1992 年；同書序言，北京：
生活‧讀書‧新知三聯書店，1997 年。

公義、反對封建專制、要求進步反對保守、追求世界視野和現代意義等等皆屬之。兩者的分別，只在於解決當前問題的手段和如何才能創化出理想的新文化而已。

（二）五四新文化運動的兩種精神

筆者在拙著《五四新文化的源流》中指出，在辛亥革命期間，近代型知識分子的主要特徵，是身兼政治革命者和文化思想啟蒙者的雙重角色，政治社會革命與思想啟蒙工作同時並舉。隨便舉例以茲說明。蔡元培參加創辦"光復會"、"同盟會"和國民黨等革命活動的同時，孜孜不倦地辦學校、辦報，以求推動文化教育的進步。陳獨秀所走道路與蔡氏極相近，從事革命的同時，辦報、辦學校、介紹新知識，亟亟於要推動文化思想的發展。蔡元培和陳獨秀等人在北大，不單要使北大成為革新思想的中心，在他們的努力下，更要將北大辦成一所近代型的大學，為近代中國奠定近代大學的規範。他們這種種作為和成果，貢獻是卓越的。除北大外，近代的中國大學如嶺南大學、安徽大學、浙江大學、南開大學等，幾乎都是由上述同類型的近代型革新知識分子奠定基礎和規模的。

一般研究者常以為，他們之從事文化革新，目的是為政治革新服務的。個人不作如是看。這輩近代型革新知識分子，盡管各人有著不同的思想傾向，活動的側重也不完全一致。但是他們並非將社會政治革新和文化思想的革新兩種取向對立起來的。例如陳獨秀和魯迅二人，一生充分認同和積極參與實際的政治革新，也努力於文化思想革新以此推動政治社會的革新，但他們從來不以為文學只是依附於政治，在他們的著述中，他們一直主張文學有其獨立的價值。至於一直被認為有傾向於為文學而文學的文學家如沈從文、徐志摩等，其實在他們不少作品中，對政治社會改革的關心和要求，也不一定比其他近代文學家少。他們同是五四時期的胤子。胡適雖然會表示要"二十年不談政治"，其實他一生從未真正離開過政治，這都是一些具體而微的例子。

崛興於二十世紀初的近代型革新知識分子，對文化的革新有著他們根本的態度和價值取向。

首先，他們認同從破壞中求建設，崇尚不破不立。這樣的態度與他們身處的時代環境有直接的關係。自晚清以來，中國備受外國的侵凌，而且在世界新文明的衝擊下，日益暴露了傳統思想的落後，加之社會上充滿腐朽封建造成的不合理，他們都是身有所感、目有所見，因此不滿的情緒特別濃烈。這就是為甚麼他們會對之抨擊不遺餘力，甚至採用激烈的言論去表達他們過分的憂慮。在他們眼中，不破不立，有了破壞才可以建設。不過我們常側重他們在"破"的作為，不管對他們的評價是站在貶或褒的立場。其實這一輩人，在他們不遺餘力地進行破壞的同時，他們之中不少人一生都致力於探索足可導引中國社會走向近代化的新文化建設。這種新文化的建設，不限於社會文化，近代中國多種新文化學術基礎的奠定，都是出於第一代近代型革新知識分子之手。蔡元培固然是中國近代高等教育制度和規模的建基者，同時也是中國近代美學、倫理學的建構者。陳獨秀及早向中國輸入世界文學新理論，他一生不斷探求中國語言文字的改革，晚年雖貧病交困，仍奮力要完成旨在以科學方法去學習中國語文的著作。胡適的《中國哲學史》，以及對《紅樓夢》、《水滸傳》和《水經注》等的研究，目的也在建立一種新的學術研究方法。謝無量早年參加辛亥革命，民國後擔任過孫中山的秘書，他的《中國大文學史》、《中國婦女史》、《中國佛教史概論》等著作，都是近代中國學術開山之作。魯迅的《中國小說史略》已成為這方面研究的經典之作。另外他在兒童文學、版畫以至西方文學理論的介紹，都是先驅者。高劍父和陳樹人創立嶺南畫派，于右任創立新卓書，黃賓虹的新山水畫，李叔同（弘一）的美術和音樂，李大釗的新史學理論等等，幾乎在每一個文化項目上，都見到第一代近代型革新知識分子所做的奠基性和開創性的貢獻。影響所及，也見於第二代新文化運動的胤子，在傳統中國各方面導向上有出色的創建。新文學不必說，學術上顧頡剛的國故整理；傅斯年的新史；馮友蘭等人的新哲學建構；匡互生和葉聖陶等人通過辦白馬湖中學、辦《中學生》、辦開明書店，出版眾多豐富多彩的讀物，以建立新式教育。以上所舉例子，旨在說明從辛亥革命到五四運動，作為中國近代型革命知識分子，在從事激烈的文化破壞的同時，也努力從事文化建設的事實。甚至歐陽竟無的佛學院，太虛的佛學現代化，都是這輩有相同背景的新型知識分子的建設成果。甚至史學上由“疑古”到“證古”，再到中國近代考古學建立，以重建中國古代文明史，都可以證明。¹ 這種例子可舉出的尚多，發掘史料集攏分析，五四新文化運動會呈現出新的圖像。

其次，開放的心靈和創化的精神，也是這一代革命知識分子的特徵。這類型的知識分子，有著開闊的世界視野和國際性的胸懷。他們熱愛民族和國家，願意為之而獻身。但他們並不是狹隘的民族主義者，他們普遍具有一種國際主義的民族主義和愛國精神。在文化上，他們態度開闊，具有要糅合中外文化創化新文化的精神。影響所及，直到二十世紀三十年代的文化人，在學術上都有著這種開放而富創化的精神。一個很好的例子是，1927 年鄭振鐸編寫一套四冊的《文學大綱》，這是一部不僅在中國即使在世界上，在當時來說，都是有真正意義的世界文學史。另外，鄭振鐸為倡導人之一的"文學研究會"，其"以研究介紹世界文學，整理中國舊文學，創造新文學為宗旨"。他們出版的《文學研究會叢書》，緣起在於"一方面想介紹世界的文學，創造中國的新文學，以謀我們與人們全體的最高精神與情緒的流通"。二十世紀二三十年代的學者都以世界視野去創化新文化和學術。

清末以來，學術大家輩出，其原因除了受到前所未有的西方文化的強烈衝擊，令思想勃發，思路大開。更重要的是，他們研究學問存著一種強烈的使命，要為中國創立新的學術文化。他們

1　當代考古大師蘇秉琦先生，在描述近代中國考古學勃興的歷史，就直截了當地說："中國現代考古學的誕生就是五四運動的產物。"見蘇愷之，《我的父親蘇秉琦：一個考古學家和他的時代》，北京：生活·讀書·新知三聯書店，2015 年。

的學術成就與他們學術生命目標攸關，這所謂站得高看得遠，與立其大者的意向有關。這輩知識分子並非只靠單純的意識形態及幾句簡單的口號去倡導推動的。他們真是紮紮實實地做研究，他們真正做實踐性的文化基礎工作，是一種從根做起的態度。

討論五四新文化運動，不僅在於作一種對歷史的紀念。重要的是從檢討歷史的角度，去探索近代中國發展的合理可行的方向，作為我們構思未來發展的依據。

近代中國出現了近代型革命知識分子，距今已有百年，人類文明又將進入新的一個世紀 —— 二十一世紀。結合歷史的考察和現實的觀察，未來中國發展的關鍵說到底仍是在文化教育。自二十世紀三十年代到現在，由於時局及各種原因，文化教育的創化和基礎工作任務尚未取得良好的發展，如何吸收前人的經驗，開拓出我們新時期所要走的文化道路，是我們關心中國前途者刻不容緩的工作。

【補充】

代表日本學術界對五四運動研究重要成果的《五四運動史像の再檢討》（日本中央大學人文科學研究所編輯，中央大學出版，1996 年）中，齋藤道彥教授仍主張應將五四運動和五四新文化運動，分為不同對象來研究，且要分別解釋。因為他不認同兩者簡單的接合，更直接說不認為 1919 年發生的五四運動與五四時期的新文化運動存在那麼有機的關係〔見《緒論：五四運動史像再檢討的視點角度》，頁 7、頁 8〕。從筆者分別對作為新文化運動和五四運動大本營的北京大學和安徽一省進行史料搜集整理並做較深入的研究中，所得結果，正與齋滕教授說法相反。1919 年的五四運動與其間發生的五四新文化運動，在思想和人脈上有著密切的內在有機聯繫是事實。

〔本文為 1999 年北京 "五四運動八十週年紀念國際研討會" 大會發言稿；收入郝斌、歐陽哲生主編，《五四運動與二十世紀的中國》上冊，北京：社會科學文獻出版社〕

三 從新儒家的勃興說起

　　對近代中國思想學術有一定認識的，都知道"新儒家"是近現代中國一個重要的學術思想流派。"新儒家"學說發皇於中國內地，而發揚光大於香港。幾十年來，在海外漢學界，新儒學的思想及對其研究，一直屬顯學。隨著近年中國內地學術研究和出版的趨於開放，出現反饋現象，新儒學著作的出版與對新儒學的研究，風氣漸盛。新儒學之能發揚光大，作為中國近代文化思想之一環而影響於世界，由"花果飄零"而終能"開花神州"，在當前中國思想學術上佔一席位，香港是有貢獻的。

　　不過，在人們的心目中，新儒家的出現與思想取向，與1919 年以來的五四新文化運動是對立的，是以反新文化運動的立場而出現的。相信即使新儒學的繼承者亦會作如是觀。長久以來，中外近代中國思想的研究者亦將新儒學流派定調為文化上的"保守派"。對新儒家，尤其是第一代，我個人有不同的理解。我以為勃興於五四新文化運動期間的新儒學，是文化革新思想的組成部分。這種事實和論斷，必須從新儒學所以出現的源頭，做史料的剔抉疏解工夫，才能說得清楚。當前研究新儒家學說的，大都從學理上去瞭解，是不足夠的。只有對新儒學勃興的背景有所理解，才能真正瞭解其原本的思想旨趣，也才能真正認識到其在近代中國學術思想中的意義，進而才能對五四新文化運動有全面的認識和理解。

（一）反思革命演出不同學派

五四新文化運動期間出現的新儒學的倡導者及其倡導的思想，與保守的國粹派遺老遺少是截然不同的，不可混為一談，這是首先要清楚的。十多年前，拙著《五四新文化的源流》對此早有提示。我與日本京都大學島田虔次教授，雖在新儒家第一代在師承和思想傳承上的理解有異，但我們同樣認定五四時期出現的新儒家是新文化運動的組成部分，要對之做新的理解和評價的提法。

五四新儒家的興起與其思想旨趣，不能單純從著作的理論中探求，要結合歷史背景和倡導者的經歷去探求，尤其是第一代。對於近現代新儒家人物的界定，學術界看法雖不盡相同，但視梁漱溟、熊十力和馬一浮三者為新儒學的首倡者和奠定者，卻無異議。梁漱溟、熊十力和馬一浮三人五四前的經歷，都有幾項相同的共性。第一，他們都及早接受由西方傳入的新式教育的洗禮，不同程度鑽研過外國的文化思想，且有一定研究和造詣，思想也受相當的影響。第二，他們自小接受傳統教育，對傳統學問有所專精。第三，雖參與深淺不同，但他們都是清末民初的革命者或革命中人，在晚清都從事過傳播新文化新思想的工作。在《五四新文化的源流》中，我曾說過“五四新文化運動之與此前的辛亥革命運動在革新思想上更有一脈相承的條理。即使在人事的系譜上，五四新文化運動的主要倡導者，原先則屬辛亥革命時期革命黨人的系統"。這個論斷看來不限於指北京大學和《新青年》等新文化運動的倡導者，也適用於五四時期新儒學的倡導者和奠基者。其實他們與新文化運動的倡導者，在五四前，有著相同的背景。

除了馬一浮曾兩次拒絕北京大學的聘請，梁漱溟和熊十力二位都是得到蔡元培等人的推薦，而任教於北大的。他們與新文化運動眾多倡導者，不僅在北京大學有共事之雅，且之前他們之間已有相當密切的來往甚至曾共事革命。這種事實不能視之為偶然。新文化運動期間他們在北大分化成西化派、國學派，再加上新儒學派，中間就露出晚清以來的革命派思想的演化過程。不過以往研究這段歷史的傾向，亟亟於要區分其中之異，甚少理會之間的同。個人認為，時至今日，要全面理解五四新文化運動，對於新文化派（或者稱為西化派）與新儒學派甚至各學派間，不僅要注意他們之間思想的差異，也應重視他們之間思想形態的相近與交疊。

（二）熊十力談民主與科學

辛亥革命和二次革命後的 1915 年到 1917 年，是晚清革命者思想的反思期。代表新文化派的陳獨秀和新儒學的創立者熊十力，就是其中的典型。這兩三年間，他們對時局隱憂產生思想的焦慮，他們其時立身處世以志著文的言論所針對的問題和論調，都很相近。這兩三年陳、熊兩氏所撰文章和所發言論極其相似，如不具名，甚至不能厘然分辨是陳氏還是熊氏的文章。陳獨秀的言論大家是熟悉的，這裏僅舉熊十力的一些說法以見何其相同。熊氏謂"孔子大毀於秦，而定一尊於漢，封建社會延長二千數百年"。又謂"中國學術思想絕於秦漢，至可痛也。社會停滯於封建之局，帝制延數千年而不變，豈偶然乎"。再說"自漢世張名教，皇帝專政之局垂二千數百年無有辨其非者。人類雖有智德，竟以束於名教而亡之矣"。同樣以為"漢以來二千餘年學術思想錮蔽，誠如西人所言。此專制之毒耳"。另外，他以為"惜乎《春秋》亡，《禮運》《周官》二經被奴儒篡亂，歷代知識分子無有以民主思想領導群眾"，同時指出"科學亡絕，咎在專制"。我們在熊氏文章內隨處得見民主、科學、自由、民族思想、社會公義等觀念；反對封建專制，要求進步反對保守等世界視野和現代意識。

同是辛亥革命的同志或同路人的日後新儒家倡導者梁漱溟和馬一浮等，同樣由於辛亥革命的失敗引致軍閥亂政、革命黨人的變質、社會的紛亂萬狀，帶來思想的衝擊，促成他們思想的轉變。其發展軌跡一如魯迅、錢玄同等新文化運動主流派。檢點其時他們之間的思想言論，大部分見解亦很接近。最重要的是對中國改革前途，都同樣認識到，只有在文化思想上做徹底改造，才是解決當前問題的根本。他們之間最大和最主要區別，集中在如何對待傳統文化的立場的差異。除此，同屬晚清以來革命知識分子的新文化運動的倡導者與新儒學奠基者，他們之間有著共同的背景，關注著共同的文化課題，都倡言融會中外文化，孜孜地要為中國創造新文化而解時局之困。一經這樣疏解，可見五四新文化運動期間，新文化運動派和新儒學派，不能像過往印象，視之為完全對立，也不能絕對地定位為一是前進一是保守的。它們在五四新文化思想運動中，應視為是錢幣的兩面，相輔而成：外表抗衡而內在平衡，外表相反而內裏實相輔相成。要從積極意義上做歷史的評估。

（三）發現問題　等待解決

　　介紹和討論五四新文化運動，不僅是對歷史的紀念，重要的是從檢討歷史的角度，探索近代中國發展的合理可行的方向，作為我們構思未來文化發展的依據。經九十年文化自我改造的試驗，再結合對幾十年來世界文化發展的觀察，對傳統文化可重新檢驗反思了。中國已進入新的階段，未來的發展關鍵，識者皆知在文化教育。五四新文化運動的核心課題 —— 現代化與傳統文化的改造，固然是五四時期的時代課題，其實也是一個永恆的課題；固然是一個近代中國的課題，也是一個世界性的課題（凡是一個有長久歷史文化的民族和國家在遭遇上存在文化與時代的落差時，就要面對這個課題，如現在的伊朗）。五四新文化運動的歷史意義，在於對這個核心課題的徹底覺悟，並提出了種種議論和解決方案。五四時代的人物只是發現問題，提出了種種解決的方案，並未解決，也不可能解決，因為這個課題太大了，要好幾代人才可能逐步解決。他們之間，各有所見，他們的分歧不一定是對錯、是非和對立的問題，很多時候是解決問題的先後、主次甚至是各有所執、各有所偏的問題。

自二十世紀三十年代到現在，由於時局及各種原因，正如李澤厚所說，在某種意義上，確是革命壓倒了啟蒙，我們在文化改造和文化創新方面的目標，並未取得良好的成果。如何對待傳統文化，就是當前要正視的課題。五四時期對現代化與傳統文化的劍拔弩張的對立爭論，已經不合時宜了，要做的是如何切切實實有機地融合中外文化，創造出新的文化，讓傳統文化思想得以現代化。當前中國社會其實已沒留下多少傳統文化可反的了。

對五四這個扭轉了中國近代史進程的歷史運動，是應該回顧並作紀念的。白多年的近代歷史甚至兩千年來的中國歷史，真的是沒有一個歷史運動會對中國文化前途有如斯巨大的影響。何況，五四新文化運動中所提出的文化思想上的種種課題，至今仍未解決，仍未終結，仍在影響著現在與未來中國文化思想的走向和命運。更重要的是再次提醒我們對中國文化思想前景的反思。對五四新文化運動的反思，不完全是學術界的事，應該是每個關心中國文化思想前途的人的事。中國文化未來的前途和走向，應是社會大眾的共同理念凝聚所繫。

（原載陳萬雄，《讀人與讀世》，香港：天地圖書，2006 年；北京：中國民主法制出版社，2011 年）

四　吉野作造與五四運動

　　吉野作造（1878 — 1933 年）生於日本東北部的宮城縣。中學就讀於仙台。1898 年二十歲時，受洗禮為基督教教徒，同年結婚。1900 年入東京帝國大學（今東京大學前身）法科政治系。大學期間，他最重要的課外活動是加入了本鄉教會，並參與該會的機關刊物《新人》的編輯工作，深受信奉自由神教的主持人海老名彈正的影響。該會是日本"大正民主運動"前夕所謂自由主義者的據點。吉野作造又與該會的基督教社會主義者安部磯雄、木下尚江諸人有頗密切的交往，也受過他們的影響。吉野作造讀書方面自小就是優等生，1904 年在東京帝國大學法學部以首名畢業。畢業後留校攻讀於研究院。1906 年 1 月，應直隸總督袁世凱的聘請，赴中國天津任袁世凱長子袁克定的家庭教師。翌年，又任天津北洋法政專門學校的教官。1909 年歸日本任東京帝國大學的法科助教。1910 年至 1913 年，遊學德、英和美諸國。歸日後任東京帝國大學法科教授。1914 年開始在雜誌《中央公論》發表時論，置身日趨高漲的"大正民主運動"的潮流中。1918 年挺身而出，對抗軍國主義團體"浪人會"，並組織了"黎明會"和"新人會"，從事思想和社會運動，聲名日隆，隱然成為日本"大正民主運動"的旗手。1919 年中國五四運動前後，是吉野作造在思想言論界最活躍、最具影響力的一段時間。1924 年 2 月入朝日新聞社，5 月即因筆禍而退職。返東大任講師，創立明治文化研究所。此後他在言論界已不如前時的奮勇，光彩漸掩，而事業的重心也轉而埋首明治文化史的研究。1933 年逝世，享年五十六歲。[1]

（一）

約略肇始於日俄戰爭（1905 年）後的日本"大正民主運動"，隨著第一次世界大戰的結束而日趨高漲。這個被認為是日本近代首次在社會、文化各方面廣泛地表現了民主主義傾向的運動，其根底乃一擁護民眾政治、市民自由的運動。在運動的第一階段，吉野作造以民本主義者的立場主日本思想言論界的壇坫，成為"大正民主運動"的旗手，甚至對稍後的民眾社會運動也有過影響。[2]

1919 年，正是吉野作造活躍於政治論壇的時候，在東亞相繼發生了兩個重要的矛頭直指日本的民族運動。一是 3 月 1 日朝鮮的"三一"運動，二是 5 月 4 日中國的五四運動。吉野氏對這兩個運動的態度和認識，迥異時流，被認為是他的思想中"最良

---

1 主要參考田中惣五郎，《吉野作造》，東京：三一書房，1971 年。

2 松尾尊兌，《大正テモクラシー》，東京：岩波書店，1974 年。

質的部分"，[1] 甚至説是"代表了日本國民的良心"。[2] 近代日本跟中國的關係史，可算是一部侵略史。對於這種侵略的傾向和舉動，其言論思想界推波助瀾、助紂為虐者多，平心而論、據理批判者少。能如吉野作造般挺身而出，冒險犯難，獨排眾議，而持以一種較理性的態度的，真如鳳毛麟角，不可多覯，不失為近代史上漆黑一片的中日關係中的一點光明。戰後日本學術界，對吉野作造的歷史地位有較高的評價，與此不無關係。

1919 年 5 月 4 日，以北京大學生首先發難的示威運動及其發展，震撼了世界。世界各國都有不同程度的正面或反面的反應。有著直接關係的日本反應更大。[3] 可以理解，自明治維新以來，日本統治集團，一貫推行以向外擴張為目的的所謂"大陸政策"，[4] 對五四運動的發生，一如既往，自始即威迫北洋軍閥政府採取嚴厲的手段加以壓制，同時進行武力恐嚇並施行各種破壞手段。[5] 至於一般輿論，基本上與官方沆瀣一氣，強詞奪理謂日本對山東和"二十一

1 野村浩一，〈大陸問題のイメ—シと実態〉，載橋川文三、松本三之介編，《近代日本政治思想史 II》，東京有斐閣，昭和四十六年（1971 年）第二版，頁 71。

2 中村新太郎，《孫文から尾崎秀実へ》，東京：日中出版社，1975 年，頁 133。

3 關於世界主要國家政府和知識分子的反應，可參看 Chow Tse-tsung, *The May Fourth Movement: Intellectual Revolution in Modern China,* Cambridge: Harvard University Press, 1960, Chapter 8。

4 萬峰，《日本近代史》，北京：中國社會科學出版社，1978 年，頁 204。

5 龔振黃編，〈青島潮〉第十五章，載中國科學院歷史研究所第三所近代史資料編輯組編，《五四愛國運動資料》，科學出版社，1975 年。又上海社會科學院歷史研究所編，〈日本帝國主義破壞五四運動的陰謀〉，載《五四運動在上海》（史料選輯），上海人民出版社，1961 年。

條"的要求，乃"正當權利"，妄説只有親日才可令中國"國運興隆"。[1] 詆斥五四示威的行動"類若歇斯底里的狂婦，放火燒家，自投於井"（〈中國人應冷靜〉，載《大阪每日新聞》5 月 6 日），叫囂"要加以強力鎮壓"（〈論懲罰狂亂的中國〉，載《中央公論》1919 年 7 月號）。其時日本言論界，鼓吹自由民主運動的報刊雖然不少，如東京、大阪兩地的《朝日新聞》、《東洋經濟新報》《東京日日新聞》、《大阪每日新聞》、《太陽》、《日本及日本人》和《中央公論》等皆是。但其持論一貫是"內則立憲主義、外則帝國主義"，大體無不維護日本方面的侵略政策。[2] 甚至有研究者認為，這是大部分日本國民的傾向。[3]

對促成五四運動發生的緣由，歸納日本朝野的意見，不外是，或謂由於中國政客的鼓吹，是中國傳統上一種遠交近攻的外交手段，是中國排外的國民性；或謂出於英、美諸國政府及其在華的特務和傳教士的煽動；或謂是受俄國布爾什維克宣傳的"激進主義"的影響等等，不一而足。[4] 總之，是歸罪於中國或第三者

1　參閲〈東京朝日新聞社説〉（五月七月），さねとうけいしゅう（実藤惠秀）編，《日中非友好の歷史》，東京：朝日新聞社，昭和四十八年（1973 年）版，頁 389。

2　木阪順一郎，〈大正期民本主義者の國際認識〉，載《國際政治（51）—— 日本外交の國際認識その史的展開》，東京：有斐閣昭，和四十九年（1974 年）版，頁 59。

3　島本信子，〈五四運動と日本人 —— 同時代の反応と研究史 ——〉，載《史潮》一百號，1967 年；山根幸夫，〈五四運動と蔡元培〉，載《論集日本と中國》，東京：山川出版社，昭和五十一年（1976 年）版，頁 66。

4　參看島本信子，〈五四運動と日本人 —— 同時代の反応と研究史 ——〉，載《史潮》100 號，1967 年；又野原四郎，〈五四運動と日本人〉，載《マジアの歷史と思想》，東京：弘文堂，昭和四十一年（1966）版。

身上。誠如當時美國駐日大使莫里斯（Roland S. Morris）所指出，日本方面歸罪於"一切，只有日本的侵略不在內"。[1] 另外，則有極少數論者，感到日本軍部和官僚對中國的外交措施，有失之激烈和武斷之處，如稻垣伸太郎在〈中國的排日風潮與我方對策〉（《日本及日本人》6月1日）一文中，在責難中國方面"蠻不講理"的同時，不得不承認"今日中國國民迥非幾年前的中國國民，在頑冥固陋中亦有幾分進步。齊起對日本有誤解是日本有可致誤解處，固然曲解本意也有讓致曲解的缺點"。[2] 這樣的論調，並非否定日本的擴張政策，只是對其方法和手段不滿。

對中國的五四運動，在充斥著誣蔑叫囂、盛氣凌人的日本輿論氣氛之中，吉野作造接二連三地發表了論述這方面問題的文章，民眾耳目為之一新，有振聾發聵的作用。在五四發生之後的翌月，吉野作造在他所撰的〈勿謾罵北京學生團的行動〉一文中說道："若然以至今日中華民眾一般地排日，不過是對由官僚軍閥或財閥所代表的日本的反感，為此而給多數國民添了麻煩，觀吾人在年內對彼等的對華政策，每事攻擊非難即可明白矣。"[3] 同月，在〈就北京大學學生騷擾事件〉一文中，分析五四運動說：

1　轉引自 Chow Tse-tsung 前引書，頁 198。
2　轉引自松尾尊兊，〈民本主義と五四運動〉，載《大正デモケラシ —— の研究》，東京：青木書店，1968 年，頁 289 — 290。
3　《中央公論》6 月號〈社說〉，見吉野作造著，松尾尊兊編，《中國、朝鮮論》，東京：平凡社，昭和五十一年（1976 年）版，頁 207。

第一，純然為自發的，並無何人煽動於其間。第二，此次運動，具有一種確信的精神，彼等欲達此確信之目的，而所向的標點，乃未嘗錯誤。第三，此次運動，其結果非單純的排日。彼等的著眼乃在除去國內的禍根。[1]

綜合吉野氏的一些其他文章，他對五四運動的理解有以下幾點。第一，他斷言肯定，這是一個自發性的國民運動。其所主張的民族獨立和自決，反擊日本軍國主義侵略的要求是正當的。第二，他認為這運動即使排日，也只是針對日本的軍國主義者而非日本國民。第三，他瞭解到這運動不單純在對外的排日，也是一對內的反北洋軍閥的國民運動。第四，更體會到這運動的根底是一個要求改造國家民族的新思想運動。這些理解的程度深淺是另一個問題，就歷史而言，卻大體是正確的；以日本當時的輿論來衡量，這些意見，更是睥睨時流，獨具慧眼了。

言論方面外，吉野氏在行動上對五四學生運動也曾加以援手。早在 1918 年 5 月 7 日，因日本政府曾乘俄國革命之機，與北洋軍閥勾結，簽訂了《中日共同防敵軍事協定》。留日學生為此組織了“救國會”力圖阻止。在開會商議中，被日警拘禁了四十六人。吉野對此事件，特寫了一篇題為“中國留學生

---

1 原載《新人》6 月號，見《中國、朝鮮論》，頁 209、頁 210；又此文有中譯，原刊在《上海中華新報》，此從《東方雜誌》第十七卷第七期（1919 年 7 月）轉載。所引用的一段文字乃據此譯文。而譯文對原文則略有刪削。

拘禁事件 —— 促當局及國民的反省"的文章，投登於 5 月 10 日的《東京日日新聞》上，反對拘禁留日中國學生。[1] 又五四運動發生後，消息傳到日本，中國留學生受了刺激而大起波動。終於在 5 月 7 日，發起到中國大使館示威的行動。橫遭日警干涉，引起衝突，釀成流血事件。[2] 日警並拘禁了十八名留日學生，予以控訴。事後，吉野一方面在言論上維護中國留學生，一方面四處活動，指導他的學生、時為律師的片山哲等人加以營救。經上訴，被拘捕學生或減刑或釋放。[3]

（二）

吉野作造能對五四運動有這樣的言論和舉動，與他的思想是一脈相承的，且有一發展的過程。1904 年，吉野自東京帝國大學畢業後不久，在本鄉教會的機關刊物《新人》上發表了一篇題為"本邦立憲政治的現狀"（1905 年 1 月號、2 月號）的政論文章，開始表露了他的政治信念基本上是一種"主民主義"。所謂"主民主義"是不問主權所在，只要求"主權的行動目的在保護人民全體的精神和物質的進步"。換句話說，即以政治在於實現"為民"的目的。基於這種立場，他對現實政治改革的要求，僅限於責任

1　さねとうけいしゅう編，《日中非友好の歷史》，頁 360。

2　同上書，頁 359。

3　同上書，頁 403、頁 408。胡俊，〈論五四運動前後留日學生的愛國運動〉，載《五四運動回憶錄》（續），北京：中國社會科學出版社，1979 年，頁 459 湖南。

內閣制。至於政黨內閣制和普通選舉，他以民眾欠缺政治能力為理由，一並否定。對外關係方面，他支持日俄戰爭，視日本之為"滿韓的主人"屬當然。1915 年在所寫的《日中交涉論》中，他論述中日間"二十一條"條約的交涉，認為日本"這次的要求乃最低限度"，並說在時機上乃"極其適宜的處置"。[1] 視日本的"大陸發展"為"國家方針的至上性"，而對"二十一條"條約加以認可。[2] 吉野作造這種思想狀態，大概保持到 1916 年左右。也不脫離日俄戰爭以來，日本自由主義者的"內則立憲主義，外則帝國主義"的一般思想傾向。[3]

　　大正五年（1916 年）一月，吉野作造在《中央公論》發表了〈説憲政之本義論濟其有終之美之道〉一文，顯見他在思想上已有了突破性的發展。文中他的主張除"政權運用的目的所在是基於一般民眾的利益和幸福"之外，加上了"政權運用最終的決定所在乃基於民眾的意向"的理念。即是説吉野作造的思想由以往的"主民主義"進至"民本主義"。基於民本主義的立場，在現實的政治形態上，吉野作造高唱要樹立普通選舉制度的政黨內閣制。對妨礙這種政治變革的軍部和保守官僚勢力，尤加抨擊，展開言論鬥爭。尤其經歷1918 年的"米騷動事件"，日本受第一次世界大戰後世界性的政治、社會體制改革風潮的影響，各種形式的民主主義運動更急速發

1　〈支那にする帝國の実際的態度〉，見《中國、朝鮮論》，頁 23。

2　〈吉野作造の中國論〉，小島麗逸編，《戰前の中國時論志研究》，東京：アジア經濟研究所，1978 年，頁 65。

3　松尾尊兊，《解説》，見《中國、朝鮮論》，頁 360。

展。吉野作造無疑是這種風潮的一員闖將。他不斷著論批判寺內內閣，毅然參加跟軍國右翼團體"浪人會"對抗的演講會，責難佐佐木安玉郎、內田良平等極端國權主義著名論客。繫一身安危，衝破言論自由的缺口，由此聲名大彰。隨即與福田德三等大學教授組織了以"撲滅頑冥思想"為目的的"黎明會"。並在他的影響和指導下，東京帝國大學一些學生組織了"新人會"。該會是推動日本"大正民主運動"的堡壘。直到 1920 年左右，是吉野作造在思想言論界和社會活動上最活躍的時期，也是他對中國、朝鮮問題，最敢於發言的時期。

大正五年（1916 年）九月，吉野氏在〈日中親善論〉一文中，對中國的態度已略見轉變。1917 年他更非難寺內內閣的援助北洋軍閥政府的政策，指出不應干涉中國內政，保持對中國民族自決的尊重。[1]1919 年 3 月 1 日，朝鮮"三一"運動發生，吉野認為日本之對朝鮮政策，不單是在於統治政策的改善，而應對朝鮮的獨立要在原則上認可，並認定只有在"民族自決"的原則下，日朝兩民族才有互相提攜的可能。對於五四運動，他基本上是抱著同一的態度。正如論者所說，吉野氏當時在對國際關係的理解上，尤其是對朝鮮、中國的交涉上的態度，在日本言論思想界是無與倫比的；並且敢不顧一身安危，將自己的理念公之於世。[2]因

---

1 〈吉野作造の中國論〉，小島麗逸編，《戰前の中國時論志研究》，頁 65。又〈現內閣の所謂對支那政策の刷新〉，見《中央公論》，大正六年（1917 年）二月。

2 《中央公論》6 月號〈社說〉，見吉野作造著，松尾尊兊編，《中國、朝鮮論》，頁 207。

為當時即使所謂社會主義者，對這兩大民族運動，無一人曾挺身發言。一加比較，吉野作造的言行，是遠在他們之上的。[1]

因而，不難睹見，吉野作造的五四運動觀，與他在急速發展的"大正民主運動"中，積極倡導"民本主義"的思想和立場是一致的。在理論上說，"不問主權所在，專關乎主權運用的方法"的民本主義，對吉野作造而言是一個普遍性的政治原則。不僅適用於國內，也適用於國際關係上。他整個思想達到了"內則立憲主義，外則穩健的非帝國主義"的思想水平。[2] 如此看來，吉野作造的思想全體，是具有相當程度的一致性和全面性。這是他的思想構造較完整的表現。因為綜觀日本近代所謂進步思想家和著名政論家，其思想構造的最大缺陷大多是理想與現實不協調，理論與實踐不相應，缺乏一致性和全面性。比起吉野氏，在思想構造上，是有所不如的。

第二方面，吉野作造對於五四運動的認識能逾越時流的原因，除了基於他的政治理念外，另與他對當代中國歷史，尤其是革命史有較真切的認識也有莫大的關係。

吉野作造自 1906 年到中國，逗留了三年，是為生活計。這

---

1 關於當時日本左翼思想家對朝鮮和中國的態度，及與此有關在思想構造上所表現的缺陷的本質，可參看石母田正，〈幸德秋水と中國〉，見竹內好編，《アジア主義》，筑摩書房，1963 年。又岡本宏，〈大正社會主義者の國際認識と外交批判〉，載《國際政治（51）—— 日本外交の國際認識その史的展開 ——》。又野村浩一，〈大陸問題のイメージと実態〉。

2 木阪順一郎，〈大正期民本主義者の國際認識〉。

三年間的生活，他對中國說不上有何關心，甚至是在生活上感覺不愉快。他初到中國不久，由他寫回日本的報道看，對耳聞目睹的中國社會和政治現象，有一肚子不滿。[1]他一篇題為〈再談中國人的形式主義〉的文章，從多方面論證中國上下是束縛於一種"形式主義"中。最後他雖然說，中國"若果然能成改進之國，其改進的原動力必自平民"，但卻認為"不幸者其平民尤貪長夜之惰眠"[2]。對中國的前途表示悲觀。這樣的觀點固然是吉野其時思想所限，但處於半殖民地半封建的中國社會，千瘡百孔的現象卻也是部分的事實。正如幾年後他自己反省說，他在中國三年所以失望，由於他"主要是居於北方，而且所交際的全是官僚中人。雖力求與諸色人等交往，實際上所識的無一深交，所遇的無一可信賴"。他也自認該時他對中國並無研究，也無認識。他之從事中國研究，大概始於 1914 年。事緣他在法國巴黎的日本基督教會中，屢屢風聞中國青年王正廷之聲名，一直欲慕名結識。奈何歸日本而未嘗所願。回到日本後，聽說王氏加入革命黨從事活動，開始產生了對中國革命運動的興趣。恰逢討袁革命失敗，革命黨人大都亡命日本。因而吉野氏結識了不少革命黨人，親聆了不少革命內情。又得讀宮崎滔天的《三十三年之夢》一書，令

1　田中惣五郎，《吉野作造》，東京：三一書房，1971 年，頁 98。

2　〈再び支那人の形式主義〉，原載《新人》明治三十九年（1906 年）九月號，載《中國、朝鮮論》，頁 21。

他"始知最近中國一大勃興的精神所在，大受激動"。[1] 因而對中國的認識開始轉變。1916 年 3 月，吉野作造在《中央公論》所發表的〈關於日本政客對中外交根本策的決定的昏迷〉一文，在批判日本政府的對華政策時，並說及：

　　若據表面的觀察，即把袁世凱看作是中心勢力的代表。若深入觀看，袁世凱如今已失盡中國幾億人心……　為中國將來永遠之中心勢力者，非今日袁世凱一派，恐怕應是現今正倡導改革祖國的幾百青年。[2]

　　吉野作造對辛亥革命的看法，多少受過北一輝的影響，不完全正確。他不同於北一輝的是，對於孫中山的"革命熱情及理想"和革命勢力給以肯定的評價。[3] 此後，在論述中國的文字中，他一再強調中國國民大多已經豁醒，迥非以前可比。他這種認識，是造成他對五四運動能有較正確理解的關鍵。所以，一方面吉野作造的"民本主義"的思想意識及"民主運動"的從事，使他對五四運動容易產生共鳴。另一方面，對中國研究的措意，尤其對

1　〈支那問題に就こ〉，1919 年 4 月 3 日黎明會第四回講演會，《黎明講演集》第四輯。引自《中國、朝鮮論》，頁 199。又吉野作造，〈題解〉，見宮崎滔天著，宮崎龍介校注，《三十三年の夢》，東京：平凡社，昭和五十一怕（1976 年）版，頁 256。

2　〈対支外交根本策の決定に關する日本政客の昏迷〉，見《中國、朝鮮論》，頁 44。

3　野原四郎，〈民本主義者と孫文觀 —— 吉野作造的中國論〉，見《アジアの歷史と思想》。

革命史的深有認識，也是他能較正確地認識五四運動的原因。甚至說，對中國近代革命史之有認識，對他大正期間的思想和活動也有過影響。不過，對中國歷史有豐富的知識和深入的研究，不保證能對中國有確當的認識，甚至適得其反。日本同時期的、被譽為日本中國研究的泰門的內藤湖南等人，就是一個鮮明而富啟發性的例子。

內藤湖南除了學術研究外，好在報章雜誌上評論中國問題。五四運動發生後，他立刻寫了〈山東問題及排日論的根底〉和〈中國的亡兆〉等好幾篇文章。綜合他的意見：一是蔑稱示威運動乃“市井無賴之徒”的“盲目騷動”。排日不過是中國人“平日嫉妒日本進步的卑劣本性的流露”；二是肯定日本侵略中國的政策，因“中國保有如斯龐大國土而無自我統治之能力，對於土狹人多，工業發展，文化進步之國（指日本），移植人口，興起工業，發展文化，由世界大局觀之，乃正義而人道”。並以中國研究權威的資格，論究中國歷史及以後發展的“根底”。在他筆下，中國的民族性可謂一無是處，鄙陋不堪。且急不可待地推論說時至今日，中國人已無治理國家之能力，國亡有日。[1]內藤湖南的五四運動論，正如研究者所指出“是完全無視歷史事實的理解。歷史家內藤湖南持有這樣的見解，原因是出於感

1〈山東問題及排日論の根底〉，載《太陽》第二十五卷第九期，1919 年 7 月；《支那の亡兆》，載《太陽》六月號。見さねとうけいしゆう編，《日中非友好の歷史》，頁415 — 418。

情論，是基於國益的想法”。[1] 他的中國論，不外是他“蔑視現代中國的心情的反映”。[2] 不過很多學者仍認為內藤湖南是一個“文化主義者”。他的文化史觀的缺陷，只是將文化與政治、經濟諸方面割裂，不承認政治等方面的價值。因而造成他的中國觀，不尊重中國民族的主體。然而他對中國文化仍很尊重，有很高的評價。[3] 這樣的解釋，也不見得全是事實，在理論上也不算完整，多少有點為內藤湖南辯護之嫌。誠然，文化觀念論的史觀，大多有貶抑實學，無視現代的傾向。內藤湖南的歷史觀當然也有這種傾向，如同他對辛亥革命所表現的見解所示。他對辛亥革命運動的意義和革命力量全然無瞭解，不放在眼裏，一味論究中國歷史的政治和社會的“特性”，憑他眼中所見的“特性”，而主張中國應放棄獨立，讓列強共管。[4] 實則，內藤湖南的文化史觀理論上的缺陷尚有過此者。他在〈山東問題及排日論的根底〉一文中說：

縱使中國亡滅，無需深歎。自中國民族全體大局以觀之，雖雲中國亡滅，實無侮辱之意。國之於政治及經濟雖瀕於滅

1 山根幸夫，〈日本人の中國觀 —— 內藤湖南と吉野作造的場合〉，載《論集近代中國と日本》，東京：山川出版社，昭和五十一年（1976 年）版，頁 258。

2 野村浩一，〈大陸問題のイメージと実態〉。

3 五井直弘，〈近代日本と東洋史學〉，東京：青木書店，1976 年，頁 134。又增淵龍夫，〈日本の近代史學史における中國と日本〉，載《思想》1963 年 3 月號，總 468 期，頁 109。

4 《自序》及〈支那の時局に就きて〉，《支那論》附錄所收；轉引自山根幸夫，《日本人の中國觀 —— 內藤湖南と吉野作造的場合》。

亡，然在其之外，自世界人類高處大處以俯瞰，若然成就鬱鬱乎足尊敬之文化大業，國家亡滅與否，無足掛齒。毋寧其文化之能照耀世界，則中國民族之名譽，當與天地共存，傳至無窮。

驟然看來，內藤似確視文化價值遠過於其他方面的價值，純然是一文化論者。但再看看以下一段話說：

即中國亡了，不必悲觀。經濟、政治等等，委之日本，而（中國）發揮文化大業之民族長處。[1]

可見"委之日本"才是他本心所在。直接地說，內藤湖南迂闊的無補世用的文化價值觀，只是適用於論述中國方面，對自己國家當前的政治、經濟等利益和價值則耿耿於懷，從無一刻或忘。所以對內藤的文化觀細加縷析，去其浮詞，揭其真意，正如野村浩一所說，是在"帝國日本的大陸侵略這層而展開的"。[2] 即謂對中國文化的"尊崇"，其實主體不在中國，乃由於中國文化曾是日本文化的"母胎"，尊崇的本意，最後是還原到日本文化的本身，順此思路才會產生他的"文化中心移動說"。剩下的一點尊敬，不過是脫盡現實利害後的一種玩賞的心理，思古之幽情。

1　〈山東問題及排日論の根底〉，載《太陽》第二十五卷第九期，1919 年 7 月；〈支那の亡兆〉，載《太陽》六月號。見さねとうけいしゆう編，《日中非友好の歷史》，頁 415 — 418。

2　野村浩一，〈 大陸問題のイメージと実態〉，頁 67。

除了內藤湖南，一時號稱日本中國研究的權威學者如市村瓚次郎（〈中國傳統的對外行動〉，載《太陽》1919 年 6 月號）、桑原騭藏（〈中國人的食人風習〉，載《太陽》1919 年 6 月號）、稻葉君山（〈日中關係論〉，載《太陽》1919 年 9 月號）等對五四運動及中日交涉的觀點，雖程度有異，緩急有別，但論調基本與內藤湖南相同。[1] 稻葉君山更將矛頭指向吉野作造，説“據東大某博士等，以排日及中國民族的自覺運動，對北京大學生之對政府當局施行暴力予以讚揚”。更斷言“期待中國自身之力量圖自己改造之道，乃過去之夢”。[2] 但歷史卻無情地證明，吉野作造的看法，比這些資深的中國研究者來得正確。這種對比，是饒有意味的事例。

（三）

吉野作造對五四運動的觀點中有兩點是值得注意的。第一，他不僅指出五四運動是一個反北洋軍閥的國民運動，同時也理解到這是一個文化思想的改造運動。所以他很熱心地將中國正進行的新文化運動向日本方面做介紹。[3] 並視五四運動與他們在日本所

1　稻葉君山諸文見さねとうけいしゆう編前引書，頁 414 — 419。

2　〈日支關係論〉和〈低級なな対支國論〉，轉引自野原四郎，《五四運動と日本人》，頁 100。

3　〈北京大學學生騷擾事件に就て〉第三節，載《中央公論》1919 年 6 月號；又〈北京大學新思潮の勃興〉，載《新人》1919 年 6 月號，見《中國、朝鮮論》，頁 210 — 212。

推行的"民主運動"屬同一目標。第二，他強調五四運動的排
日，是指向以軍隊、官僚為首的侵略的日本，并"愛和平、自由
和國際共存的日本國民"。[1] 並引北京清華學校的駱啟榮給他的信
及《全國學生聯合會致日本黎民會書》作證。[2] 基於這兩個認識，
吉野氏進而認識到五四運動在中日關係上是具有積極作用的。他
認為五四運動的發生，是日本軍國主義者對中國政策的"實物教
育"，[3] 是"日中兩國真的友好的開展"。繼而呼籲：

> 我們必定希望兩國民眾之間，以和平主義、自由主義、人道
> 主義為基礎，漸漸出現社會改造的共同運動。與其考慮如何平息
> 紛亂，不如製造兩國民眾間協力提攜的機會為燃眉之急務。[4]

　　並且劍及履及，付之行動，促成一段中日學界的交流史。
　　1919 年 6 月 5 日，吉野氏在"黎明會"演講上，首先倡議自
北京招請教授一名、學生兩三名到東京做懇談。為此，吉野自己
先代表日本的有志者致函"北京大學友人李大釗"以探詢中國方面

1　〈支那の排日的騷擾と根本的解決策〉，載《東方時論》1919 年 7 月，見《中國、朝
　　鮮論》，頁 226。

2　〈日支國民的親善確立の曙光 —— 兩國青年の理解と提攜の新運動〉，原載《解放》
　　1919 年 8 月號，見《中國、朝鮮論》，頁 235、頁 239。又《全國學生聯合會致日本黎
　　明會書》，原文見《五四愛國運動資料》，頁 282。這種觀點其實是一般學界的見解。

3　〈北京大學新思潮の勃興〉，載《中國、朝鮮論》，頁 215。

4　〈支那の排日的騷擾と根本的解決策〉，載《東方時論》1919 年 7 月，見《中國、朝
　　鮮論》，頁 228、頁 229。

的反應。[1] 李大釗原是吉野在天津北洋法政專門學校任教時的學生（1907 年 — 1909 年）。[2] 李大釗將吉野來信的一部分及他所寫有關五四運動的論文，加以翻譯，在上海《中華新報》上發表。此文後由《東方雜誌》轉載，題名為"日人吉野作造之中國最近風潮觀"。[3] 李大釗也迅速複信吉野作造說：

北京學界甚望大駕來遊。即使大學交換教授的嘗試不可能，民間學會及新聞社，有願聘大駕講演者。大駕如能在今夏或今秋來華，表露數月來日本國民的真意及民主運動之精神於敝國人民之

---

1 同頁 264 注 2。

2 李大釗在 1907 年考進北洋法政專門學校，時吉野氏正任該校教官。李大釗在 1917 年 6 月 25 日的〈天津法政專門學校校長及教務易人〉一文中，亦曾提及吉野作造與今井嘉幸在該校任教。見劉埜，〈李大釗同志的一篇佚文〉，載《教學與研究》1980 年 4 月。吉野氏的學生伊藤武雄 1921 年到北京與李大釗相晤，李大釗首先即問他說："吉野先生健在否？我是在天津受他教的學生。"另外，時在中國的清水安三，在他所著的《支那新人と黎明運動》一書中，謂大釗"卒業北洋大學及早稻田大學，前者就學於吉野作造、今井嘉幸；後者就安部磯雄研究"（頁 278）。作者本人既與吉野相稔，吉野又曾為該書作了序。由此觀之，這樣的記敘，顯然是事實（大阪尾號書房，大正十三年）。今井嘉幸曾擔任李大釗等人在民初所辦的《言治》雜誌的顧問。李大釗與吉野在日本曾否有往來，迄無直接可據的資料。但據一些人事上的聯繫，似有可能。吉野 1909 年離開中國，1919 年寫信給李大釗，相隔十年，若中間在日一段時期，全無交往，其突然處頗令人費解。

3 見《東方雜誌》第十七卷第七期。但無署名。然而據吉野說，在他給李大釗的信中，連同"先前關於北京大學的騷擾有警告日本國民意味的一、二論文的剪報。李君加以翻譯刊載於北京的報紙上"（《日本國民的親善確立の曙光》，頁 235）。可見該文實出自李大釗手筆。

前，對東南亞黎明運動的前途當有甚重大的關係。[1]

　　可見北京學界和言論界也欣望促成這種交流活動。至於更
具體的情形，據吉野的學生岡上守道在北京與李大釗面洽後，寫
信給吉野作造說，李大釗等北大教授對派遣瞭解新思潮的年輕教
授到日本一事，極表贊成。但鑒於刻下校長蔡元培不在，難制定
章程，到下月蔡氏歸京，八九會承諾。待取得結果，再向吉野報
告。至於學生方面，由於"學生聯合會"主要成員已赴上海，到
外交問題有了著落，會勸導其中部分赴日。[2] 稍後的《全國學生聯
合會致黎明會書》，似曾受李大釗的指導。書內對吉野促進中日
學界交流一事表示讚意。[3] 以後雙方以通信的形式，進行過時間和
方法上的磋商。不過另據 1919 年底到過中國的"新人會"主要成
員宮崎龍介（宮崎滔天的長子）的回憶，這段交流是由於日本"新
人會""黎明會"的成立及勞動運動的興起，消息傳到北京，時任
北京大學文科學長的陳獨秀寫信給吉野作造，邀請進行學生交換
計劃的。然陳氏任北大文科學長是五四運動前。[4] 關於這段中日學

1　見《東方雜誌》第十七卷第七期。此段引文據《日本國民的親善確立の曙光》，頁
　　234，日文本重譯。

2　《日本國民的親善確立の曙光》，頁 237 — 239。

3　《全國學生聯合會致黎明會書》中，引用了吉野作造〈致北京某君書〉（即李大釗）的
　　一段文字，比登在《東方雜誌》上的多出了四十三個字，若然《東方雜誌》在轉載《中
　　華新報》時，是原文照登，無刪節過。即撰寫《致黎明會》的學生，顯然親睹了吉野
　　致李大釗一函的原件。

4　宮崎龍介，〈孫文の思い出〉，載《歷史評論》第一百九十六期。

界交流的原委和過程，與前述略有出入，要待日後考證。

1919 年末到 1920 年初，"新人會"會員宮崎龍介與另一成員到了上海，並曾在上海學生聯合會做過演講。但沒有北上北京。[1] 至於教授交流，因具體計劃一時不能實現，吉野甚至願以私人身份到北京，與諸色人等接觸。[2] 不過 1920 年三四月間，傳中國方面願正式聘請吉野到中國。到 5 月 1 日，《大阪每日新聞》報道，說吉野作造收到在華的清水安三的來函，謂在北京大學教授李大釗、陳啟修和《晨報》記者陳溥賢等努力下，陳獨秀及胡適將率領學生訪日雲。[3] 然而事實卻是在 4 月 29 日，由北京大學教授高一涵會同學生方豪（並非今天台灣的中西交通史家方豪）、徐彥之、康白情、孟壽椿和黃日葵六人，以"北大遊日學生團"的名義抵達日本。他們訪遊了日本東京、京都等各大城市，與大學教授、學生、社會和勞動團體的代表做了交流。在日本剛好逗留了一整月。[4] 至於日本方面以同樣目的訪問中國的計劃，因日本當局

---

1 同頁 266 注 4。

2 吉野作造，〈日支學生提攜運動〉，原載《中央公論》1920 年 6 月號，今見《中國、朝鮮論》，頁 243。

3 松尾尊兊，《民本主義者と五四運動》。

4 方豪，〈日本勞動運動的兩面觀〉，載《少年世界》1920 年 12 月，頁 140。對北京大學與東京的教授和大學生的交流，當時，高一涵和徐彥之都有給胡適寫信，報告情況，有不少一手的記載。他們是 5 月 5 日到了東京，住在本鄉。開始與"新人會"等日本團體交換意見和演講。8 日星期二上午十時與吉野作造見面。5 月 20 日，高一涵致胡適信說："康、孟諸人到此，又兼有許多接洽的事都找來我，整整的耽誤我一個月工夫。他們到處演講，有時也把我拉進去。前天，到神田日本青年會開中日學生聯合會演講。我們很攻擊帝國主義和軍國教育。"並提及日本的《朝日新聞》社論說："自

〔下轉頁 268〕

以"妨礙國交"為名加以阻撓未有實行。[1] 教授交換的計劃也未能實現。一段中日學界有計劃的友好交流運動，終遭夭折。

雖然如此，吉野氏在大正年間，一直是中日兩方人士往來的重要橋梁。[2] 據吉野的學生回憶，當時到日本的中國留學生幾乎都與吉野作造有接觸，並謂吉野生活雖拮据，卻常資助有困難的中國學生。[3] 大正後期如何，則不大清楚。在五四運動前後，吉野作造確與留日中國學生保持相當密切的聯繫。[4] 中日這段學界交流運動的

〔上接頁 267〕

遊日團至東京以後，陡然為新人會等增加幾多聲勢。"（《胡適來往書信選》上，中華書局，1979 年，頁 94）5 月 27 日，高致信胡說道："康、徐五人今日午後往東京去了。在京都、大阪曾有一星期的耽擱。自他們演講之後，日本取締新人物，更加厲害……這幾天新人會的早阪二郎已被檢察所傳問。早稻田大學教授木村和中央大學的學生信定都被收監了。大杉榮等本明晚六時在明治館演說，誰知剛才接到電話，說警察看到廣告，已勒令中止了。這也算是一種變相的逐客令。"另 6 月 1 日，高氏再給胡適信，說早大教授木村因攻擊天皇，要處刑。並提及吉野已跑到北海道去了。另於樹德也回憶說："我記得五四運動後，北京學生聯合會曾派代表團到日本宣傳，聯合日本學生界，頗有影響，代表團中很多是少年中國學會的人。"（見於樹德，〈我所知道的李大釗同志〉，載《回憶李大釗》，人民出版社，1980 年）。

1　吉野作造，〈日支學生提攜運動〉，原載《中央公論》1920 年 6 月號，今見《中國、朝鮮論》，頁 243。

2　1920 年在華日人內山完造等，在上海日人基督教青年會興辦夏季講座，聘請日本教授演講。講師都由日本方面的吉野作造推薦。至於內山完造說在第二回演講的講師中有吉野作造，似屬誤解〔內山完造，《花甲錄》，東京：岩波書店，昭和三十六年（1961 年），頁 115〕。吉野與內山有交往（吉野作造，〈《三十三年の夢》題解〉，頁 257），則推薦講師事似屬事實。

3　〈吉野作造座談會〉，載《世界》第一百一十二號，昭和三十年四月（1955 年）。據龔德柏說，其時，吉野作造曾願介紹他到早稻田大學（《龔德柏回憶錄》，大立書店，1970 年）。

4　參看さねとうけいしゆう編，《中日非友好の歷史》，頁 396。

中途夭折，一方面因橫遭日本政府方面的阻撓，但更重要的原因是，二十年代起，在日本、在中國，思想潮流已有新的發展，停佇不前、甚至略見後退的吉野作造，與中國學界的差距漸大。

（四）

　　吉野作造的民本主義的思想，本身就非一種徹底的民主主義。因而，他對五四運動和中日關係的看法，終究有時代和思想的局限。首先，以上屢屢提及的〈就北京大學學生騷擾事件〉一文中，他曾說："惜陪乎彼等之手段，頗極狂暴，而未盡文明，此即不能不遺憾焉耳。" 又謂"對在留日本人無區別無意味的加害，達到狂亂之態"，"乃頗應憂慮的事"。他對示威行動的這種批評，不能不考慮當時日本報章故意誇大、任意渲染的報道所給他的影響。如謂任教北大的服部宇之吉，被打斷了骨，中江丑吉（中江兆民的兒子）遭難等不盡不實的報道。[1]實際上，5月4日的示威行動，是整齊而有秩序的。在曹汝霖家中學生雖揪打了章宗祥，對救護章氏的中江丑吉卻不願傷害。對其他的在華日本人更秋毫無犯。這從參與其事的學生和親眼看見的在華日人的回憶，可充分證明。[2]除謂或受報章報道的影響外，吉野作造對學生示威的舉動，終究是不嫌於心的。這是他對被壓迫國家民眾的抵抗行

1　同頁 268 注 4。

2　石橋互雄，〈五四運動の回想〉，載〈比治山女子短期大學紀要〉1967 年 1 月號。

動不能完全理解的結果。

再者，吉野的對中國關係論，主張"民族自決"，反對日本之內政干涉政策。他對巴黎和會所做的決定及對於日本已經侵佔的中國權益，並沒有要求直接交還或即時放棄，而主張在現時暫由日本經營，緩做解決。對於日本對中國經濟上的經營毋寧是贊同的。這些觀點的局限是顯而易見的。基本上吉野作造的國際關係理論，是站在所謂"人道主義"的立場而贊同"國際主義"的；他是一位"世界大勢"的順應者。認為其時國際大勢"內是徹底的民本主義，外是國際平等主義的確立"。他是當時的威爾遜主義的信仰者。這方面，跟在巴黎和會前中國民主主義知識界的國際認識的一般傾向是相當接近的。然而，中國方面，因巴黎和會失敗，遭當頭棒喝，猛然醒悟，對國際關係才有進一步的認識。局限於民本主義的吉野作造，對帝國主義的本質並不能做徹底的批判。因而，其時吉野作造的思想只能是停留於"內則立憲主義，外則穩健的非帝國主義"而已，[1]而無更進一步的發展。

最後，試談談的是，中國思想言論界方面對吉野作造的認識諸問題。正如以上屢次指出的，吉野氏在日本論壇和社會運動中，聲名最彰顯的是五四運動前後。中國方面關於他的介紹大概也集中在這段時間。就筆者所知，最先提及吉野作造的，是羅家倫在《新潮雜誌》的一篇〈通訊〉。因當時留學日本的易君左在

---

1 〈山東問題解決の世界史背景〉，載《中國、朝鮮論》，頁297。

他〈今日之世界新潮中〉一文裏，多譯"Democracy"一詞為"民本主義"。羅氏指出這種譯法，乃出於日本吉野作造，並謂其譯名是"避君主的干涉起見，而現在宮崎（龍介）所辦的雜誌，就直接譯音了"。[1] 羅氏對吉野的民本思想的本質瞭解得並不透徹，但似乎對日本東京帝國大學的新思潮有相當的認識。

關於吉野作品在中國的介紹，最早的是出自李大釗手譯的〈日人吉野作造最近的中國風潮觀〉一文。李大釗這篇譯文，令吉野作造在中國知識界引起普遍的注意。由此不少人直接跟吉野作造通信。[2] 關於吉野氏的文章的中譯，除了李大釗一文外，還有晨曦譯的〈民主主義、社會主義、布爾塞維立主義〉（《晨報》，1919 年 7 月 1 日全 3 日；該文亦刊登在《民國日報》的副刊"覺悟"上）。[3] 1921 年，許枬譯了〈日本政治學者口吻中之山東問題〉。[4] 譯書僅見有羅家衡的《普選舉論》（1924），[5] 僅此而已。這段時間，中國方面對吉野作造和日本思潮的注意，多少與吉野對五四運動的態度有關。另外，由於五四示威運動後，中國社會和思想運動的迅速擴展，連帶對日本的革新運動也寄予密切的注視和關心。新文化運動的領導者如蔡元培、陳獨秀和李大釗等，筆下常道及

1　木阪順一郎，《大正期民本主義者の國際認識》，頁 85。

2　《新潮雜誌》第一卷第四期，1919 年 4 月 1 日。

3　吉野作造：〈日支國民的親善確立の曙光〉，載《中國、朝鮮論》，頁 235。

4　參看《五四時期期刊介紹》，頁 478、頁 559。

5　《學林雜誌》第一卷一期，1921 年 9 月 5 日。

推動日本思想和社會運動的"黎明會"和"新人會"。[1]

此外，一些著名的刊物如《湘江評論》、《星期評論》、《覺悟》、《少年世界》等對日本的"黎明運動"都有報道和分析。[2]就今海外所見，1919年12月，淵泉的〈日本最近的社會運動與文化運動〉和伯奇的〈日本思想界現狀〉二文，為當時關於日本該方面報道較全面的文章。也相當能代表當時中國知識界對吉野作造的看法。在這些文章中，大都肯定吉野作造對日本"大正民主運動"的開展和推動起過重要的貢獻。也瞭解到由吉野氏的思想傾向，基本是一不徹底的民本主義者。如伯奇指出，以吉野作造為代表的"黎明會"，是"對於社會不接近，所以漸漸與社會的思潮中心相去日遠……吉野作造雖在《中央公論》每月依然發表言論，聲勢卻與從前不同"。又謂"新人會"中人"大都受過吉野作造的感化的，所以他們的團體直接間接與吉野有多少關係，不過他們都被一般人加以出藍之譽"。[3]淵泉也認為由吉野的學生所組織的"新人會"的思想"比吉野更進一步，現在是他們在督促吉野了"。因為"新人會"比"黎明會""徹底得多，一致得多，有意義得多，有希望得多"。[4]這些意見，都充分反

1　実藤惠秀編，《中譯日文書目錄》，國際文化振興會昭和二十年（1945年）版，頁71。

2　見〈與支那未知的友人〉一文見蔡元培的《附錄》，載《新青年》第七卷第三期，1920年2月1日。

3　參看《五四時期期刊介紹》，頁549、頁552、頁553、頁577、頁580、頁589等。

4　伯奇（鄭伯奇？）一文見《少年世界》，1920年12月日本增刊號。

映，到了 1920 年，中國與日本的革新思潮有了進一步的發展，更趨向社會主義和民眾運動。在這種潮流下，民本主義的吉野作造在日本言論思想界的地位固日漸消退，而中國知識界方面也已視吉野作造為落伍者。所以此後，有關吉野作造的報道甚少，這是時代推進使然。

　　無論如何，吉野作造對五四運動的言論，以及促成一段中日學界的友好交流，在中日近代關係史上都是難能可貴的。[1]

（原載《抖擻》[香港] 總三十三期，1979 年 5 月）

---

[1]　淵泉一文見《解放與改造》第一卷第七期，1919 年 12 月 1 日。

五 評本傑明・史華慈編《五四運動的回顧》[1]

　　此《五四運動的回顧》[2] 一書，為 "美國哈佛大學東亞研究中心五四運動 50 週年紀念討論會" 的論文集，列為哈佛大學出版的 "東亞研究專刊" 之一。此論集有編者本傑明・史華慈（Benjamin I. Schwartz）教授所撰的長達十三頁的導言與正文論文六篇。撰者除史華慈為享譽世界的中國近代思想史學者，其主要著作如 *In Search of Wealth and Power — Yen Fu and the West* 和 *Chinese Communism and the Rise of Mao* 等皆屬傳誦一時之作外，其他諸人亦多為在美從事近代中國史研究的優秀青年學者，有專著行世，所以本論集實為一有相當分量與代表性的著作。

　　集中論文依次為（一）莫里斯・邁斯納（Maurice Meisner，著有 *Li Ta-chao and the Origins of Chinese Marxism*）的〈五四運動中的文化偶像打破運動、民族主義和國際主義〉；（二）林毓生（Yü-Sheng Lin）的〈五四時期激烈的偶像打破運動與中國自由主義的前途〉；（三）夏綠蒂・弗思（Charlotte Furth，著有 *Ting Wen-chiang：Science and China's New Culture*）的〈歷史中的五四〉；（四）李歐梵（Leo Oufan Lee，著有 *The Romantic Generation of Modern Chinese Writers*）的

1　本文為本書作者與先師王德昭教授合作。

2　Benjamin I.Schwartz(ed.): *Reflection On the May Fourth Movement: A Symposium.*Cambridge: Harvard University Press, 1972. Viii, p. 132, Notes; Glossary; Index.

〈五四作家的浪漫氣質〉;(五)默爾‧戈德曼(Merle Goldman,著有 *Literary Dissent in Communist China*)的〈左派對白話文運動的批評〉;(六)傑羅姆‧格里德(Jerome B. Grieder,著有 *Hu Shih and the Chinese Renaissance*:*Liberalism in the Chinese Revolution*,1917 — 1937)的〈五四時代的"政治"問題〉。

睹題見義,本論集的內容可略見一斑。六篇論文所採用的方法和所處理的問題各有不同,但從思想史的角度,通過對一方面問題的探討,以期顯露五四運動的歷史意義,則大抵並無二致。各篇所涉及的問題雖多,但歸納其內容,則所針對者不外兩中心論題,此即檢討五四運動的本質及特色與探測五四運動在中國近代史演進中所居的承轉地位。

就第一論題言,各篇大抵皆以"徹底地打破偶像運動"(totalistic iconoclasm)為五四的最顯著的特徵。此外,邁斯納通過對 1919 年的"新文化運動"和 1966 年的"無產階級文化大革命"的比較研究,指出二者皆以"文化革命"(cultural revolution)見稱,且被理解為"思想意識的轉化"(transformation of consciousness),足見即令少數知識界活動分子的思想言論對世人行為亦可發生左右的力量一事,殆為共同所認可。

林毓生一文為論集中最長的一篇,致力於發掘五四所蘊涵的本質。林認為在五四時代,西方的價值標準(values)和觀念(ideas),如個人主義與自由主義,並未真正在中國知識分子間生根,此種由西方輸入的新價值標準與觀念只在當時為知識分子的"偶像打破運動"服務,五四運動最後仍歸趨於國家民族的目的

（頁 25）。作者進而以中國古代思想與五四思想相印證，主張五四的思想文化觀在中國過去儒家傳統中有其根源，於五四當時發而為徹底的偶像打破運動，否定整個傳統的價值（頁 29）。林因此謂五四運動時期主張徹底打破偶像的知識分子並不真是近代化或充分近代化（really modernized or modernized enough）的知識分子，其所標榜的自由主義或個人主義缺乏堅實的基礎（頁 42）。

與林頗相映成趣的是弗思的分析，她認為在五四運動中所有被視為新的思想觀念成分早在 1912 年前已為中國知識人士所悉知（頁 61）。史華慈本人也在序言中指出，康有為、嚴復、梁啟超、譚嗣同和章炳麟等人才真是輸入西方新觀念和新價值標準的開山一代。在另一方面，五四時代反對新文化的保守人士，如章炳麟、辜鴻銘、林紓諸氏，也都是在前一時代曾受西方新觀念濡染的人（頁 2）。然弗思仍同意如就二十世紀的中國群眾運動言，則仍當以五四運動為發端（頁 60 — 61）。五四運動以其民族主義的號召與大學所供給的特殊環境，結合眾多思想傾向各異的成分，匯成一大規模的群眾運動。

李歐梵一文主要以文學作品為其研究的對象，謂五四之所以具有重要的歷史性，是因其與新文化運動相關聯，而新文化運動乃是以新文學為其中心的運動（頁 69）。李認為新文學之所謂新的一面，乃是其具有強烈的主觀個性的浪漫精神（頁 72）。經此新文學運動而有與舊士大夫異趣的中國新"文人"。新"文人"從國家轉向社會，從政治轉向文學（頁 74）。此主觀個性的浪漫精神萌芽於五四以前；其後雖又由於客觀社會政治環境的要求，中國文學的發展逐漸由"文學革命"進向"革命文學"，但此浪漫精神仍頗具勢力（頁 82）。

戈德曼一文所討論的亦是有關語言文學的問題。作者通過五四後"左派"文人對五四白話文運動的批評及該運動所提出的對語文改革的理論與進行的情形，認為五四時代（包括後來"左派"的語文改革）在語文改革上並未收得真正普及化的預期結果，故中國的語文改革仍是一待解決的問題。最後格里德一文再轉向思想文化方面，檢討五四時代及後來自由主義在中國的失敗，認為自由主義在中國的失敗或轉向極權主義，乃是因為自由主義的價值與中國的現實在根本上不能相容，它的移植受到原有機體拚拒的緣故（頁 97）。五四時代和以後的自由主義者標榜文化，擯拒政治，可能不得不然，但也以此自趨失敗。

本論集為五四運動的各方面提出了可供討論的問題，由於篇幅和形式的限制，自難望其對於該運動能有更全面性的考察和論究。集中在若干重要論點上所表現的見解的不同，也足見在有關問題的研究上尚需要更多徹底和切實的努力。舉例言之，林毓生以為五四時代的"偶像打破論者"的"思想文化觀"在儒家傳統中有其根源，而且也因此得以發揮其威力。格里德則認為儒家傳統合政治與社會權力為一體，規範個人行為的社會環境受政府的規定，五四時代的知識分子則力圖打破此傳統的桎梏（頁 99）。故二者的所見已是不同。林在其同一文中既提出了儒家傳統與偶像（包括儒家傳統）打破思想的關係，而又寄五四新思想 —— 自由主義 —— 在中國的前途於儒家學說的再解釋上，亦頗牽強

（頁 58）。至於林文中叔孫通一名的羅馬字拼音作 Shu Sunt'ung（頁 43、44、124），不作 Shu-sun T'ung，自然只是偶然的失誤。

就探測五四運動在中國近代史中的地位而言，集中論文或捐陳五四的思想觀念在中國近代思想史中並不新穎（史華慈、弗思），或敷述西方自由主義和個人主義這次在中國試驗的失敗（林毓生、格里德），多少皆寓退抑之意。此與大陸歷史著作之加意強調五四的重要性相比照，當更為顯見。唯思想觀念為非累進性（non-cumulative）的知識，相同的思想觀念可以反複出現於思想史中，其所提出的問題可以經一再解決而仍然存在。因此思想觀念的歷史的重要性，應不在其新穎或不新穎，而在其是否蔚起為一廣大的歷史運動。

再者，西方學者治中國近代史，以重點研究見長，而於戊戌變法至辛亥革命的一段用力尤多。所以在他們的心目中，相形之下，也不免使該時期的思想人物的重要性放大。梁啟超在歷史中的形象之受到逾度的渲染和誇大，是最明顯的一例。至於西方自由主義試驗的成敗，自是研究五四的一個極其重要的方面，但其成敗究竟如何則不易言。事實是自由主義經五四的發揚，洄湫激蕩，至少在五四後的一個世代中，影響於歷史者至巨。

其次，近百年來中國的近代化，就一種意義言固然即是西化。但中國近代史的一個中心的主題為國家因外力迫來，處境危殆，必須改革以圖自存。以西化為國家改革圖存的方案，與以西化本身為改革的目標，其間視若芒微，而相去千里。以西化為救國的方案，則無論西法、西學或西方思想觀念的採取，皆應以此改革圖存的中心主題為衡量的準繩。例如晚清社會達爾文主義（Social Darwinism）在中國的傳播，其重要性不在其所傳播者是否與其西方的原義吻合，而在於其為大海潮音，為國家民族的生存競爭促人猛省。

有如上述，本論集的理論觀點雖不無可議之處，然尚不失為自周策縱先生的大著《五四運動》（*The May Fourth Movement*：*Intellectual Revolution in Modern China*）問世以來同類英文著作中較有分量的一冊，值得介紹。

（原載《香港中文大學學報》第二卷第一期，1974 年）

責任編輯	梁偉基
書籍設計	吳冠曼

書　　名	五四新文化的源流（增補版）
著　　者	陳萬雄
出　　版	三聯書店（香港）有限公司
	香港北角英皇道 499 號北角工業大廈 20 樓
	Joint Publishing (H.K.) Co., Ltd.
	20/F., North Point Industrial Building,
	499 King's Road, North Point, Hong Kong
香港發行	香港聯合書刊物流有限公司
	香港新界大埔汀麗路 36 號 3 字樓
印　　刷	中華商務彩色印刷有限公司
	香港新界大埔汀麗路 36 號 14 字樓
版　　次	2018 年 10 月香港第一版第一次印刷
規　　格	大 32 開（140 × 210 mm）288 面
國際書號	ISBN 978-962-04-4380-0
	© 2018 Joint Publishing (H.K.) Co., Ltd.
	Published in Hong Kong